法学教育研究

Legal Education Research

2018

第二十三卷　王瀚 主编

法律出版社
LAW PRESS·CHINA

Contents

· The Ninth Summit Forum of Legal Education ·

· Exploration of Theories ·

· Teaching Research ·

· Comparative Study ·

第九届立格联盟高峰论坛

生态文明建设与高素质法治人才培养

黄　进*

摘　要: 为培养具有生态文明素养、积极推进绿色发展、善于建章立制、敢于将各项制度落到实处的高素质法治人才,法学院校需要建立健全生态文明"三育人"模式,即加强生态文明宣传教育、打造建设"绿色循环低碳校园"的校园育人模式;打造完整科学合理的绿色课程体系、培养培养堪当维护全球生态安全大任人才的课程育人模式;打破环保法治人才培养体制壁垒、加强生态文明公益教育的实践育人模式。

关键词: 生态文明建设　高素质法治人才　育人

生态文明建设是中国特色社会主义建设"五位一体"总体布局和"四个全面"战略布局的重要内容。党的十八大报告明确提出,要大力推进生态文明建设,把生态文明建设放在突出地位,融入经济建设、政治建设、文化建设、社会建设各个方面及其全

* 黄进,中国政法大学校长,教授,博士生导师,研究方向:国际法学。

过程。把生态文明建设纳入中国特色社会主义事业“五位一体”总体布局,具有深远的历史意义,标志着中国共产党对中国特色社会主义规律认识的进一步深化。“五位一体”总体布局和“四个全面”战略布局,相辅相成、交相辉映。只有全面建成小康社会、全面深化改革、全面推进依法治国、全面从严治党,我们才能昂首阔步走向社会主义生态文明新时代。

党的十九大报告宣告,经过长期努力,中国特色社会主义进入了新时代。报告特别强调,坚持和发展中国特色社会主义,要以新时代中国特色社会主义思想为指导,努力实现社会主义现代化和中华民族伟大复兴,在全面建成小康社会的基础上,分两步走在21世纪中叶建成富强民主文明和谐美丽的社会主义现代化强国。报告把“坚持人与自然和谐共生”作为新时代坚持和发展中国特色社会主义的基本方略。而报告第九部分,对于“加快生态文明体制改革,建设美丽中国”做出了专门部署。这充分体现了中国共产党带领全国人民加强生态文明建设的坚定意志和坚强决心。

建设生态文明是中华民族永续发展的千年大计。生态文明建设是为了“人”,生态文明建设要依靠“人”。习近平总书记多次强调,我们要建设的现代化是人与自然和谐共生的现代化,既要创造更多物质财富和精神财富以满足人民日益增长的美好生活需要,也要提供更多优质生态产品以满足人民日益增长的优美生态环境需要。他还特别强调,要把生态文明建设纳入制度化、法治化轨道。在深化生态文明体制改革、建立生态文明制度的“四梁八柱”的过程中,“法律人”要牢记使命、勇于担当。新时代的法学院校,要努力培养具有生态文明素养、积极推进绿色发展、善于建章立制、敢于将各项制度落到实处的高素质法治人才。

为达成这样的人才培养目标,笔者认为,法学院校要建立健全生态文明“三育人”模式。

一、校园育人

校园是师生学习生活的主要场所,也是培养高素质法治人才生态文明意识的主要场所。为了让绿色的理念入法治人才的心、入法治人才的脑,我们要加强宣传教育,营造浓厚的绿色校园文化,建设宜人的绿色校园环境。

(一)加强生态文明宣传教育

《环境保护法》第9条第2款规定:“教育行政部门、学校应当将环境保护知识纳入学校教育内容,培养学生的环境保护意识。”法学院校在育人的全过程和各环节,都要注重树立学生尊重自然、顺应自然、保护自然的生态文明理念,增强学生的节约意识、环保意识、生态意识,在校园里营造爱护生态环境光荣、破坏生态环境可耻的主流文化。

特别是在植树节、世界水日等重要时间节点,更要通过举办内容丰富、形式多样的活动,增强学生爱绿植绿、节水节能的意识。

(二)打造“绿色校园”

大学可以不大,但不可以不美。建设美丽校园是建设美丽中国的题中应有之义,也是新时代大学发展的题中应有之义。在笔者看来,一所没有参天大树的大学,很难称得上美;一所没有鸟语花香的大学,很难称得上美;一所到处烟囱高耸的大学,很难称得上美。所以,我们根据自身实际情况,提出建设“小而优、小而精、小而美”的中国政法大学。

打造绿色校园,就是要建设最大限度地节约资源、保护环境和减少污染,为师生提供健康、适用、高效的教学和生活环境,对师生具有生态文明教育功能,师生与自然环境和谐共生的校园。在办学的过程中,我们要尽最大可能使用清洁能源,推进资源循环利用,降低能耗物耗,先让莘莘学子浸泡在生态文明的小环境中几年。经过几年的浸泡,他们一定会崇尚节约适度、绿色低碳、文明健康的生活方式和消费模式,一定会自觉做生态文明建设的践行者和推动者。

二、课程育人

大学教育,重在育人。教书育人,课程为要。悠悠万事,课比天大。加强生态文明教育,我们还要在课程体系、教学内容、教材体系和教学组织等方面的建设上下真功夫,特别要注意培养一批具有国际视野、通晓国际生态环保规则,能够参与国际法律事务、善于维护国家利益、勇于推动全球生态文明治理规则变革的高素质涉外法治人才。

(一)打造完整科学合理的绿色课程体系

生态文明建设不仅与环境保护法相关,也与宪法、行政法、民法、刑法、经济法、诉讼法和国际法等密切相关;不仅与法学相关,也与化学、物理、天文、地理、生物、经济等密切相关。特别是像环境保护法中的物种保护、水土保持、土地复垦、污染物总量控制、环保标准等规则,都是由技术规范上升而来,来自环境科学和环保实践,具有很强的科学技术性,不了解一些科技知识,看这些规则时无疑等于"雾里看花"。

在课程设置上,我们要有系统论的思维,不可拘泥于一隅,最终使培养的学生只见树木、不见森林,只见法学、不见他学。

近年来,中国政法大学在相关课程设置上做了不少有益的尝试。我们开设了《环境法概论》《可再生能源法》《国际环境法》《国际能源法》《国际气候变化法》《健康与法》等法律课程,还开设了《环境科学概论》《环境工程基础》《环境伦理学》《气候变化与正义》《全球变化与地球系统科学》《人文视野中的生态学》《自然科学史》《世界海洋石油发展史》《追梦地球,寻找石油》《中国能源与未来》《中国能源战略与政策》《走进天然气经济》《化学与人类》《基础生命科学》等相关课程。

中国政法大学还十分注重教材编写工作。在环保法领域,组织编写了《环境与资源保护法学》《环境法学》《环境法案例研习》等系列教材。

在校内教学科研机构设置上,除了环境资源法研究所这一基层教学组织外,还设有中国政法大学绿色发展战略研究院在编科研机构,环境资源法研究和服务中心、国土资源法律研究中心、法与可持续发展研究中心、气候变化与自然资源法研究中心等非在编科研机构，还与联合国环境规划署合作建立了环境法研究基地。

此外，由于生态文明涉及多门学科，在高素质法治人才的培养过程中，尤应注重培养学生跨领域知识融通能力。在师资方面，注意整合教学资源，鼓励跨专业、跨学科、跨学院甚至是跨学校的教学团队开展人才培养。

（二）培养堪当维护全球生态安全大任的人才

韩德培先生早在 1991 年就撰文指出，环境问题具有跨越国界的特点，很多环境问题都应当通过国际合作来共同解决，“环境法学是人类文明成果的一部分，是世界各国人民的共同财富”。

习近平总书记在致生态文明贵阳国际论坛 2013 年年会的贺信中掷地有声地说道：“保护生态环境，应对气候变化，维护能源资源安全，是全球面临的共同挑战。中国将继续承担应尽的国际义务，同世界各国深入开展生态文明领域的交流合作，推动成果分享，携手共建生态良好的地球美好家园。”

国际上已订有不少关于环境资源保护的条约，我国也缔结或者参加了不少国际环境条约或者协定。如何遵守、履行、改进这些国际环境条约，需要有人做专门研究，这就要求培养精通国际环境法的高素质法治人才。

今后，我们要加强与国际生态环保组织的合作交流，积极创造条件选送学生到这些组织实习实践，培养一批具有国际视野、通晓国际生态环保规则，能够参与国际法律事务、善于维护国家利益、勇于推动全球生态文明治理规则变革的高素质涉外法治人才。

三、实践育人

习近平总书记在2017 年5 月3 日考察法大重要讲话中特别强调要加

强法学实践教学。他指出,要处理好知识教学和实践教学的关系,打破高校和社会之间的体制壁垒,将实际工作部门的优质实践教学资源引进高校,加强法学教育、法学研究工作者和法治实际工作者之间的交流。

(一)打破环保法治人才培养的体制壁垒

法学主要还是一门实践科学,在生态文明领域尤其如此。我们要切实发挥环境保护部门、企业、司法机关、社会团体在生态文明领域法治人才培养的作用,邀请这些机构的实务专家参与培养方案制定、课程体系设计、教材编写、专业教学,深度参与人才培养的各个环节。

同时还要通过订立制度鼓励学生走出校园,切身了解中国生态文明建设的实际情况,以实践促进问题的发现、筛选、思考、分析与解决。

(二)加强生态文明公益教育

法学教育应当培养学生强烈的正义感和人文情怀,使学生养成公益服务精神和社会责任感。公益教育是生态文明高素质法治人才培养工作的重要组成部分,有利于塑造学生的健全人格。

我们学校的污染受害者法律帮助中心,在这方面做了大量卓有成效的工作。该中心成立于1998年10月8日,当时是经中国政法大学批准,司法部备案的民间环境保护团体。该中心主要通过组织热心环境保护事业的法律专家、学者、律师和环境管理与技术专家,对中国环境资源立法及其实施问题开展专题研究,进行国际交流,对环境执法和司法人员及公众进行环境法知识的培训,普及环境资源法知识,提高公众的环境法律意识和中国的环境资源立法、执法水平;通过对污染受害者提供法律帮助的方式,维护污染受害者的环境权益,促进中国环境资源法的执行和遵守;通过提高公众的环境意识、法律意识和维权意识,维护污染受害者的环境权益,改善中国的环境资源立法、执法和司法,促进环境法治的实现。该中心的工作得到社会各界的大力支持并产生了广泛的影响。

生态文明建设功在当代、利在千秋。习近平总书记说:“只有实行最严格的制度、最严密的法治,才能为生态文明建设提供可靠保障。”最严格的制度、最严密的法治,都离不开高素质法治人才的培养。所以,我们法学院校,要牢固树立社会主义生态文明观,以新时代中国特色社会主义思想为行动指南，加强环境法治研究，着力培养具有生态文明素质的法治人才，打造绿色校园，推动形成人与自然和谐发展的现代化校园，为保护生态环境，建设天蓝、地绿、水清，宁静、和谐、美丽的生产生活环境而共同努力，做出我们这一代人的贡献！

On the Construction of Ecological Civilization and Cultivation of High-Quality Talents of Rule of Law

Huang Jin

Abstract: In order to cultivate high-quality talents of rule of law who have the quality of ecological civilization and who can actively promote green development, be good at building laws and regulations, and dare to implement the laws and regulations into various systems and fields, law universities and colleges in China need to establish and improve the "San Yu Ren" model of ecological civilization in higher education, which means to strengthen the publicizing and education of ecological civilization, to build an education model of "green cycle and low carbon campus", to create a complete scientific and rational "green" curriculum system, and to establish a education model that can cultivate the talents with international outlook to protect and preserve global ecological safety. The education model also calls to break the barriers and cultivate the rule-of-law talents of environmental protection and enhance the mode of practical education of public welfare on ecological civilization.

Key Words: ecological civilization construction　high-quality talents of rule of law　education

服务国家重大需求
提升生态法学学科水平

付子堂*

摘　要:党的十九大对新时代生态文明建设做出了新部署,政法高校理应对此重大战略需求做出回应。西南政法大学生态法学学科历史较久,学术研究在全国独树一帜,影响较大。为顺应国家加快生态文明体制改革需求,学校进一步加强生态法学学科的发展,以建立生态法学院、加强与法院等实务部门的合作、组建相关专业学术团队等来服务于新时代生态文明体制改革,在对接环境法律与环保政策、生态文明与环境法治思想等方面持续发力,积极为国家和地方发展建言献策。

关键词:国家重大需求　生态法学　学科水平

党的十九大提出了建设美丽新中国的愿景,对新时代生态文明建设做出了新部署。从法治视角积极回应国家重大战略需求,体现了全国政法类高校践行"四个服务"的责任担当,展示了问题导向、关注实践、服务民生的学术情怀。

---

* 付子堂,西南政法大学教授,博士生导师,研究方向:法理学、法律社会学及科技与法律问题。

生态文明源于人类对日益严峻的生态环境问题的反省与回应。人类社会发展经历了农业文明、工业文明，直至现在的生态文明。这反映出的不仅是生活方式和技术的变迁，更是文明理念的发展与进步，而这种生态文明理念的革新与建设，是与法治建设进程交织共生的。

2018 年 5 月，习近平总书记在全国生态环境保护大会上做出了我国生态文明建设处在关键期、攻坚期、窗口期的科学判断，提出了新时代生态文明建设的目标、原则、体系、任务和要求，并着重强调“要用最严格制度最严密法治保护生态环境，加快制度创新，强化制度执行，让制度成为刚性的约束和不可触碰的高压线”。由此可见，生态环境问题已成为我国决胜全面建成小康社会的重大短板，相关法治体系的健全和创新成为补齐这块短板的重要手段。从而对法学学科的理论先导作用提出了更加迫切的要求，也为生态法学学科的发展提供了广阔空间。

西南政法大学生态法学学科历史较久，学术研究在全国独树一帜，影响较大。早在 1982 年，钟澜教授、张孝烈教授等就为本科生开设了课程《环境保护法》，并编写了全国最早的铅印成册的较为系统的教材《环境保护法讲义》。1985 年，我校环境资源法学科正式设立，创始人为钟澜教授、张孝烈教授。2003 年，环境资源法学科取得硕士学位授予权；2005 年取得博士学位授予权；2006 年被评为重庆市重点学科。学科拥有一批优秀师资人才，如张孝烈教授、曹明德教授、刘俊教授，为学科建设和发展夯实了基础，使我校在该领域长期处于全国领先水平。

党的十九大以来，为顺应国家加快生态文明体制改革需求，学校进一步加强生态法学学科的发展，为新时代中国特色社会主义建设继续贡献西政智慧。

2018 年 1 月，西南政法大学以经济法学院环境法教研室师资为主要力量，整合校内外资源，正式挂牌成立了全国第一个生态法学院。生态法学院发展，定位于提升生态法学的教学和研究，在理论研究中积极回应生态文明建设的重大法律问题，在人才培养方面强化生态法学的教育教学。

新成立的西南政法大学生态法学院，依托经济法学全国重点学科的优势资源,经过不懈探索和反复总结,形成了具有西政特色的“靶向教学”人才培养模式。该模式以环境资源法学的知识体系为依据,以动态性教学方式为主线,以多平台互动为补充,以拓展教学功能为中心,目标是实现知识传授与快速发展的社会经济法制相适应。该模式受到学生的喜爱,在社会上广获好评,并获得了重庆市教委的重点课题支持。

同时,西南政法大学持续深化与重庆市高级人民法院等实务部门的合作,以学生实习、科研合作、业务培训等形式,合作开展长江中上游环境保护研究,共同起草三峡库区水资源保护条例等地方性法律法规,并设立了 9 家生态法学校外实践教学基地。

另外,学校组建了以徐以祥教授为负责人的生态环境损害责任追究与公益诉讼研究等 3 个学术团队,设立了西部生态法治研究中心、矿产资源法研究中心、中美环境法研究中心 3 个校级科研平台,并致力于将西部生态法研究中心建设成为国内外有影响的生态法研究基地。近期,学校还与法律出版社签订了战略合作协议,准备出版生态法论丛及生态文明法治建设文库,这将进一步提升全社会对生态文明建设法治保护的关注度。

面对新时代的发展需求,西南政法大学生态法学学科将进一步发挥智库智囊作用,找准国家重大战略的切入点,在对接环境法律与环保政策、生态文明与环境法治思想等方面持续发力,积极为国家和地方发展建言献策。同时,继续凝练打造生态文明学术活动品牌,进一步加强与国内外学术机构的交流互访,积极扩大学科在全国的学术影响力。

但是,在服务社会需求的实践中,我们也深深感受到,目前我国的生态法学学科水平与国家和区域需求还存在较大落差。例如,学科科研平台与实务部门的对接还很不够,特别是在研究方向、研究问题方面存在不足和错位。不过,我们也欣喜地看到,这个问题已引起学术界和实务界的高度关注,并正在努力改变这一困境。

“立格联盟” 2018 年论坛的主题,特别突出和强调了区域功能发展背景下的理论供给和实践需求的高度对接,而且不少实务界的专家也积极参加了进来,生态文明保护问题已成为当今社会各界的共识,越来越受到高度重视。我们共同努力,一定会为我国生态文明体制改革和实践发展做出积极的贡献。

Serving Nation's Significant Demands and Upgrading the Discipline of Ecological Law

Fu Zitang

Abstract: The 19th National Congress of the Communist Party of China has made new arrangements for the construction of ecological civilization in the new era. University of political science and law should take proactive response to this major strategic demand. Southwestern University of Political Science and Law has a long history of ecological law, and the academic research is unique and influential nationwide. In order to meet the needs of the country to accelerate the reform of the ecological civilization system, the university has further strengthened the development of the discipline of ecological law. After the establishment of the School of Ecological Law, it has strengthened cooperation with the substantive departments such as the court, and has grouped relevant professional academic teams to serve the reform of the ecological civilization system in the new era. In the areas of linking environmental protection laws and national policies, ecological civilization and environmental rule of law, the university continues to make efforts to actively contribute to national and local development.

Key Words: nation's significant demands　ecological law　disciplinary level

探索面向未来的法律人才培养模式创新之路

——华东政法大学书院制教育改革的目标导向及其实现路径

叶　青*

摘　要:“十三五”以来,随着高校人才培养模式的更新和人才培养观念的转变,华东政法大学启动了书院制教育改革计划,作为推进人才培养模式变革、提升人才培养质量的重要抓手和重大举措。构建了以办学定位为核心的理念体系;以学生为中心的教育体系;知识、能力、价值、智慧相结合的素质体系;支撑学生全面、多元发展的通识课程体系;全员参与的书院综合育人体系等。通过整体设计,把握通识教育质量;融通专业教育,体校通识教育效用;多元拓展资源,满足学生成长需求;积极建设第二课堂,丰富学生成长环境等措施,培养德法兼修的中国法治事业接班人,致力于将华政打造成为法治人才培养的重镇。

关键词:法律人才培养模式创新　书院制教育改革　华东政法大学

---

* 叶青,华东政法大学校长,教授,博士生导师,研究方向:刑事诉讼法学、诉讼证据法学和中外司法制度。

不断更新人才培养观念，创新人才培养机制，完善人才培养模式，促进人的全面发展是高校的使命和责任，也是十九大报告、《国家中长期教育改革和发展规划纲要（2010～2020）》以及中办《关于深化教育体制机制改革的意见》提出的明确要求。“十三五”期间，华东政法大学启动书院制教育改革计划，作为推进人才培养模式变革、提升人才培养质量的重要抓手和重大举措。

一、面向未来、以人为本：书院制教育改革的立场与目标

众所周知，现代大学以人才培养与科学研究功能为基础功能，随着大学与社会关系的不断发展，社会服务、文化传承与创新、国际交流与合作等也被纳入现代大学的重要功能。但是，无论是基于知识与文明的传承，或者是人的发展还是人力资源的开发与利用，人才培养是大学的基本职能也是首要职能。在社会高速发展的今天，时代需求以让人难以置信的方式发生着变化，如果以仅仅解决当下问题为导向进行知识教育与能力培养，势必带来教育的工具化和滞后性。只有具有前瞻性的知识教授、能力培养与素质养成，才可能真正符合时代需求，才能让受教育者形成面对复杂环境的自适应能力和自我完善能力。所以，面向未来的人才培养模式，不仅是社会发展的需要，也是对高等教育本原的回归。这决定了现代大学教育必须超越单一的知识传授和职业训练，重塑现代大学人文精神，克服专业细分局限，重构大学学科组织体系，全面建构以学生为中心的教育体系。书院制教育改革就是回应未来社会发展的人才需求以及适应学习革命与教育革命的探索性尝试。

以书院教育为基础的博雅教育模式在世界范围内已经积累了不少成功的经验。在国外，博雅教育是西方大学本科教育的传统和核心，牛津大学、剑桥大学、哈佛大学、耶鲁大学等世界一流大学均以书院或文理学部/本科生院作为实施博雅教育理念的载体。美国拥有不少独具特色且颇富学术声望的文理学院，如鲍登学院、威廉姆斯学院、贝茨学院，即以专注本

科教育、通过博雅教育培养"完整的人"为办学使命。在国内,以培养人的学问与德行为目标的书院曾是中国历史上重要的教育组织形式之一。同时,国内一批大学,比如清华大学、复旦大学、西安交通大学、中国人民大学、华东师范大学、浙江大学、南方科技大学,均在继承中国传统书院与学习国外博雅教育精神的基础上开始设置书院制教育改革,有的是以通识教育为中心的书院,有的是以强化教育管理为中心的书院,尤其是大多以书院为载体加大人才培养的资源统筹力度,优化大学全面育人观念的实施,强化对大学生人文素质的培养。

作为与共和国共同成长起来的法科院校,华东政法大学的法学教育曾取得了辉煌的成绩,得到社会的广泛认同,被誉为"法学教育的东方明珠"。但是随着社会发展的日益多元化和复杂化,这种以专门人才为培养目标的教育模式的"不适应性"逐渐显现出来。尽管华东政法大学毕业生的专业适应度远高于全国平均水平,并且得到社会的认同,但毕业生未来发展的多元可能已是不争的事实。此外,与综合性院校相比,华东政法大学毕业生客观上存在"发展后劲相对不足"的问题。在学校编制"十三五"规划过程中,学校反复研究,针对学校办学定位与国家社会的人才需求,明确了以"社会中坚、专业精英"为目标的法治人才与社会治理人才的培养定位,决定选择以学生为中心的、专业教育与博雅教育相结合的"全人教育"作为人才培养模式改革的着力点。

鉴于书院教育的价值及他校取得的良好成效,华政秉持与时俱进的精神,借鉴教育发展史上一切文明成果和兄弟高校的成功经验,积极开展相应探索。华政的书院制教育改革选择了立足高等教育改革发展规律为基础、兄弟院校借鉴为参考、立足学校特色发展与改革发展的方案,走创新发展和借鉴超越之路。

二、目标导向下的系统工程:书院制教育改革内容

围绕"全人教育"目标,华东政法大学书院制教育改革计划包含四个

关键要素：以实体化书院为基础的全过程书院教育体系、以可持续能力发展为目标的通识课程体系、构建良好的师生互动为前提的导师制和以共享空间为基础的社区环境营造，涉及课程体系、学生管理模式、培养手段和育人环境等各个方面，形成了包含理念体系、教育体系、素质体系、课程体系、育人体系等在内的系统工程，成为全面推进人才培养模式改革的抓手和推进器。

（一）构建以办学定位为核心的理念体系

学校以书院制教育改革为契机，进一步明确学校的办学定位，明确学校在高校布局与同类高校中的位置、特点、目标与前景，明确学校在社会需要、国家期待、地方发展、行业需求中的地位、作用与特色，明确学校面临的机遇与挑战，并据此确定学校未来发展的方向、目标与重要举措。在科学、积极地规划学校未来的基础上，形成全校师生的共同愿景，吸引优秀学生和优秀人才加入华政，将学校办成一所有理想、有精神、有担当的大学。

（二）构建以学生为中心的教育体系

以学生为中心的教育体系核心任务是促进学生的发展：一是要促进所有学生的发展；二是要促进学生的全面发展，尽可能挖掘学生的所有潜能；三是促进学生的个性发展，因材施教，为学生的成长成才创造条件；四是要促进学生的自主发展，引导学生生动有趣地学习，自由自主地成长；五是要促进学生的终身发展，着眼于知识社会的迅速变化和终身学习要求，使学生保持持久的学习动力。以学生为中心的教育体系，要求教育者要了解学生，包括每一位学生的过去、现在与未来；了解学生的需求，尤其是学生未来成长与发展的需求；改革现有的教育与管理机制，克服以“教”为中心的办学模式；以服务与促进学生成长为主线，更新教育教学理念；培养学生全面了解、正确评价自己，包括自我、他人以及社会对自身的认知和评价，促进学生的自主发展。

（三）构建知识、能力、价值、智慧相结合的素质体系

深入研判未来社会需求，科学调整人才培养的方向与目标，构建面向未来、可持续发展的素质结构，即知识、能力、价值、智慧相结合的素质体系。一是以知识为根基,兼顾通用知识与专业知识,基本原理与学术前沿等,筑牢知识基础。二是以能力为重心,重视培养学生的学习力、选择力、批判力、整合力和创造力,形成学生的发展能力。三是以价值体系为根本,培养健康、高尚、正确的价值观和君子人格。四是以智慧为导向,培养学生独立的人格和灵魂以及健康、幸福生活的能力和胸怀。

(四)构建支撑学生全面、多元发展的通识课程体系

以促进学生的发展为中心,从历史与未来、理论与实践、国内与国外、多元文化体系等视角,科学安排通识课程结构,建立"人文通识为基础,核心通识显特色,拓展通识促多元"的通识课程体系。一要拓展建设途径,多渠道保障通识课程的丰富与完善;二要充分挖掘潜力,大力提升优秀教师参与通识课程建设的积极性,建设一支通识教育名师队伍;三要积极探索合作体系建设,充分利用第二、第三课堂,保障通识教育的实施。

(五)构建全员参与的书院综合育人体系

强化全程、全员书院理念,做好通识教育与专业教育、书院与专业学院教育的衔接和互补;鼓励专业学院教师、管理教辅人员通过参与通识课程建设、竞选导师等途径,直接参与书院人才培养。加强师生互动,构建新型师生关系。实施导师制,建立以辅导员、管理导师、学术导师、社会导师和同辈导师(导生)为主体的导师队伍,多维度为学生成长保驾护航。坚持综合育人,建设书院社区。发挥学生主体作用,坚持教育、管理和服务相结合,硬件建设、环境建设与制度建设、文化建设相结合,坚持依法治理、制度先行,将书院社区建设成为学生课外学习、生活的场所、师生共同学习成长的空间,学生自主管理的阵地以及书院社区文化的载体,探索社区综合育人模式改革。坚持统筹协调,全面完善人才培养模式。

就整体而言,以上五大体系相互支持,相互补充,是书院制教育改革系统工程的有机组成部分。同时,从教育的具体实施角度,通识教育体系以通识课程为基础,以养成教育为手段,以导师制和书院社区为依托,是帮助学生构建知识、能力、价值、智慧相结合的素质结构最有效的教育方式之一。书院制教育改革一年来,学校立足校情,致力于培养学生面向未来的通用能力,初步形成了具有华政特色的通识教育体系。

三、加强具有政法院校特色的通识教育体系建设

华政书院通识教育体系包含通识课程、通识讲座和课堂延伸三大部分。通识课程是整个通识教育体系的核心，旨在引导学生从不同学科领域汲取各种知识和思想，完善知识结构；学习世界文学、艺术和历史知识，帮助学生形成本土思维与全球视野；培养学生的批判性思维和创新能力，学会理性思考和认知判断；通过不同的课程设置，培育学生的健全人格，提高道德素养。通识讲座旨在从多角度拓展学生视野，激发探索知识和关心社会的内在兴趣，激活成长动力。课堂延伸包含各种形式的以学生为主体的读书、调研和讨论活动，旨在培养学生自主学习和探索真理的能力，营造自由平等的学术氛围。

不可否认，国内各大高校通识教育的目标设置有其一致性，但是具体到某一个高校，由于学科设置、历史发展、师资队伍乃至学生生源的不同，实施的情况都会有很大的差异。如果照搬其他高校现成的课程体系或者教育方式，其效果可能有天壤之别。归根结底，通识课程教育自我特色的形成，是各个学校的特殊性决定的。华政通识教育体系的建设，充分考虑本校校情，在以下四方面形成了一定的特色。

（一）整体设计，把握通识教育质量

针对高校通识课程体系常见的冗杂问题和“水课”现象，华政通识课程的建设从一开始就希望有较为清晰的目标定位和质量把控，通过审议立项、中期检查、评估反馈等各个环节确保通识课程体系的科学性。

第一，整体设计课程体系。在书院通识课程建设启动之前，学校通过调研论证，学习其他学校的经验，结合华政实际，通盘设计课程体系。书院通识课程分为通识主干课程和一般通识课程两大系统，共 8 个模块（见表 1），力图形成科学合理的通识教育课程体系。同时，由于书院目前所有学生都是法科学生，所以在通识主干课程中设置法治精神和专业养成板块，在培养通才的基础上，激发学生的专业学习兴趣。

表1　通识课程体系模块设置

课程类型	课程模块	学生修读要求
通识主干课	历史文化传承与人文素养	17学分(第一年至少完成13学分)
	法治精神和专业养成	
	创新思维与创业能力培育	
	新生研讨和跨学科前沿讲座	
一般通识课	当代中国与世界视野	6学分(三年内完成,至少选三类,第一年至少完成2学分)
	社会研究与公共管理	
	科学思维与科技发展	
	艺术修养与运动健康	

第二,分步立项与建设课程。2017～2018年,学校通过公开招标立项建设的方式,分两个批次,立项建设了115门通识课程(见表2)。首轮立项采用教师申报,专家审核的方式进行遴选,共立项70门,2017～2018学年开课103门次。第二轮采用课程招标、委托建设和自主申报三种方式,一方面弥补了已有课程的不足,另一方面发动专业学院与广大教师的积极性,丰富了通识课程体系。

第三,组织开展课程评估。学校制定通识课程评价标准,通过督导听课看课、学生评教和专家评审等方式对立项建设期的课程进行中期评估和结项评估,遴选优秀课程的同时,对教学效果较差的课程进行整改或撤销。适时引进第三方通识教育评估机构,进行课程体系的整体性评估。

(二)融通专业教育,体校通识教育效用

与其他高校相比,华政书院通识教育的特殊性首先在于学生的学科背景。目前进入文伯书院学习的1165名学生均为法科学生,作为华政的优势和特色学科,法科学生专业素养和专业兴趣的培养一直为学生及社会所关注。如何在通识教育和专业教育中寻找契合点,形成两者相融互通、相辅相成的良性关系,这是通识教育体系建设的重点之一。

为了凸显通识教育的地位,华政学生在第一学年需要修满15个通识课程的学分,其中13个学分是主干通识课程,并且要求分布在相应的不同模块。这意味着新生入学伊始,就要学会读懂培养计划,并根据培养计划和自己的兴趣、时间安排进行选课。所以,看似简单的通识课程选课,对于学生来说,这无疑是一次阅读理解能力、自我规划能力和选择能力的综合考量。对于习惯了按部就班的大学新生而言,这是一项极具挑战性的任务,但同时,也在很短时间之内提升了包括适应能力在内的综合能力。

对学生进行通识教育的同时,专业基础知识的教育教学也渐次展开,第一学年要求学生修满16个学分的法学专业基础课程。这16个学分,3个学分在第一学期,13个学分在第二学期。通过第一学期《中国法制史》和通识课程"法治精神和专业养成"模块的学习,以及"文伯大讲堂"中"法治讲坛"系列讲座,激发了学生对法学专业知识的"饥渴",这种学习"饥渴"在第二学期形成了强烈的自主学习动力。

(三)多元拓展资源,满足学生成长需求

华政通识教育资源局限性与学生成长对于通识教育资源丰富性的矛盾十分突出。学校选择了多元拓展的思路,不断丰富通识课程教育的内容,提升通识教育的教学质量。

1. 师资多元化

从通识课程师资来看,虽然文伯书院作为实体化书院,配备专门从事通识教育的教师,但学科背景以文史哲为主。为充分挖掘优质通识课程,学校鼓励优秀教师开展书院通识课程建设,形成了相对统一的通识课程师资队伍(见表2)。

表2　书院通识课程师资所属学院

序号	授课教师所属学院	立项课程门数
1	文伯书院	25
2	法律学院	11
3	经济法学院	2
4	国际法学院	4
5	国际金融法律学院	3
6	刑事司法学院	13

续表

序号	授课教师所属学院	立项课程门数
7	外语学院	16
8	政治学与公共管理学院	7
9	传播学院	14
10	商学院	2
11	知识产权学院	1
12	社会发展学院	6
13	体育部	3
14	其他	4
汇总		115

同时,学校还组织设计了跨学科、跨领域的讲座类课程,组建由本校教师、其他高校教师、实务部门专家等构成的多元化师资队伍,如《法治中国》《人文中国》《法律与金融系列前沿讲座》《国际法治与中国法律外交》等课程,都成为广受学生欢迎的"明星"课程。师资来源多元化的特点,符合通识课程授课需要,能拓展学生的知识结构,促进学生通用能力的培养。

2. 通识课程来源多元化

文伯书院通识课程主要来源于三个方面:第一,校内教师开设的书院通识课程,这是通识课程体系的主干。第二,引进课程,包含讲座课程,主要为引进课程,补充课程体系的缺失或不足。第三,网络课程,通过精选优质课程,每门课程配备助教,进行线下管理和辅导。根据课程类别和课程性质,书院通识课程采用讲授、讲座、研讨、案例等多元教学方法,讲授方式灵活多样,满足课程讲授和学生学习需求。

(四)积极建设第二课堂,丰富学生成长环境

通识教育体系除通识课程外,还有通识讲座和课堂延伸等第二课堂的建设与之相配合,从而形成多元的通识教育氛围。

1. 以讲座为载体的第二课堂建设

为了进一步拓展学生的学术视野,文伯书院启动"文伯大讲堂",作为通识讲座的载体。文伯大讲堂共分“法治讲坛”“社科经纬”“人文纵横”三大系列，其中“法治讲坛”注重专业兴趣的培养，邀请校内外法学专家，围绕法学前沿问题，开设讲座；“社科经纬”和“人文纵横”则属于通识教育范围，内容涵盖政治学、管理学、社会学、文学、史学、艺术学等多个领域，与通识课程相呼应，培养学生的综合素养。从2017年10月至2018年5月，文伯大讲堂共举办32场，参与学生达6000余人次。例如上海市社联主席、中国政治学会副会长、复旦大学桑玉成教授所作的“用优良的政治人生塑造优良的政治生活”，华东政法大学原校长、著名法学教授何勤华所作的“法治的启蒙”，台湾地区东吴大学人文学院谢政谕教授所作的“近代文化与当代大学发展的省思”，华东政法大学朱榄叶教授所作的“WTO和你和我”，复旦大学国际关系与公共事务学院郭定平教授所作的“中日关系的不惑之惑——《中日和平友好条约》签订40周年回顾与反思”，中国硬笔书法协会主席张华庆所作的“践行大书法的当代意义”，对外经贸大学龚炯教授所作的“反垄断经济学基础介绍”，上海交通大学法学院季卫东教授所作的“中国司法体制改革的逻辑与经验”，澳门大学中文系朱寿桐教授所作的“传统小说的心理学魅力”，上海文史馆馆长郝铁川教授所作的“法治思维的特点”，苏州大学政治学乔耀章教授所作的“为人民谋权利——《共产党宣言》与我们的时代”等23场。

2. 多元延伸第一课堂：阅读、调研和学术沙龙

为了将通识教育延伸到学生的课余生活，书院设计了系列阅读和调研活动，从学生拿到大学录取通知单开始，培养他们阅读经典和关心社会的习惯。

入学前，向全体书院学生发布通知，要求学生利用入学前的暑假时间开展新生学习导航计划。导航计划包括经典阅读和社会调研两项内容。经过遴选，列举了22部精读书目和100部人文社会类各学科基本书目和入门书目，要求学生撰写读书报告和读书心得；鼓励有兴趣、有条件、有能力的学生，从提供的主题中自主选择或自选主题完成社会调研，撰写调研报告。入学后，组织导师对报告进行审阅和评议。

入学之后，开展“学习十九大、融入新时代、阅读上海、感知社会”专题

调研活动,走出校园、走进上海,激发学生学习行为的主动性和积极性,提升学生关注社会的兴趣和能力。

此外,依托导师和社区,开展"导师进社区"学术沙龙活动,将一大批优秀的校内名师和校外导师引入学生社区,近距离与书院学子们分享人生感悟,交流学术思想,通过不同专业知识的汇集和思想的碰撞,启发学生的批判性思维。仅2017年11~12月,就开展了11场学术沙龙。

四、持续跟踪与评估书院制教育改革

为了有效追踪书院制教育改革的效果,学校发展规划处高教所计划面向全校师生开展年度调研和阶段调研,就书院制教育改革认可度、通识课程体系、导师制、社区等各方面进行调查评估,以及时把握学生发展动态、教育改革效果和问题,及时调整改革举措,保证书院制教育改革的有序有效进行。2018年上半年,学校所属高教研究所开展了第一次面向文伯书院全体新生的问卷调查,调查内容涵盖了通识课程、导师制、书院社区、团学活动、生涯规划与心理咨询五个方面,并就人才培养目标期待和成长自评进行相关指标的数据分析。针对导师制的专项评估正在推开。通识课程专项评估准备引进第三方评估机构,就通识课程体系的建构、课程的教学质量、课程的教学效果、学生学习能力的提升等方面进行评估,以建立高效高质的通识课程体系。

全面深化改革和全面依法治国的大背景是高校发展的历史性机遇。近年来,学校始终围绕着"培养什么样的人、如何培养人以及为谁培养人"这个根本问题,充分把握和时刻紧跟高等教育规律和发展趋势,兼收并蓄、凝练特色,培养德法兼修的中国法治事业接班人,致力于将华政打造成为法治人才培养的重镇。书院制教育改革体现的是学校的办学理念,学校将继续以学生成长需求为出发点和落脚点,以通识教育为基础、以养成教育为手段,以知识、素质与能力培养为核心,以君子人格培育为目标,打造书院、社区和专业学院共同支撑的教育空间,为学生提供更良好的校园氛围、更全面的知识架构、更多样的发展机会,让学生充分汲取通识教育和专业教育的养分,接受人文精神和法治精神的熏陶,成长为面向未来的复合型人才。

Exploring the Road to Innovation of Legal Talents' Training Model for the Future —The Goals, Orientation and Realization Path of the Reform of College Education System in East China University of Political Science and Law

Ye Qing

Abstract: Since the implementation of the "13th Five-Year Plan", with the renewal of the talent training model and the change of the concept of talents' cultivation, East China University of Political Science and Law has initiated the reform of the college education system as one important starting point and major task for promoting the reform of the talent training model and improving the quality of talents' cultivation. The university has initiated a series of education concepts, such as, the orientation of taking schools as the core, the student-centered education system, the quality system combining knowledge, ability, value and wisdom, the general curriculum system that supports students' comprehensive and diversified development, and the education system of full participation and comprehensive cultivation. By series of integrated design, East China University of Political Science and Law has adopted a series of measures, including grasping the quality of general education, integrating professional education, experiencing and adjusting the effectiveness of general education, diversifying educational resources, meeting the growth needs of students, actively building a second classroom, and enriching the environment for students' development. All these measures ensure that the university can cultivate the qualified successors of the rule of law in China, and the university can be established as one of the key universities for the cultivation of rule of law talents in China.

Key Words: innovation of legal talents' training model college system in education reform East China University of Political Science and Law

新时代全面依法治国背景下政法高校的使命担当

姚　莉*

摘　要：新时代党的全面依法治国方略，给政法高校加速推进双一流建设，承担为新时代培养和造就一大批社会主义的建设者和法治人才提供了千载难逢的机遇，也提出诸多挑战。政法高校应坚持以"习近平新时代法学教育与法治人才培养思想"作为政法高校的全面发展方向，以"双一流"建设为政法高校全面发展的行动纲领，以新时代"三大使命"的责任担当为政法高校全面发展的着力点，在新时代全面依法治国背景下奋力有为、敢于担当、不辱使命。

关键词：新时代　全面依法治国　政法高校　使命担当

一、时代背景：全面依法治国之重大意义

法律是治国之重器，法治是国家治理体系和治理

---

* 姚莉，中南财经政法大学副校长，教授，博士生导师，研究方向：刑事诉讼法学、证据法学、司法制度。

能力现代化的重要依托。全面依法治国的提出经历了从依法治国到全面依法治国,从法律体系到法治体系,从法律之治到良法善治,从党政推进到社会共同推进,从平稳推进到加快建设,从分别推进到协调发展,从有法可依、有法必依、执法必严、违法必究向科学立法、严格执法、公正司法、全民守法的法治方针的渐进发展过程。这标志着我们党对于法治作为一种治国理政方式之认识提升到了一个前所未有的高度。这是马克思主义经典作家关于国家与法的理论运用于当代中国治国理政、治党治军、内政外交,处理经济、政治、文化、社会生态事务的重大成果;是70年国家与社会治理体系和治理能力现代化的曲折发展与实践经验的理论升华;是开启建设社会主义现代化强国新征程的始终不渝的基本遵循。正如马克思所指出的:"社会不是以法律为基础的。那是法学家的幻想。相反地,法律应该以社会为基础。法律应该是社会共同的、由一定物质生产方式所产生的利益和需要的表现,而不是单个的个人恣意横向。"全面依法治国基本方略的提出,经历了三个阶段。

(一)依法治国基本方略提出的准备阶段

在新生的人民政权创建社会主义建设30年期间,我们党把马克思主义基本原理同中国具体实践相结合,经历了由革命党向建设党思想观念、制度安排、行为模式的转型过程,社会主义用什么办法建设?老祖宗没有提出具体的方案,在一直借鉴苏联社会主义的模式中,采取了超越历史条件的一些方式方法,发生了一些"左"的偏差及"文化大革命"的曲折教训,这为党的十三中全会重新确立解放思想、实事求是、一个中心两个基本点的思想路线、政治路线和组织路线,与建设社会主义法治提供了反思和发展的条件。邓小平同志曾在1986年就指出:"进行政治体制改革的目的,总体来讲是要消除官僚主义,发展社会主义民主,调动人民和基层单位的积极性。要通过改革,处理好法治和人治的关系,处理好党和政府的关系。"①

① 邓小平:《关于政治体制改革问题》,载《邓小平文选》(第3卷),人民出版社1993年版,第177页。

(二)依法治国基本方略的提出

随着中国特色社会主义市场经济的建立,市场经济对法治在调节经济关系、规范社会行为、保障公民、法人及其他组织合法权益的要求被急迫地提上了议事日程。1997年9月,党的十五大第一次完整地提出要"依法治国,建设社会主义法治国家",将改革开放以来提出的"建设社会主义法制国家"改为"建设社会主义法治国家",这一字之改反映了我们党对于执政规律认识的深化,对于执政理念把握的提升,对于治国理政基本方式的准确运用。由"依法制国"向"依法治国"的转型,意味着治国理政的方式由"人治之治""政策之治"向"法治之治"的跨越转型,意味着"依法治国,就是广大人民群众在党的领导下,依照宪法和法律规定,通过各种途径和形式管理国家事务,管理经济文化事业,管理社会事务,保证国家各项工作都依法进行,逐步实现社会主义民主的制度化、法律化,使这种制度和法律不因领导人的改变而改变,不因领导人看法和注意力的改变而改变"。意味着把依法治国确定为"党领导人民治理国家的基本方略",强调"依法治国把坚持党的领导、发扬人民民主和严格依法办事统一起来,从制度和法律上保证党的基本路线和基本方针的贯彻实施,保证党始终发挥总揽全局、协调各方的领导核心作用"。第九届全国人民代表大会第二次会议通过的宪法修正案规定:"中华人民共和国实行依法治国,建设社会主义法治国家。"这标志着"依法治国"这一基本方略由党的主张上升为国家意志,使其宪法化、法律化、制度化,成为一切组织和个人都必须遵循的根本准则。

(三)依法治国基本方略的发展完善

步入新世纪新阶段,我国经济社会发展面临重要战略机遇期,建设中国特色社会主义总依据是社会主义初级阶段,总布局是五位一体,总任务是实现社会主义现代化和中华民族伟大复兴。这给法治建设提出新的更高要求。我们党依据基本国情、总体布局、总任务、总要求不断加深对依法治国的认识,实践也在不断推进。党的十八大明确提出"全面推进依法治国",确保到2020年实现全面建成小康社会宏伟目标时,依法治国基本方略全面落实;在党的报告中首次把法治确立为治国理政的基本方式,首次要求更加注重发挥法治在国家治理中的重要作用;强调各级领导干部要善于运用法治思维和法治方式,提高深化改革、推动发展、化解矛盾、维护稳定的能力。由"依法治国"到"全面依法治国",是我们党法治理论的又一次重大升华。党的十八届三中、四中全会两个"决定"把法治作为统筹五位一体总体布局的两轮驱动基本方略,强调"全面深化改革的总目标是完善和发展中国特色社会主义制度,推进国家治理体系和治理能力现代化",提出全面依法治国总目标是"建设社会主义法治体系、建设社会主义法治国家",把"推进法治中国建设"作为长远的目标要求。法治中国的内涵使法治国家的内容更加丰富、更加深刻、更具有时代特征,建设法治中国不仅要建设法治国家,还要建设法治政府、法治社会、法治军队;不仅要推进依法治国,还要推进依法执政、依法行政、依法自治,不仅要搞好国家法治,还要搞好地方法治、社会法治,促进国家法治、地方法治、社会法治协调发展;不仅要推进法律制度硬实力建设,还要进行法治文化软实力建设,弘扬社会主义法治精神,培育社会主义法治文化;不仅致力于国内法治建设,还要面向世界,推动国际关系和全球治理法治化,构建民主法治、公正合理、合作共赢的国际经济政治新秩序,提升中国在全球治理中的话语权和影响力。因此,"法治中国"是"法治国家"的升级版、拓展版。建设"法治中国"是一个时期中国法治建设的科学定位和总体部署。

二、反思当下:政法高校之挑战

新中国成立后,为了巩固新生的人民政权,保障国家的社会主义经济建设和社会主义改造事业顺利建设,老一辈无产阶级革命家毛泽东、周恩来、董必武同志适时制定政法教育方针,提出有计划按比例地培养政法工作干部和法学家,并决定在北京大学、中国人民大学、吉林大学、武汉大学等综合性大学设立和恢复法律系,组建西南政法学院、北京政法学院、华东政法学院、中南政法学院、西北政法学院,使新中国50年代初期的法学教育初具规模。其后,我们党在遭受国际反华势力的政治、经济、文化、科技、军事全方位封堵、要挟的大背景下探索社会主义建设的道路过程中，由于“左”的思想影响和政策偏差，自50年代中后期直至“文化大革命”，法治人才培养与法学教育逐步削弱直至全面停滞。改革开放后，为了适应党和国家工作重点转移，保障人民民主，加强法制的新形势新任务，邓小平同志提出加强法律职业建设，需要培养大批法官、检察官、警察、律师等专门人才，开启了法治人才培养与法学教育的征程，政法院校得以恢复，法学教育快速发展，法学学科体系逐步健全。经过近40年的努力，高校法学教育为国家培养法学各类毕业生148万人，为经济社会发展提供了大批法治人才。其中，政法高校尤其是“五院四系”在培养法学人才方面发挥了中流砥柱的作用。

尽管全面依法治国的基本方略为政法高校发展带来了前所未有的机遇，但是政法高校的发展也面临严峻之挑战。从总体上看，我国是世界高等教育大国，但“大而不强”的问题尤为突出。拥有3647万名学生的2825所大学中，跻身世界一流行列的高校不多；②国际论文发表总量居世界第二，但被引用数仅居世界第七，以中国科研人员为第一作者的国际论文数量占所有论文的比例较低；③高校办学方式和人才培养模式亟待优化；用人单位对高校提供的人才公共品微词颇多。④ 具体到政法高校领域，问题也比较突出，包括法学教育在内的高等教育以质量为生命线的教育体制机制创新尤为急迫。当前，政法高校法学教育面临一些“严重滞后”，如法学教育提供的专门人才与治国理政、治党治军、内政外交的精英人才相比，严重滞后于国家人才发展规划总规模的要求；法学教育提供的通用人才与基层社会治理法治化亟须的人才总需求存在严重滞后；法学教育提

② 其中，中国在《英国QS“2015年世界大学学科排名”》全球前400强中仅58所，前50强仅7所；在《美国新闻和世界报导》及汤森路透社“2015年全球顶尖大学排行榜”全球前500强仅27所，在学科前50强中，仅有23所大学的12个学科领域入选。

③ 中国科学技术信息研究所发布的《2015中国科技论文统计结果》显示，SCI数据库2014年世界科技论文总数为176.63万篇，收入中国科技论文26.35万篇，排在第1位的美国，其论文数量为48.66万篇，是我国的1.8倍。

④ 当前，社会反映的问题主要有：一些毕业生不能尽快适应繁重的政务、事务、法务以及基层治理事项；一些毕业生动手能力弱，团队精神、吃苦奉献精神亟待锤炼提升；有的甚至事业心、责任感、担当精神严重不足。

供的实用型、“工蜂型”、高技能型人才同公职律师、公司律师、社会律师的庞大法律服务人才总量需求相比严重滞后;法学教育提供的专门人才与大数据时代涉外法律人才总需求相比严重滞后;法学教育提供的专门人才同立法、执法、司法、法学研究、“综合型、创新型、能力型”的法治人才需求相比严重滞后;以学科导向形成的导师专业教学科研能力同“复合型、创新型、能力型、外向型”卓越法治人才培养的高要求相比严重滞后等。造成上述“滞后”,有深刻的原因。

一是理论指导方面。用马克思主义法治观、中国特色社会主义法治理论统领法学教育,指导人文社会科学的方针坚持得不够一贯、不够坚定,存在摇摆现象。一方面,对中国特色社会主义法治道路、法治理论、法治实践总结升华不够,法学理论体系、教材体系、课程体系设置与之存在脱节之处。在移植、借鉴西方法学教育理论体系、教材体系、课程体系过程中存在盲目照搬照抄、简单克隆现象,而评点反思学术性评价不够,使一些青年学子对西方“三权分立”理论制度及其体系缺乏比较、理性反思,有的甚至盲目崇拜,对中国特色社会主义法治道路、法治体系、法治理论缺乏认同感。另一方面,对中国特色社会主义法治建设生动复杂的实践缺乏理性反思,理论化、系统化、体系化相对滞后,有的教材、课程脱离法治建设客观实际,缺乏说服力、信服力和感染力。

二是体系创新方面。围绕经济、政治、文化、社会、生态文明体制改革推进法学理论体系、教材体系、课程体系创新,推动法学教育改革方面存在动力不足。比如,梳理党的十八届三中全会部署380项改革任务、四中全会部署法治建设190项任务,党的十九届三中全会通过了关于深化党和国家机构改革的决定,都给加快推进中国特色社会主义法治体系提出了急迫要求。而现有240多部法律中尚有170多部同《中共中央关于全面深化改革若干重大问题的决定》《中共中央关于全面推进依法治国若干重大问题的决定》以及党和国家机构改革战略部署要求存在冲突或严重冲突,亟须废、改、立。对于法学教育而言,是坐而论道还是直面中国当代加速推进国家治理体系和治理能力现代化,加快推进法治建设进程,法学理论、教材、课程三个体系创新直接关系法学教育改革的出发点、落脚点、关节点及其成效，发展完善中国特色社会主义制度，推进国家治理体系和治理能力现代化，加快推进法治中国建设是检验法三是学教育改革成败与否的试金石。

三是学科体系方面。一方面，学科设置存在简单雷同、过多过滥现象，又存在一些“法治中国”建设急迫需求的学科未能设立。例如，四中全会确立社会主义法治体系包括科学完备的法律体系、高效的法治实施体系、严密的法治监督体系、有力的法治保障体系以及规范的党内法规体系，而我国现有法学一级学科是按照法学基础理论、基本法如宪法行政法、民法、刑法、诉讼法以及部门法设计的，而尚未设立同社会主义法治体系相匹配、相协调的立法学、执法学、司法学、法治监督学、法治保障学及执政党法治学等。又如，社会治安综合治理是国家与社会治理现代化的重要组成部分，改革开放30多年来，中央就综合治理社会治安制定了一系列方针、政策，建立了相关制度，每年进行部署要求，建立评价体系，对保障人民权益、维护社会稳定、保障国家长治久安发挥了不可替代的重要作用。但这一重要治国理政的国策、制度、实践却未能作为一个新型交叉学科进高校、进教材、进课堂、出专门人才。为此，中南财经政法大学于2013年率先开设“社会治理法学”法学二级学科，招收和培养“社会治理法学”研究生（博士、硕士），组织《社会治理法学》理论、教材、课程三大体系重大攻关，经过多年教学实践已取得初步成效，破解了该学科多年无人问津的尴尬局面。

四是评价体系方面。目前，法学教育人才培养模式，沿用传统“学分+论文”的考核模式，教学模式引导学生关注纷繁复杂的法律实务、法治生活、关注国家法治体系构建等重大战略与现实问题存在脱节现象，“综合型、能力型、创新型、外向型”“卓越法律人才”难以生长。教师队伍方面，机械的科研论文成果考核模式，使许多学者关注脱离实际的闭门造车式论文撰写，每年出版的专著多达15万部之多，论文数百万篇之巨，但鲜有治国理政的立法建议稿、精品的咨询报告等。

五是管理体制方面。教学科研教师管理体制机械单一，师资人员狭隘的学校所有制，人员流动壁垒，行政许可审批事项诸多，学术职称、职务职级工资福利待遇、退休制度等标准考核机制僵化,优质师资人员不能有序向稀缺的学科岗位流动,教学科研的潜能与潜力难以有效释放,高校创新发展活力与动力不足。

六是配套保障方面。相关政策及经费等保障不配套,如有关学校独立自主招生、人事管理、学科建设、经费管理、基础设施建设等管理体制机制比较僵化,学校独立自主决策、决定、评定的空间狭小,制约了教育体系和教育能力现代化的加速推进。

三、勇于担当:政法高校之使命

(一)坚持以"习近平新时代法学教育与法治人才培养思想"作为政法高校的全面发展方向

党的十八大以来,习近平总书记站在全面推进依法治国、加快建设法治中国的战略高度,把法治人才培养与法学教育摆在统筹推进"五位一体"总体布局和"四个全面"战略布局之中,对法治人才培养与法学教育改革提出了一系列新理念、新思想、新战略。习近平有关法治人才培养与法学教育的思想具有鲜明的实践面向、成熟的哲学方法、科学的时代精神等特征,堪称"习近平新时代法学教育与法治人才培养思想"。"习近平新时代法学教育与法治人才培养思想"内涵丰富、体系完整、逻辑严密。这一理论体系始终围绕法学教育与法治人才培养为什么,全面依法治国靠什么,实现"两个一百年"奋斗目标、建设社会主义现代化强国、政法高校法学教育与法治人才培养怎么办这三个基本问题展开。"习近平新时代法学教育与法治人才培养思想"为政法高校在中央统筹推进世界一流大学和一流学科建设的背景下之跨越式发展,提供了前所未有的机遇。

(二)以"双一流"建设为政法高校全面发展的行动纲领

为适应新形势和新任务对高等教育实施内涵发展和提高国际竞争力提出的新要求,中央全面深化改革小组第十五次会议提出,"要全面贯彻党的教育方针,遵循教育规律,以立德树人为根本,以中国特色为统领,以支撑创新驱动发展战略、服务经济社会为导向，推动一批高水平大学和学科进入世界一流行列或前列，提升我国高等教育综合实力和国际竞争力，培养一流人才，产出一流成果”，并审议通过了《统筹推进世界一流大学和一流学科建设总体方案》。这是党中央、国务院在新的历史时期，为提升我国教育发展水平，增强国家核心竞争力，奠定长远发展基础所做出的重大战略决策，具有十分深远的重要意义。在双一流建设进程中，政法高校的法学院系及法学学科应当也必须主动作为，实现跨越，这既是新的历史时期国家战略布局的现实需求，也是法学教育自身谋求转型升级的迫切需要。

（三）以新时代“三大使命”的责任担当为政法高校全面发展的着力点

以“习近平新时代法学教育与法治人才培养思想”为引领，开启政法高校法学教育新局面，实现“双一流”跨越式发展，以识才的慧眼、爱才的诚意、用才的胆识、容才的雅量、聚才的良方，形成对政法高校法学教育高看一眼、厚爱一分、保障倾力的优良环境，为开启建成社会主义现代化强国新征程提供源源不断的法治人才生力军。政法高校应当解放思想，锐意进取，在承接三大使命上勇于担当。

第一，办学定位上，要找准政法高校的合理位置。定位问题若不解决好，必将影响政法高校的科学发展。要深入调研当前政法高校面临的新情况、新问题、新难题，认真研究法律高等教育面临的新形势，结合院校的办学条件、办学基础、办学资源等实际情况，准确把握办学定位，特别是要逐步地、妥善地解决好政法高等教育的整体定位问题。依法治国、建设社会主义法治国家不仅需要一批高层次法律职业人才，还需要大量的基层法律工作人员。尤其随着社会矛盾多元调节、劳动争议调解、社区矫正和帮教安置、社区乡镇基层组织服务管理等体系建设一系列新举措的出台，我国法治建设、维护社会稳定工作已深化延伸到社会方方面面，初步形成政法部门专业化分工与社会化服务管理相互联系、相互统一、相互依托的新的紧密型工作格局。主动适应社会经济发展，科学合理地设置培养选拔不同层次、不同类型法律人才，尤其是培养大批社会急需的基层法律工作人才的体系是调整法律人才教育结构的当务之急。鉴于此，我们认为，可以对当前法学本科加硕士的混合教育模式进行改革。改革过程中,关键是要处理两方面问题:一是本科法学教育的总量增长适度调控。可考虑由教育主管部门通过行政手段适度控制设立新的本科政法高校,同时探索建立法学教育质量标准控制体系,通过质量标准控制体系逐步压缩淘汰师资、生源和就业较差的政法高校,并对法学本科招生人数进行适度调整,既满足人民群众对法学教育日益增长的需求,又与现有法学院校本科招生相关条件相匹配。二是调整法科硕士培养的结构。合理区分法学硕士和法律硕士的培养目标和方式,可尝试法学硕士作为法学博士的预科生培养,法律硕士作为高层次法律应用人才培养。适度压缩法学硕士招生规模,扩大法律硕士招生规模。鼓励进一步发展有特色的各类法律硕士创新项目,允许部分法学院根据自身条件,自主选择研究发展普通或有特色的研究生层面的法学教育;加大法学与政治学、经济学、管理学、社会学、计算机工程学、网络安全学的破垒融合力度,以服务和保障立法、执法、司法、法律监督、法律服务等为取向,创设新型交叉法学学科,以满足经济社会飞速发展对法治人才的急迫需求。

第二,人才培训模式上,注重多元化的培养体系,并建立开放融合的人才培养平台。法学人才培养不应完全以不同学位的学生为预设,而应建立兼顾规范和多样、理论和应用、国际和本土的培养体系。各类学位的人才培养都应在相应的规范性和基础性之上强调开放性,不主观预设各类学生未来的发展趋向,在提供相应共同法学规范性和基础性知识和技能的同时,要开发建立核心课程加丰富的选修课程的教学菜单,制订开放的培养计划,支持不同菜单组合完成学业、取得学位,以向不同个性志向和发展规划的学生提供自我构筑知识结构的机会。顺应人才模式的变化,政法高校须摸索建立开放融合的人才培养平台。融入政法行业、深化与法律实务部门的合作,有利于形成与行业职业岗位需要相适应的人才培养目标,有利于给学生提供更多的就业机会;有利于实现教学过程的实践性、开放性和职业性。法学人才培养要坚持立德树人、德法兼修,把立德树人作为人才培养的根本任务,坚持以社会主义核心价值体系为基础,突出政治品德和法律职业道德两个重点,搭建全员化、全过程、全方位育人平台,注重课内与课外、校内与校外、理论与实践、教育与养成相结合,达到教书育人、管理育人、服务育人、制度育人、环境育人的功效。不但培养学生的诚信品质、敬业精神和责任意识,还要结合应用型法律人才素质特点,培养学生树立追求真理、维护正义的崇高理想;牢记忠于祖国、执法为民的职业宗旨;坚定弘扬法治、忠于法律的信念。

第三,在学术体系建设上,加快中国特色法学理论体系的建构。进入21世纪以来,随着新形势、新问题的不断涌现,我国原有的法学体系存在着发展僵化、结构不优等问题。建设中国特色法学学科体系、学术体系、话语体系、传播体系及人才培养模式,必须对现存法学体系的优势与短板有清醒而充分的认识。一是现存法学体系难以适应建设中国特色法治体系的需要。现存法学体系以法律体系为支架和逻辑脉络,形成了诸如宪法学、民法学、刑法学和商法学等学科,基本上适应了中国特色的法律体系,但无法适应党的十八大以来提出的构建中国特色社会主义法治体系的目标,必须站在构建法治体系的角度来反思传统法学体系建设的问题。要适应建设社会主义法治体系的新要求,总结法学学科设置与运行的经验,反思存在的不足,探索设置与科学完备法律体系相适应的立法学,与高效法治实施体系相协调的执法学、司法学(侦查学、检察学、审判学、司法行政学),与严密法治监督体系相匹配的法治监督学,与党内法规体系相衔接的党内法规专业等新型学科;优化宪法、行政法、民法、刑法、诉讼法等部门法的学科设置;探索与经济法学的区别,生态空间治理法学、社会治理法学、网络社会治理法治学等新型交叉学科设置。二是现存法学体系缺乏对国内法治和国际法治的统筹关照。实现中华民族的伟大复兴,不仅要全面推进依法治国,而且要加快推进全球治理规则、治理体系乃至治理体制的变革,推进国际关系的民主化、法治化和公正化。现存法学体系锁定在国内法思维上,不能适应国内法治和国际法治相统筹的新形势,难以适应中国作为一个已经站在世界舞台中心的负责任大国的使命和担当。所以,要高度关注我国法学体系与国际法学体系的融通性,围绕全球治理体系变革和推动国际关系法治化,优化课程体系、专业体系、人才培养体系。三是现存法学体系在法律教育上难以适应全球化发展的需要。我国要成为参与乃至负责制定国际规则并保证其实施的大国,需要人才、理论和组织方面的配套跟进。但是现有法学教育难以胜任培养熟练掌握国际规则和通晓国际法律理论专门人才的职责,法学教育的短板大大限制了我国在全球治理中的地位和作用。为此,须提升法学教育体系的国际化水平。四是现存法学体系缺乏对国家治理体系和国家治理能力现代化的智力支持和理论支撑。中国不仅推进国家治理体系的现代化,而且推进国家治理体制的现代化,从国家治理体系的现代化到国家治理体制的现代化是一个巨大的制度跨越,标志着我国法治文明的转型升级。现存法学体系特别是法学理论体系还不能够回答由此引发的新问题、新挑战,不能给国家治理体系和国家治理体制的改革提供有效、管用的学理支撑。因此,须大力推进法学理论创新,加快形成中国特色法学理论体系。如何建构中国特色法学体系,一是要体现继承性与民族性。要善于融通古今中外各种资源,包括马克思主义法学理论及其中国化形成的成果、中华优秀传统文化、新中国法治建设的实践创新和国外法学取得的积极成果。二是要体现原创性和时代性。中国特色法学体系的“中国特色”,关键取决于是否具有主体性和原创性,中国特色不是自说自话的特色,而是让世界认同的中国特色。中国法学争取话语权,但不会谋求话语霸权。建设中国特色的法学体系要以我国实际为研究起点,挖掘新材料、发现新问题、提出新观点,构建具有自身特质的学科体系、学术体系、话语体系。中国特色就是中国模式,就是中国方案,就是中国责任。三是要体现系统性和专业性。建设中国特色法学体系需要着力解决学科设置同社会发展联系不够紧密,学科体系不够健全,新兴学科、交叉学科建设比较薄弱等突出问题,不断推进学科体系、学术体系、话语体系建设和创新,努力构建一个全方位、全领域、全要素的法学体系。四是要体现国际性和全球融合性。当代世界是一个全球化的时代,构建中国特色法学体系不能脱离整个世界的发展,要站在国际和全球的视野上建构中国的法学体系,要实现国内法学与国际法学的融合,要在比较、对照、批判、吸收、升华的基础上,使中国法学更加符合当代中国和当今世界的发展要求,把“中国经验”总结好,为解决世界性法治问题提供思路和办法。

The Mission of Universities of Political Science and Law under the Background of Comprehensively Advancing the Rule of Law in China in the New Era

Yao Li

Abstract: The Communist Party of China's strategy of advancing the rule of law in China in the new ear has provided a rare opportunity for the universities of political science and law to accelerate their construction of "Double-First Class Universities" and to cultivate sufficient socialist rule-of-law talents in the new ear. However, this also has brought many challenges. The universities should adhere to President Xi Jinping's talk on "the legal education and the cultivation of the rule-of-law talents in the new era" as the comprehensive development direction for the development of the universities of political science and law. The universities should also take the policy of Double-First Class Universities as the action plan and the responsibilities of "three missions" in the new era as the focal point for their all-round development. The university must serve. In the era of comprehensively advancing the rule of law in China, the universities should struggle to do what it takes, dare to take responsibility, and to live up to their missions.

Key Words: new era comprehensively advancing the rule of law universities of political science and law mission and responsibility

论新时代全面依法治国背景下政法高校的使命担当

杨宗科*

摘　要：习近平总书记关于社会主义法治体系等的原创性概念与高等教育事业发展的新思想，是政法高校在新时代承担使命的理论依据和客观依据，为政法高校的发展指明了方向。政法高校需要以新时代中国特色社会主义法治思想等为指南，着力贯彻以人民为中心、实现人与社会全面进步的新发展思想，以政法高校的内涵建设推动法学教育创新发展，构建法治人才培养体系，培养高素质法治人才，解决新时代我国法学教育领域存在的主要矛盾。这是未来我国法学教育改革与发展的时代新命题，也是政法高校的使命担当。

关键词：新时代　依法治国　政法高校　使命担当

* 杨宗科，西北政法大学校长，教授，博士生导师，研究方向：法理学、警察法学。

一、对新时代全面依法治国背景下政法高校承担使命的两个思考

一方面，应从客观依据上寻找新时代我国经济制度发展的要求，特别是对法治建设的要求，这符合高等教育发展规律。另一方面，我们要认真学习习近平新时代中国特色社会主义思想，特别是高等教育思想、法治思想。

（一）新时代政法高校承担使命的理论依据

习近平总书记在北京大学师生座谈会上指出，“我们的教育要培养德智体美全面发展的社会主义建设者和接班人……这是我们党的教育方针，也是我国各级各类学校的共同使命”。对于政法高校而言，马克思主义是中国特色社会主义高校的鲜亮底色，在此基础上培养社会主义建设者和接班人、培养高素质的法治人才，则是新时代政法高校的使命担当。

这一使命担当的理论依据来自习近平总书记有关新时代中国特色社会主义法治思想、有关政法高校发展的思想和有关高等教育事业发展的思想。

1. 习近平总书记新时代中国特色社会主义法治思想

2017 年 5 月 3 日，习近平总书记在考察中国政法大学时，明确指出法学教育要适应新时代，这个新时代就是党的十九大报告中所提出的中国特色社会主义新时代。

中国特色社会主义新时代以及中国特色社会主义法治体系等概念，是习近平总书记十八大以来提出的最具原创性和标志性的统领性概念，具有重大理论创新、制度创新和实践创新意义，指出了中国发展新的历史方位，也为新时期政法高校推进法学教育改革和高素质法治人才培养提供了指引。

全面依法治国是坚持和发展中国特色社会主义的本质要求和重要保障，是实现国家治理体系和治理能力现代化的必然要求。全面依法治国的伟大实践对法治人才培养和法学学科建设提出了新的需求，新时代政

法高校要从以建立中国特色社会主义法治体系为参照培养卓越法治人才,提升为以建立中国特色社会主义法治体系、社会主义法治国家为参照培养高素质法治人才。深刻理解中国特色社会主义法律体系到中国特色社会主义法治体系的转变对于法治人才提出的新需求,在中国特色社会主义法治体系中定位和把握高素质法治人才培养的标准和要求,在四个全面的战略布局去把握新的战略需求,为全面依法治国提供法治人才和智力支持。

2. 习近平总书记有关政法高校发展的思想

习近平总书记有关政法高校发展的新思想阐述了依法治国和法治人才培养的密切关系,明确了政法高校法治人才队伍建设、法治人才培养在推进实施依法治国方略中的基础地位。

然而,当下的不少高校还存在法学学科结构不尽合理,法学学科体系、课程体系不够完善,社会亟须的新兴学科开设不足,法学学科同其他学科交叉融合不够,知识容量需要扩充等六个方面的问题与不足。法学教育和法治人才培养并不能完全适应新时代的要求。

因此对于政法高校而言,通过内涵式发展,培养"德法兼修"的法治人才就是在法学教育领域实现受教育者的全面发展的必然要求和基本落脚点。积极响应全面推进依法治国战略的实践需求,将其作为法学学科建设创新、法治人才培养模式革新的方向与目标,跟上新时代的发展、体现新时代的要求。

内涵式发展的完整表述应当是"以增加或充实内涵的方式发展",或者说是"以加强或重视内涵建设的方式"。内涵式发展的目的就是通过内涵式发展要达到实现特定的高等教育功能的目的。内涵式发展政策是我国高等教育发展政策的逻辑延展,也符合我国当下高等教育发展战略趋势。

政法高校的内涵式发展理应成为党和国家新时代高等教育发展政策的核心,也是我国高等教育发展政策演变的必然选择,政法高校应当针对教育教学和人才培养的一些深层次问题,比如人才培养专业化刚性过强、课程教学浅表化、优质教学资源不足等问题,推动高校内涵建设。以提高人才培养水平和质量为目的,加强人才培养能力、优化人才培养环境、改善人才培养条件、提高人才培养成效。通过树立或强化以学生为中心的教育理念,提高教师的教学能力,丰富和扩大优质教学资源,建立健全更加个性化、更有效的教学运行机制,培育优良的教学文化。

3. 习近平总书记有关高等教育事业发展的思想

2018 年 5 月 2 日,习近平总书记在北京大学师生座谈会上发表了重要讲话,从坚持办学正确政治方向、建设高素质教师队伍、形成高水平人才培养体系三项基础工作对发展我国的高等教育事业做出了重要指示。习近平总书记关于高等教育事业发展的新思想,站在中国特色社会主义进入新时代的历史背景下对法学教育面临的形势任务提出了新的要求,也为政法高校的发展指明了方向。

法学教育作为中国特色社会主义法治体系、高等教育事业的重要组成部分,需要以习近平总书记新时代中国特色社会主义思想、全面依法治国新理念新思想新战略和以人民为中心、实现人与社会全面进步的新发展思想为指引,促进法学教育的均衡充分发展,回应人民对优质公平法学教育的期待和需求,解决新时代的新矛盾,实现社会和法治人才的共同发展。这是未来我国法学教育改革与发展的时代新命题,也是政法高校的使命担当。

政法高校应当顺应高等教育事业发展规律,以内涵建设推动法学教育创新发展,着力解决新时代我国法学教育领域的主要矛盾,即从解决改革开放初期法治人才大量不足与社会需求的矛盾转变为解决人民日益增长的优质法学教育的需求,社会对高素质法治人才素质的需要与其发展不均衡、不充分之间的矛盾。坚持在法学教育中坚持依法治国和以德治国相结合,强调法学教育中知识教学和实践教学的关系,明确新时代法治人才培养的基本规格和要求,培养德法兼修、明法笃行的高素质法治人才。

(二)新时代政法高校承担使命的客观依据

新时代政法高校承担使命的客观依据来自高等教育事业和高等院校的基本发展规律。著名教育学家潘懋元教授所提出的“教育外部关系规律和教育内部关系规律”,可以对此予以说明。

教育外部规律是教育作为社会的一个子系统与整个社会系统及其他子系统之间相互关系的规律,是教育本质的体现。高等教育事业一方面受社会政治、经济、文化科学所制约,另一方面必须与社会的发展相适应,为社会的政治、经济、文化科学服务。大学作为一种特殊的社会文化组织,其存在和发展源于社会的需要,也已经逐渐从社会的边缘机构发展演变成为社会的核心机构,在科学研究和社会服务方面都开始发挥重要作用,不断引导着社会向前发展。政法高校应当坚持策略研究与战略研究相结合,决策咨询与公共服务相结合,为社会提供科学服务、智力支持以及智库人才储备。

教育内部规律指的是教育作为一个系统,内部各个因素或子系统之间的相互关系规律,它是教育方针所包含的教育目的的内容,其核心就是培养“德智体全面发展”的人。政法高校对人才的培养当然离不开教育内部规律,以培养全面发展的人作为培养的核心任务。所以,政法高校要重新审视自身的历史使命,既要关注社会的发展,更要关注作为受教育主体的法科学生的发展,如何力求做到二者的全面发展与共同进步,是政法高校工作开展的基本出发点。

二、培养德智体美全面发展的社会主义建设者和接班人、培养高素质法治人才是政法高校的使命担当

(一)培养人是政法高校的根本使命

以人民为主体的思想、以人的全面发展、社会全面进步为基点的思想是十八大以来习总书记一直强调的。法治建设是为了人民,法治建设也必须依靠人民。而人的全面发展和社会全面进步,既是中国共产党和国家一切工作的出发点和落脚点,又是我国的法治建设和政法高校开展法学教育的出发点和落脚点。与此相对应,教育本身就是以人为中心开展的社会活动,通过对人的培养,实现主体的自我价值及社会价值,这彰显

了人的社会化过程。大学的教育并不在于偏重政治或偏重经济,而在于通过育人,培养出德智体美全面发展的人才,促进人的全面发展乃至社会的全面进步。

(二)培养社会主义建设者和接班人是政法高校的全新使命

习近平总书记指出,“国势之强由于人,人才之成出于学”。培养社会主义建设者和接班人,是我们党的教育方针,是我国各级各类学校的共同使命。大学对青年成长成才发挥着重要作用。高校只有抓住培养社会主义建设者和接班人这个根本才能办好,才能办出中国特色世界一流大学。

马克思主义是我们立党立国的根本指导思想,也是我国大学最鲜亮的底色。政法高校应当积极致力于社会主义建设者和接班人的培养,以履行新时代的全新使命。通过强化宪法意识教育,在对宪法精神和基本内容的理解、认同和情感上下工夫,积极维护宪法权威;强化党内法规的学习,为培养“又红又专”的法律工作者后备力量。动员教师和学生投身于党的十九大精神和宪法修正案的宣传教育,宣传党的声音、传递时代力量。

(三)立德树人,培养“德法兼修”的高素质法治人才是政法高校的核心使命

一直以来,政法高校都是法学教育的主要承担者和培养法律人才的重要阵地。经过40年的发展,我国高等法学教育坚持“专业教育与通识教育并重、大众化教育兼顾精英教育理念”,逐步建立了以学位教育为主体、其他教育为补充,学历教育和在职培训进修相互衔接的法治人才培养体系。高等法学教育坚持专业教育与通识教育并重、大众化教育兼顾精英教育理念,初步形成了法学教育、司法考试及法律职业之间的良性互动关系,培养造就了大批具有法律人格、法律知识和法律职业技能的专门人才。在学校和法科生数量上,都达到了相当的规模和高度。在人才培养、学术研究、社会服务和文化传承等功能上,初步实现了高等教育的基本目的,发展并形成了“通识教育和专业教育并重”“大众教育为主、兼顾精英教育”等基本培养理念。

但当下我国的法学教育中存在法学教育资源尤其是师资配置不平

衡,法学院校与法治实务部门协同育人机制不够完善,法学教育与司法考试、法律职业的衔接不够紧密,职业化与法律职业伦理教育的相互结合还不够到位等问题,对此政法高校不能不予以重视。

法治乃法律人之治,"致天下之治者在人才"。法治人才是运用规则,实现科学立法、严格执法、公正司法等的直接参与者与践行者,是实现依法治国、依法行政,法治国家、法治政府、法治社会一体建设的推动者与实施者。法治人才的成长体现着一个国家法治的"软实力"水平,法治人才的培养造就与培养机制创新,事关国家发展与社会稳定的全局,决定着全面推进依法治国各项目标的实现,是我国当下的一项基础性、战略性的任务,关系到国家"两个一百年"奋斗目标和中华民族的伟大复兴,关系到中国梦的实现。

法律人之治有赖政法高校的培养造就和法学教育的改革创新。法治人才能否担负起全面推进依法治国的历史使命、能否满足国家战略发展的需要,很大程度上依赖于政法高校的法学教育体系和培养机制。和加快建设社会主义国家的新形势、新要求相比,当下政法高校法治人才培养质量和机制还存在一些亟待解决的问题,已经不能满足国家战略发展的需要,法治人才的培养质量也已经由"行业需要"上升到了"国家需要"的层面,政法高校应对此有所认知。

因此,当下政法高校需要以习近平新时代中国特色社会主义思想为行动指南,适应新形势、新任务、新要求,明确新使命,实现法学教育由粗放发展模式向结构合理、质量提升格局的转变,从源头上解决在政法高校的法治人才培养问题。全面做好法治人才培养工作,扎实推进法治人才培养、法学教师队伍建设、法学学科建设、法学教材建设、法律智库和研究基地建设、学校法治教育等重点工作,以高校内涵建设推动法学教育创新发展,努力培养造就一批熟悉和坚守中国特色社会主义法治体系、德法兼修的高素质法治人才。

要培养高素质的法治人才,一是要坚持正确政治方向、意识形态取向、正确的信仰和高度的政治责任感,解决"为谁培养人"的问题。新时代法治人才的意识形态取向,直接决定着法治人才的法治信仰和法治方向。

政法高校作为培养法治人才的重要阵地,需要以马克思主义法学思想和习近平新时代中国特色社会主义的思想为指导,增强"四个意识",坚定"四个自信",发挥政治引领和意识形态导向作用,立足共产主义信仰和正确的政治方向培养高素质法治人才。

二是培养立场坚定、方向正确,德才兼备、以德为先,学有所长、术有专攻,学有所获、学以致用的高素质复合型法治人才和社会主义法治事业的接班人,以解决"培养什么人"的问题。习近平总书记强调,"国势之强由于人,人才之成出于学"。建设社会主义现代化强国,人才是第一资源。今天党和国家事业发展对科学知识和优秀人才的需要,比以往任何时候都更为迫切。青年法学学子是祖国的前途、民族的希望、创新的未来。青年法治人才作为法治建设的生力军,有着与新时代主题同心同向的理想信念,担负着法治中国建设的时代历史重任。中国的未来属于青年,中华民族的未来也属于青年。

三是以内涵式发展思路为指引,解决"如何培养人"的问题。政法高校应当通过全面推进课程教学改革,强化学生有效的学习体验,多渠道开发利用教育教学资源,丰富教育教学内涵,进一步改革教学管理,构建弹性化、个性化的人才培养体系,加强高校教育教学文化建设,培育高品质校园文化。

三、建设高水平大学,构建高素质法治人才培养体系——西北政法大学承担使命的探索与实践

(一)构建高素质法治人才培养体系是学校履行使命的核心工作

当下我国政法高校的法学学科体系、课程体系和教育体系都存在不少问题,如社会亟须的新兴学科开设不足,学科理论建设滞后于实践,不能回答和解释现实问题,教材编写和教学实施偏重于西方法学理论、缺乏鉴别批判等,这就需要政法高校坚持扎根中国大地、突出时代特色、树立国际视野、继承和弘扬中华优秀传统文化,推进知识创新、理论创新、方法

创新,以高水平法学学科体系建设推动法学教育改革,构建高素质法治人才培养体系。

西北政法大学通过强化传统学科,如法制史,和新兴法学中的环境法、价格法学、国家安全法等的研究。作为我们人才培养当中第一课堂以外的补充,构建有特色、高水平的第二课堂体系,完善了法学教学的实践教学体系、思政教育体系等。

1. 创新学科体系

从习总书记2017年发表"5·3"重要讲话以来,西北政法大学党委即印发了《关于学习宣传贯彻习近平总书记"5·3"重要讲话精神 进一步加强法学研究和法学教育工作的若干意见的通知》,从推动中国特色学科体系形成、创新德法兼修的法治人才培养模式,到加强法学专业队伍建设等方面提出6个方面、25条具体落实措施,有力地促进了习近平总书记重要讲话精神的贯彻落实,有力地推动了法治人才培养质量的提升,有力地推动中国特色社会主义法学学科建设的探索。

同时,为强化对新时代法学教育思想的研究。学校计划每年召开一次全国性的有关法学教育的学术研讨会,在2017年10月召开了法学博士研究生教育研讨会,2018年召开"新时代法学本科人才培养研讨会",总结探讨全面深化法学教育改革的新思路,明确高素质法治人才培养的新路径;利用《法学教育研究》CSSCI集刊的平台,开辟专题专栏,形成一系列高质量研究成果,强化对习近平新时代法学教育思想的研究,推动马克思主义法学思想的深化和中国特色社会主义法治理论体系的完善。

通过推动学科优化调整,凝练发展方向,引导交叉融合,提升学科建设整体水平。适应信息社会发展趋势促使法学新兴学科交叉化,瞄准新兴学科和前沿领域,开展人工智能法学研究,结合这一理念,西北政法大学召开了全国首届"人工智慧与未来法治"学术研讨会。

2. 完善教学体系

学校遵循教育教学改革的走向,按照国标修改本科人才培养方案,启动了2018版本科人才培养方案修订工作,将所有专业的总学分限定在160学分以内,恢复每节课50分钟时长。同时,进一步优化课程体系,突出专业特色,强化实践教学,深化双创教育。强调突出法学学科专业理论性与实践性并重的性质特征,进一步优化课程体系,压缩课程总学分,提高实践教学比重。以信息化、科学化、特色化为目标加强法学专业国内一流专业建设。优化专业结构,强化专业建设,保持并强化法学专业在全国的一流水平。

3. 完善教材体系

2017 年、2018 年,学校围绕新专业主干课、实验(技能)课和专门用途英语课立项建设两批共 135 门课程;在严格执行"马工程"重点教材使用的同时,支持自编特色系列教材建设,2018 年立项建设特色教材 50 部。

学校持续加强实验室建设,建成新闻类、艺术类专业"虚拟演播实训室",完成"经管类虚拟仿真实验室""法学实验实训中心升级改造"建设任务,极大地改善了各专业,尤其是新建专业的实践育人条件。

4. 完善管理体系

学校 2018 年成立了教学质量监测与评价中心,实现管办评分离。该中心为正处级单位,负责本科教学工作主要环节的常态监测、过程评价、质量分析、信息反馈、整改监督和专业评估工作。中心的成立实现了教学管理与质量监测、评价的分离,为完善质量保障体系,强化质量监控和专业评估工作打下良好的基础。

学校制定《西北政法大学校院两级管理办法》和《学院年度目标责任考核办法》,推动校院两级管理,落实二级学院办学主体责任,激发二级学院在专业建设和人才培养工作上的积极性。

学校加大对课堂教学秩序的检查力度;各学院实行对所有任课教师听课的"全覆盖";优化学生评教;吸收学校 13 位教学名师加入督导专家队伍,进一步强化对课堂教学质量的监控。

5. 完善思政工作体系

政法高校要坚持党对高校的领导,坚持社会主义办学方向,把学校的特色和优势有效转化为培养社会主义建设者和接班人的能力。

学校始终把坚定正确的政治方向摆在首位,完善思政工作体系。坚定不移地用习近平新时代中国特色主义思想教育引导学生,牢牢掌握意识形态领域的主导权,在思想上政治上行动上同以习近平同志为核心的党中央保持高度一致。深化大学文化建设、凝练大学精神,努力将80年办学积淀起的红色文化和优良传统,转化为学校加强党建与提升思想政治教育的独特精神资源,拓展为独特办学优势和育人品牌。

学校以红色育人传承工程为核心,加强立德树人、德法兼修平台建设。学校也自觉传承从陕北公学一路延续的红色基因,积极实施"红色传统育人行动计划",成立了红色文化研究会、中华优秀传统文化教育教研指导中心,将学校的红色文化传统转化为提升思想政治教育效果的独特资源,拓展为独特的办学优势和品牌,构建融社会主义核心价值观教育、红色基因教育、优秀传统文化教育、法治文化教育于一体的思想政治教育新模式。

6. 打造德法兼修、理实并重的第二课堂体系

法学学科是实践性很强的学科,政法高校开展法学教育要处理好知识教学和实践教学的关系。要以提升法学专业学生的实践能力为导向,改革教学方式方法,强化实践教学,打破高校与社会之间的体制壁垒,建立法学教育、法学研究与法学实际工作部门的合作育人体制机制。

学校制定了"德法兼修、理实并重"高水平有特色第二课堂活动体系方案,每年5~6月举办学生学术活动月,10月下旬至12月上旬举办"法治文化活动季",全年不断线组织"红色育人传统传承行动与人文素质培育活动""创新创业与社会实践活动""国际交流活动"等6个板块,构建起侧重学生不同能力培养的第二课堂活动体系,为学生政治素质、人文素质、法治素质、学术素质的提升,形成强有力的支持体系和良好的成长氛围。

其中,2017年首届"法治文化活动季"共举办学科竞赛、名家讲座、学术沙龙、模拟审判、校内开庭等丰富多彩的活动114场次,参与学生两万余人次,直接参与指导的教师500余人次,营造了特色鲜明的校园法治文化育人氛围。

(二)传承红色基因、建设高素质教师队伍、服务国家特殊需求是学校履行使命的基础工作

1. 传承红色基因

培养人才是大学第一职能,立德树人是大学根本任务,通过思想政治教育保证育人目标实现是中国特色社会主义高等教育的本质特征。习近平总书记在全国高校思想政治工作会议上指出,我国高校重视思想政治工作的历史源于抗日军政大学和陕北公学。西北政法大学是陕北公学的直接继承人,也应当是这个红色育人传统的模范传承者。

加强学校红色文化的传承,建设红色育人传统的高水平大学,主要通过强化马克思主义在政法院校的教育,加强马克思主义学院建设,建设红色文化研究院等,根据我们党的红色育人传统,培养政治坚定的人才。学校师生始终怀着对党和人民的忠诚,传承红色基因,坚守大学理念,逐步形成了“政治坚定、实事求是、勇于创新、艰苦奋斗”的“老延大”优良传统,“严谨、求实、文明、公正”的校训,“法治信仰、中国立场、国际视野、平民情怀”的育人理念,“质量立校、人才强校、特色兴校、依法治校”的办学方针等在内的具有丰富内涵的大学精神。这种精神已经内化为西北政法大学的文化品质,成为一代代西法大人共同的精神品格和行为规范,成为新时代学校推进高水平大学建设的不竭动力。

2. 建设高素质教师队伍

习近平总书记强调法学教师要坚定理想信念,成为马克思主义法学思想和中国特色社会主义法治理论的坚定信仰者、积极传播者、模范实践者,多用正能量鼓舞激励学生。政法高校要按照习近平总书记的指示要求,建设一支理想信念坚定、严守职业道德、理论研究能力高、熟悉法治实践的法学教育师资队伍。

在教师队伍建设方面,对如何做一名合格以及优秀的教师、如何建设打造政治素质过硬、业务能力精湛、育人水平高超的高素质专业化教师队伍提出了明确的要求。高素质的教师队伍应当是“有理想信念、有道德情操、有扎实知识、有仁爱之心”的“四有”好老师,而师德师风建设在当下的高校发展建设中有着重要意义。对于高校教师而言,要坚持教书和

育人相统一,坚持言传和身教相统一,坚持潜心问道和关注社会相统一,坚持学术自由和学术规范相统一,最终达至以德立身、以德立学、以德施教。政法高校应当引导教师把教书育人和自我修养结合起来,做到以德立身、以德立学、以德施教。教师也肩负着“传道”使命,应当给法学学子指明前进方向,紧跟党的旗帜、路线、永远听党指挥,不触道德底线、不碰执业红线,立足学科、触类旁通,培养法学学子以法治思维思考问题、法治方式解决问题。

学校以完善双向交流挂职制度为基础,强化职业道德,强化法科师资队伍建设,建设“政法兼治、德法兼备、理学并重、理实并重”的高素质法学人才的队伍体系。2012年,中央政法委等六部委在西北政法大学召开了“双千计划”现场会。这六年多来,学校进一步深化“双千计划”的实施,进一步强化教师到实务部门挂职,通过“请进来”和“送出去”的工作,落实高校与司法部门人员互聘“双千计划”,选派优秀教师到实务部门挂职锻炼,进一步完善法治人才培养的协同机制。从实务工作中发掘司法实践经验,发现“中国问题”,提升师资队伍的科研能力和授课能力,使科研创新紧扣社会现实,授课内容贴合实际需要,使教师的教学科研因接地气,而更有底气,用法律实践经验反哺法律课堂教学。培养一批政治坚定、德法兼备、理实并重、师德优良的法学教师队伍。通过这些措施来使我们师资队伍建设能够适应高素质法治人才培养的需要。

3. 服务国家特殊需求

学校以创建西北国家安全法学新兴学科为重点,推进法学学科体系创新以及服务国家特殊需求博士人才培养项目人才培养。大力支持国家安全法学、民族法学、信息技术法学、人工智能法学、网络金融法学、智慧司法等新兴学科,尽快形成具有竞争力的特色学科和学术成果。做大做强反恐怖主义法学院,以及服务国家特殊需求法学博士的培养工作。学校通过有效实施服务国家特殊需求,特别是“服务西北地区稳定发展国家安全”的高层次人才项目来建设的高水平有特色的育人体系,来体现科研育人和服务育人。学校是全国唯一一所实施“服务国家特殊需求博士人才培养项目”的学校,至今已经培养了7名法学博士,在校生45人,9月即将入学 22 人。也就是说,项目实施以来已经有 74 名学生成为或即将成为服务国家特殊需求的高素质人才。

建设丝绸之路法学理论创新高地和“一带一路”法律服务文化基地为重点推动法学研究水平不断提升。坚持用马克思主义法学思想和中国特色社会主义法治理论为指导,坚持问题导向、需求导向,坚持以我为主、突出特色,在推动中国特色学科体系、学术体系和话语体系形成上积极作为,发起成立“一带一路”与中国(陕西)自由贸易试验区法律培训基地,建立涉外法律专家库,积极建设丝绸之路经济带法学理论研究的高地和法律文化交流的重镇。

随着最高人民法院第二国际商事法庭在西安的落成,西安已经成为全国除北京之外,审判体系最完整的城市,既有最高人民法院第二巡回法庭,也有最高人民法院第二国际商事法庭,还有陕西省高级人民法院和西安市中级人民法院,以及西安各区级人民法院。另外,西安市中级人民法院还设有知识产权法庭。位于这样一个作为丝绸之路新的起点,西北地区国家中心城市,“一带一路”的节点城市,西北政法大学借助得天独厚的区位优势,积极深入地融入“一带一路”建设,发挥法学学科在“一带一路”建设中的重要作用。

总体来说,在法学教育进入新时代之后,政法高校毫无疑问肩负着新的历史使命。新时代的政法高校是法治中国建设和中国特色社会主义法治理论研究的前沿阵地,是法治专业人才培养基地,也是具备社会服务功能的统一的有机体或多元化的巨型组织,担负着高素质法治人才的培养重担。在全面推进依法治国建设、服务建设中国特色社会主义法治体系过程中有着举足轻重、不可或缺的地位。在新的历史条件下,政法高校理应密切回应党和国家的一系列方针政策,以习近平总书记新时代中国特色社会主义思想、全面依法治国新理念新思想新战略、以人民为中心、实现人与社会全面进步的新发展思想等为指引,把党和国家以及社会对高素质法治人才的需要作为目标和方向,深入理解和把握法学教育的目标、任务和使命,加强法学学科体系、课程体系、教材体系以及师资队伍建设,不断探索和完善德法兼修的法治人才培养模式。推动中国特色社会主义法治理论进教材、进课堂、进头脑,培养造就熟悉和坚持中国特色社会主义法治体系的法治人才及后备力量。解决解决人民日益增长的优质法学教育的需求,以及社会对高素质法治人才素质的需要与其发展不均衡、不充分之间的矛盾。

西北政法大学也将持续深入探索法学教育研究和教学规律,充分履行大学职能,强化政法高校使命担当,为全面推进依法治国的总目标,服务中国特色社会主义法治体系建设做出应有的贡献。

On the Mission and Responsibility of the Universities of Political Science and Law under the Background of Comprehensively Advancing the Rule of Law in China

Yang Zongke

Abstract: General Secretary Xi Jinping ' s original concept of the socialist rule-of-law system and the new ideas of the development of domestic higher education are the theoretical basis and objective foundation for the universities of political science and law to undertake the mission in the new era, which has pointed out the direction for the development of universities of political science and law. Universities of political science and law need to take socialist rule of law with Chinese characteristics in the new era as the guidance, focus on implementing the new developmental thoughts centered on the all members in society and achieve the overall progress of all citizens and the society, promote the innovation and development of legal education with the quality-oriented construction of universities of political science and law, and carry out the cultivation of rule-of-law talents. The system should be designed and practiced to cultivate high-quality rule-of-law talents and tackle the main contradictions in the field of legal education in the new era. This is not only the era's new proposition of reform and development of legal education in China, but also the mission of universities of political science and law.

Key Words: new era, rule of law　universities of political science and law　mission and responsibility

新时代全面依法治国背景下政法高校的使命及实现路径

李玉基*

摘　要：新时代全面依法治国的重大战略布局赋予了政法院校新的使命和任务，政法院校作为我国法治人才培养的重要阵地，应着力从坚持新时代法治理论引领、构建新时代中国特色社会主义法学学科体系、面向新时代抓紧抓好卓越法律人才培养、立足新时代加强法学专业教师队伍建设四个方面提高人才培养质量。甘肃政法学院坚持立足所能、做好区域文章，立足所有、凸显和强化办学特色，不断探索服务新时代全面推进依法治国的新路径。

关键词：新时代　全面依法治国　政法高校　使命

一、新时代全面推进依法治国赋予政法高校新的使命和责任

党的十九大做出了“中国特色社会主义进入新时代”的重大判断，同时宣告了“习近平新时代中国特色

---

* 李玉基，甘肃政法学院校长，教授，研究方向：经济法律制度。

社会主义思想”的形成。综观十九大报告全文，全面依法治国是这部重要历史文献华美乐章中平滑稳健、承载有力的一个重要声部。[①] 全面推进依法治国总目标是建设中国特色社会主义法治体系、建设社会主义法治国家。党的十八届四中全会已经明确，社会主义法治国家是以法治国家、法治政府和法治社会为一体的法治中国，党的十九大报告则对法治国家、法治政府和法治社会与法治中国之间的逻辑关系做了清晰的阐释，并明确了全面依法治国的总目标和实现步骤。需要特别明确的是，全面推进依法治国总目标的实现步骤，正好与新时代的总任务相吻合，和分步实现社会主义现代化具有“同步性”。这就更加凸显了全面依法治国的基础性、保障性和决定性意义。政法院校作为法治人才的主要供给院，必须认真学习领会习近平新时代中国特色社会主义法治思想的深刻内涵，在服务法治中国建设的壮丽征程中明确担当和使命，找准坐标和方向。

（一）政法院校应积极对标习近平新时代中国特色社会主义法治思想

习近平新时代中国特色社会主义法治思想是一个完整的理论体系，其精髓由四部分组成：中国特色社会主义法治道路、中国特色社会主义法治理论、中国特色社会主义法治体系、中国特色社会主义法治文化。简单可以概括为一条道路、一套理论、一个体系 、一种文化。[②] 这四部分“四位一体”，相辅相成，相互促进。

1. 对标中国特色社会主义法治道路

道路问题是最根本的问题，道路决定命运，道路决定前途。中国特色社会主义法治道路的核心要义是坚持党的领导，坚持中国特色社会主义制度，贯彻中国特色社会主义法治理论。这里需要清醒地认识到，中国的法治建设是时空压缩式的，要用差不多70多年的时间走完西方国家两三百年的法治发展历程，必然要在坚持法治发展一般规律的基础上，探寻最适宜的路径。由此可见，走中国特色社会主义法治道路是一个重大课题，有许多东西需要深入探索。作为政法院校，要坚持马克思主义法学理论

---

① 支振锋：《十九大引领依法治国新时代》，载《法制日报》2017年10月21日版。

② 李雅云：《习近平新时代中国特色社会主义法治思想的重大创新》，载《法治研究》2018年第3期。

与中国具体法治实践相结合,在探索符合中国国情的法治发展道路方面贡献智识。

2. 对标中国特色社会主义法治理论

中国特色社会主义法治理论是中国共产党根据马克思主义国家与法的基本原理,在借鉴古今中外人类法治文明有益成果的基础上,从当代中国改革开放和社会主义现代化建设的实际出发,深刻总结我国社会主义法治建设经验,逐步形成的具有中国特色、中国风格、中国气派的社会主义法治理论体系。③ 推进全面依法治国,要有道路自信,也要有理论自信。客观地讲,中国特色社会主义法治理论的研究还较为薄弱,如党法关系、依法治国与以德治国的有机结合、依法治国与从严治党相结合、监察法理论等重大问题,都需要政法院校率先去研究、阐释和推进形成共识。

3. 对标中国特色社会主义法治体系

中国特色社会主义法治体系是国家治理体系的重要组成部分,其目标是形成完备的法律规范体系、高效的法治实施体系、严密的法治监督体系、有力的法治保障体系和完善的党内法规体系。④ 法治体系是法律的运行体系,包括立法、司法、执法和法律监督各个环节,而且特别强调依法治国与依规治党的有机统一。中国特色的法治体系建设,很难在域外国家、地区找到现成的答案,有赖于中国学者从丰富的实践中不断研究,并将研究成果及时呈送相关部门。

4. 对标中国特色社会主义法治文化

党的十九大首次提出“建设社会主义法治文化”这个命题,并强调要“坚持社会主义核心价值体系”。中国特色社会主义法治文化是体现社会主义先进文化内在要求的法治价值、法治精神、法治意识、法治理念、法治思想等精神文明成果,反映中国特色社会主义民主政治本质特征的法律制度、法律规范、法治机制等制度文明成果,以及自觉依法办事和尊法学

③ 莫纪宏、翟国强:《中国特色社会主义法治理论的新发展》,载《人民日报》2018年3月5日版。

④ 习近平:《加快建设社会主义法治国家》,载《求是》2015年第1期。

法守法用法等行为方式共同构成的一种先进法治文化形态和法治进步状态。[⑤] 法治文化属于软实力,事关全民法治素养的提高和促进法治信仰。发掘、传承和弘扬社会主义法治文化,政法院校责无旁贷,而且也具有不可多得的优势。

(二)政法院校应在全面依法治国中细化责任

1.“大学”社会责任的演变

“大学”的社会责任是一个历史的范畴,是人们对所处时代或一定社会背景之下的“大学”的特定的反映和认识。人才培养、科学研究、社会服务、文化传承创新、国际交流是大学在不断回应社会对高等教育变化的需求中逐步发展形成的基本职能,且在不同时期其所担当的社会责任的基本内容、价值形态和伦理诉求各有不同。

以人才培养来说,传统英国大学着力于培养“良好的社会公民”、近代德国大学着重于人的“全面而和谐的发展”、现代美国大学则专注为社会培养专业技术人才。因此,大学基于基本职能履行一定的社会责任,并通过增添职能或调整某一职能的具体价值指向,创造性地将社会需求确定为其职责的基本要素。大学的新职能并不是对原有职能的否定,而是强化并拓展了原有职能的责任担当。如柏林大学创设的科学研究职能不仅再造了德国大学,其主旨是使学生“通过科学而完成教养”,美国大学则在重视纯学术的基础上强调科学研究要致力于高新技术的开发与应用。

2. 中国大学的使命和责任

教育救国是中国近代大学从一开始就肩负起的使命。新中国成立后,我国大学的使命与国家的社会主义建设息息相关。改革开放以来,按照面向现代化、面向世界、面向未来的要求,大学为国家现代化建设培养了数以千万计的高素质人才。党的十九大报告明确提出中国特色社会主义进入新时代,肩负起教育强国的历史责任、坚持育人为本、追求卓越教学、扎根中国大地办大学、为世界高等教育发展贡献“中国方案”成为新时代赋予中国大学新的使命和责任。

---

⑤ 莫纪宏、翟国强:《中国特色社会主义法治理论的新发展》,载《人民日报》2018 年 3 月 5 日版。

3. 新时代政法院校新的使命和责任

在肩负普遍意义上的大学使命和责任的同时,新时代全面依法治国自然赋予政法高校新的使命和责任。那就是在坚持育人为本的基础上,围绕完善以宪法为核心的中国特色社会主义法律体系建设;建设法治政府,推进依法行政,严格规范公正文明执法;深化司法体制综合配套改革,全面落实司法责任制,努力让人民群众感受到公平正义;加大全民普法力度,建设社会主义法治文化;加强宪法实施和监督,推进合宪性审查工作;推行监察体制改革,构建全面覆盖、权威高效的监督体系等新时代推进全面依法治国的着力点和新举措,从政法高校自身的"所是""所有""所能"和"所限"出发,自主能动地以大学使命的特有方式回应党和人民对全面推进依法治国的期望,同时促进政法高校自身发展。

二、将着力提高法治人才培养质量作为新时代政法高校履行新使命的基础和关键

习近平总书记指出,建设法治国家、法治政府、法治社会,实现科学立法、严格执法、公正司法、全民守法,都离不开一支高素质的法治工作队伍。这个队伍是怎么来的?首先要靠学校的培养。习近平总书记强调,法治人才培养上不去,法治领域不能人才辈出,全面依法治国就不可能做好。所以说,人才培养在全面推进依法治国中具有基础性的地位,是前提和基础。高校是法治人才培养的第一阵地,政法高校则是法治人才培养的最前沿阵地,在服务全面推进依法治国方略方面肩负着重要历史使命。在法治人才培养上一定要坚持以我为主、兼收并蓄、突出特色,坚持立德树人、德法兼修,深入研究和解决好"为谁教""教什么""教给谁""怎么教"的重大问题,坚持育人为本、追求卓越,大力提升法治人才的培养、供给质量。

(一)坚持新时代法治理论引领

习近平新时代中国特色社会主义思想是马克思主义中国化的最新成

果,也是我国法治建设必须坚持贯彻的指导思想。政法高校要针对新时代大学生人生目标更加多样、价值观更加多元、信息渠道更加多面的特点,不断巩固和发展马克思主义法学思想和新时代中国特色社会主义法治理论在学校法学教育和研究阵地的指导地位。坚持立德树人、德育为先导向,推动习近平新时代中国特色社会主义思想、中国特色社会主义法治理论进教材进课堂进头脑,切实提升“两课”(马克思主义理论课、思想品德课)教学质量,加强课程思政与专业思政的教化作用,形成全程育人、全方位育人格局,实现“立做人之德”与“树有德之人”相统一。加强理想信念教育,强化法治人才培养的政治方向,使学生形成对新时代中国特色社会主义法治的内心拥护和真诚信仰。学校法学基础理论研究,要坚持从新时代中国实际出发,总结和运用党领导人民实行法治的成功经验,围绕社会主义法治建设重大理论和实践问题,推进法治理论创新,发展符合中国实际、具有中国特色、体现社会发展规律的社会主义法治理论,为新时代全面推进依法治国提供理论指导和学理支撑。

(二)构建新时代中国特色社会主义法学学科体系

新时代推进全面依法治国,不能简单地照搬国外的法治理论和学科体系,推动构建体现中国国情,反映中国实际的法学学术体系、教材体系和知识体系,政法高校责无旁贷。学校要以习近平新时代中国特色社会主义思想为引领,使马克思主义理论研究和建设工程法学类重点教材的编写和统一使用首先在“立格联盟”院校落到实处,使教材体系转化为教学体系,使教材优势转化为教学优势。同时切实强化高等法学教育课程设置、教学内容、教学方法的改革,确保新时代中国特色社会主义法治理论最新成果、中国特色社会主义法治建设丰富实践、法学学科领域最新进展全面准确体现在课程教学中,让学生对政法高校的学习生活有更多获得感并使其转化为学生学习上的动力、生活中的快乐,进而转化为对国家、对学校、对老师的情感,转化为建设国家、奉献社会的责任,从而达到提高教学水平和人才培养质量的目的。

(三)面向新时代抓紧抓好卓越法律人才培养

2012 年实施“卓越法律人才教育培养计划”以来,各政法高校基地全面推进卓越法律人才教育培养工作,经过多年的探索与实践,取得了明显的成绩。但一定程度上仍存在教育培养方案与普通法学专业培养方案同质化、与实务部门联合培养卓越法律人才机制不畅等问题,相应的评估验收及选优汰劣工作也没有跟上。面向新时代,深入实施“卓越法律人才教育培养计划”2.0版,就是认真实施“立格联盟”院校法学专业教学质量标准,优化法治人才培养的顶层设计,处理好通识教育、专业教育和职业技能训练的关系;落实与司法实务部门协同育人工作,⑥推进优质司法资源进课堂,使同步庭审观摩实践教学成为常态。在此基础上,打破高校与社会之间的制度壁垒,增强校地合作,进一步拓展高校与法治工作部门合作的新模式、新路径,实现培养目标共同制定、课程体系共同设计、优质教材共同开发、教学团队共同组织、实践基地共同建设,加快形成常态化、规范化的法治人才培养新机制。

(四)立足新时代加强法学专业教师队伍建设

法学类专业教育具有很强的应用性和实践性,在国家民主法治建设中发挥着重要的基础性作用。法学类专业教育是素质教育和专业教育基础上的特殊职业教育,必须立足新时代加强法学专业教师队伍建设。要以在高校各级党组织实施“对标争先”建设计划和“双带头人”培育工程为契机,引领带动法学专业教师牢固树立“四个意识”、坚定“四个自信”,着力提升法学专业教师思想政治素质,带头践行社会主义核心价值观,多用正能量鼓舞激励学生。要帮助法学专业教师增强对新时代中国特色社会主义法治理论的思想认同、理论认同、情感认同,做马克思主义法学思想和新时代中国特色社会主义法治理论的坚定信仰者、积极传播者和模范践行者,不断提高教学科研水平。按照“先培训、后上课”的原则要求,落实好对马克思主义理论研究和建设工程法学类重点教材任课教师的全员培训。

---

⑥ 司法实务部门应该是法治人才培养的第二阵地。

三、积极探索服务新时代全面推进依法治国的新路径

甘肃政法学院坚持在“政法类、区域性、应用型”的结合中确立办学定位,打造办学特色,提升办学水平。努力争取在西部,特别在西北地区的经济社会发展和法治建设中不断增强并确立学校存在和发展的理由;在国家治藏治疆的法治人才培养和法治研究中不断增强并确立学校存在和发展的理由;在国家实施的“一带一路”倡议,特别是丝绸之路西向发展的实用人才培养和国别法治比较研究中不断增强并确立学校存在和发展的理由。学校立足甘肃,面向全国,辐射“丝绸之路经济带”沿线国家,积极为国家重大战略需求、西部区域经济社会发展和法治建设服务,为甘肃乃至西部地区政法人才培养与法治建设做出了应有贡献。作为一所地处祖国版图最西端的地方政法高校,学校将肩负新时代使命担当,在全面推进依法治国的壮丽征程中。

(一)立足所能,做好区域文章

1. 更加主动的服务甘肃经济社会发展和法治建设,建设幸福美好新甘肃

甘肃属经济欠发达的西部省份,要实现2020年与全国同步建成小康社会的任务十分艰巨。习近平总书记在甘肃视察时做出“建设经济发展、山川秀美、民族团结、社会和谐的幸福美好新甘肃”的重要指示,为甘肃未来发展提出了明确的目标和任务。甘肃要实现2020年与全国一道进入小康社会,离不开有力的法治保障,亟须一大批政治可靠、业务过硬、能吃苦、留得住、用得上的高素质法治人才;亟须立足甘肃省情的法治理论研究成果;亟须优质的法律服务。从人才培养来看,据统计仅政法系统每年须自然递补从业人员2000余人。此外,还有律师、公证、法律顾问等新社会组织从业人员需求。甘肃政法学院扎根甘肃大地办学,首要的自然是服务甘肃。

2. 更加主动地为国家治疆治藏治边方略的实施提供现实有效的实用人才供给和科学研究支持

西部地区是我国重要的资源宝库、生态屏障和战略通道,也是反“三股势力”渗透破坏的前沿阵地,在保障国家安全、促进民族团结、繁荣发展和边疆稳固等方面具有重要地位。同时,西部地区少数民族人口多,全民信教人口多。西部民族地区的边疆因素、民族因素、宗教因素等相互交织,对本地区的社会稳定带来了严峻挑战。长期以来,西部地区由于特殊的地域、经济环境,对人才特别是高层次人才缺乏吸引力,引不进也留不住。人才紧缺已经成为制约西部地区发展的“瓶颈”。甘肃政法学院生源80%以上来自经济发展比较落后,民族、宗教矛盾比较复杂的西部民族地区,这些学生长期学习、生活在西部民族地区,对当地的自然、经济、民族、宗教状况具有极大的认同感,对黄土高原、青藏高原等西部高海拔地区的气候、环境等较为适应,人才服务面向具有阶梯性向青藏地区转移的自然优势。这些来自西部民族地区的学生经过本科、研究生的教育、培养,具有扎根西部、献身边防的觉悟与情怀,也具备长期坚守边疆、卫国戍边的身体条件。做好西部边疆治理所需要的政治可靠、业务过硬、能吃苦、留得住、用得上的高素质法治人才供给,甘肃政法学院是使命所在,也具有天然“禀赋”优势。

3. 更加主动地服务“丝绸之路经济带”建设

甘肃地处丝绸之路重要区段,深度融入“一带一路”建设,加强与“一带一路”沿线国家高层次、宽领域的经贸、法治和人文合作交流,对形成全方位对外开放新格局,建成向西开放的纵深支撑和重要门户具有重要意义。“一带一路”建设的顺利推进,必须以法治化为基础和保障,亟须立足甘肃本土培养一批精通相关国家语言、具有国际视野、熟悉国际规则和沿线国家法律制度的高素质法治人才,开展丝绸之路沿线国家相关法治研究。加强与丝绸之路沿线国家法治领域合作,扩大和提升中国在国际贸易规则、投资规则和争端解决规则体系中的话语权。甘肃政法学院较早成立了丝路法学院,面向丝绸之路沿线国家招收国际学生,承办了首届(敦煌)丝绸之路文博会“丝绸之路沿线国家法制合作论坛”,与吉尔吉斯斯坦国立奥什大学、比什凯克人文大学和塔吉克斯坦斯拉夫大学等八所高校在学生培养、师资交流、合作研究等方面达成了协议。也是中国—上海合作组织国际司法交流合作培训基地境内研修中心(建设点)之一,入选中联部“一带一路”智库合作联盟理事单位。服务于“丝绸之路”沿线国家在更高层次、更广范围内的法治合作与交流,为国家培养更多的、高层次的服务“一带一路”建设的法治人才,吸引更多的沿线国家学生来华学习,培养更多“知华友华”的法律人才,是新时代甘肃政法学院义不容辞的职责。

(二)立足所有,凸显和强化办学特色

1. 突出区位特点、继续彰显应用特色的基层法治人才培养

甘肃政法学院长期坚持以培养面向基层的应用型专门人才为己任,不断完善人才培养方案,优化教学内容和课程体系,强化实践教学环节,重视课堂教学质量提升,整合校内外、线上线下优质教学资源,促进人才培养从注重知识传授向综合能力提升转变。全面落实“双千计划”,出台《甘肃政法学院聘任实务部门工作人员兼任教授暂行办法》,聘请了75名具有丰富实践经验的实务部门专家讲授实践性课程;成立实践教学与实验管理工作处,专门负责实践教学顶层设计、过程管理和效果评估,推进创新创业教育,统筹学科竞赛、实习实训、第二课堂等活动;学校与省内外法律实务部门、行业企业深化合作、协同育人,与甘肃省高级人民法院联合制定了《共建法律人才培养机制的意见》,与甘肃省司法厅联合下发了《共建监狱学本科专业实施方案》,与西藏自治区人民检察院联合培养藏汉双语法律人才。历届法学专业毕业生中,83.1%以上在西部基层公检法司、政府部门、企事业单位工作。跟踪调查表明,用人单位对学校毕业生综合素质、职业素养、专业能力给予高度评价,应用特色的基层法治人才培养得到社会的广泛认同,近三年毕业生满意度分别为96.67%、97.06%、94.29%。新时代,学校要继续突出区位特点、紧贴法治需求,为甘肃乃至西部地区培养更多用得上、留得住、能坚守的基层法治人才。

2. 加强学科融合,深入推进证据科学研究与应用在西北地区的领先发展

甘肃政法学院通过法学、公安学、公安技术学、网络空间安全等学科

专业的交叉融合,依托学校甘肃省证据科学技术研究与应用重点实验室、犯罪心理测试技术中心和司法鉴定中心大力发展证据科学学科,深入开展相关研究和应用,取得了显著成效。已形成痕迹文书检验技术,法医微量物证,声像资料检验鉴定技术及电子物证、网络安全监察与取证4个主要研究方向,着力开展司法实践中的重大理论问题研究和攻关,先后获批省部级以上科研项目21项(其中,国家自然基金项目8项、国家社科基金项目1项);培育、创建了"法医物证技术研究与应用基础研究创新群体"省级科研团队和"证据科学技术研究与应用创新团队"省高校协同创新团队;培育形成了3个研究生培养方向(在诉讼法学下的侦查学方向、物证鉴定技术方向和心理测试技术方向)和1个二级学科(司法鉴定);获得了一批丰硕的研究成果,在SCI、EI等高级别索引论文15篇,在CSCD期刊发表论文近60篇;获得甘肃省科技进步奖1项,省级教学成果一、二等奖各1项;竭力服务地方司法实践,近五年,累计完成各类司法鉴定案件4000余例,鉴定意见的采信率高达94%,协助公检法机关破获各类重大疑难案件600余起。2017年,学校证据科学学科获批甘肃省一流学科。新时代,大力发展证据科学的研究与应用,将直接服务"让当事人对裁判结果形成理性预期、对司法公正增强内心确信","让人民群众在每一个司法案件中感受到公平正义",为实现司法工作的崇高目标提供证据科学支撑。

3.抢抓学科发展机遇,依托网络空间安全学科加强网络空间安全人才培养与应用

伴随着互联网的飞速发展,利用网络实施的攻击、恐怖、淫秽、贩毒、洗钱、赌博、窃密、诈骗等犯罪活动时有发生,网络谣言、网络低俗信息等屡见不鲜,已经成为影响国家安全、社会公共利益的突出问题。习近平总书记指出,网络空间不是"法外之地";要坚持依法治网、依法办网、依法上网,让互联网在法治轨道上健康运行。着力实现网络安全保护和网络空间净化,迫切需要一支高层次的网络空间安全人才队伍。作为甘肃省内首个获批信息安全、网络安全与执法专业的院校,学校审时度势,快速决策,抢先占位,适时成立了网络空间安全学院,加快网络空间安全学科建

设,培养网络空间安全人才,前不久获批网络空间安全一级学科硕士点。学校网络安全学科突出网络威胁情报分析研究,以遏制各种形式的网络恐怖主义,完善网络安全与立法,实现对公共信息网络和行业信息系统的安全监察,确保网络空间信息内容的可见、可管、可控,从而服务国家公共安全管理;突出网络犯罪侦查取证研究,通过网络犯罪现场重构、电子证据固化,实现对入侵网络、干扰网络功能、窃取网络数据等危害网络安全活动的取证与鉴定,以服务司法公正;学校与甘肃省委网信办等实务部门大力合作,在人才培养上直接服务甘肃省互联网管理和内容治理,为实现网络环境中信息内容管理、监控、过滤、还原,维护网络空间公共安全和文化安全服务。新时代,学校将进一步加快网络安全人才培养和应用研究,为“让互联网在法治轨道上健康运行”提供人才智力支持。

4. 促进全民普法,依托“青少年法治教育中心”加强法治宣传教育

党的十九大报告强调要加大全民普法力度,建设社会主义法治文化,树立宪法法律至上、法律面前人人平等的法治理念。《中共中央关于全面推进依法治国若干重大问题的决定》明确提出要“推动全社会树立法治意识,深入开展法治宣传教育,把法治教育纳入国民教育体系和精神文明创建内容”。政法高校在法学学科专业和人才资源等方面具有优势,应积极参与和服务法治教育建设。前不久,教育部在甘肃政法学院成立了“青少年法治教育中心”,中心由教育部政策法规司领导,由甘肃政法学院与甘肃省教育厅、甘肃省司法厅、甘肃省人民检察院、西北师范大学协同运行。中心的基本职责就是:大中小学生普法宣传教育工作、中小学校长及法治教师培训工作、民族地区教育行政管理部门干部法治培训工作、法律咨询与青少年维权服务工作、教育法治及教育政策研究工作、“一带一路”沿线国家的青少年法治教育交流工作。学校将依托这一中心,与已有的甘肃省政法干部培训中心、甘肃省委组织部设在学校的全省干部教育培训基地共同发力,“三位一体”打造实体化的法治教育、服务、研究平台,从青少年法治教育抓起、从党员干部带头尊法学法守法用法抓起,促进全民守法,推进社会主义法治文化建设。

The Mission and Realization Path of Universities of Political Science and Law under the Background of Comprehensively Advancing the Rule of Law in China in the New Era

Li Yuji

Abstract: The policy of comprehensively advancing the rule of law in China in the new era has given new tasks for the universities of political science and law. As an important component for the cultivation of rule-of-law talents in China, universities of political science and law should improve the cultivation of legal talents from the following four aspects: to insist on the guidance of rule-of-law theories in the new era, to construct the disciplinary system of socialism legal science with Chinese characteristics, to cultivate outstanding rule-of-law talents who can meet the social demands in the new era and to strengthen the professional teams of legal science in the new era. The Gansu Institute of Political Science and Law adheres to her capabilities and responsibilities in regional education, exerting the advantages, and highlighting and strengthening the characteristics, to constantly explore a new path of serving the demands in the new era and comprehensively promoting the rule of law.

Key Words: the new era comprehensively advancing the rule of law in China Universities of Political Science and Law task

新时代全面依法治国背景下政法院校的使命担当

——以上海政法学院法学教育实践为例

刘晓红*

摘　要：中国特色社会主义新时代将全面依法治国提升至全局性地位，政法院校担负着为国家输送法治创新人才的使命，并且其所承担的使命内涵愈加丰富与发展，进一步对政法院校提出了新的要求。对此，包括上海政法学院在内的我国政法院校应当积极通过多种途径，努力提升法学教育水平，在依法治国理念指导下从学生管理、师资建设、学科发展、国际交流、服务国家战略等多方面积极努力，探索一条具有政法院校特色的法学教育发展之路，最终实现政法院校治理体系和治理能力现代化。

关键词：依法治国　高校治理　法学教育　上海政法学院

十八大以来，以习近平同志为核心的党中央始终把依法治国摆在党和国家工作全局的关键位置来谋划、推进。十九大报告中，习近平总书记明确指

* 刘晓红，上海政法学院校长，教授，博士生导师，研究方向：国际私法学、国际商事仲裁。

出,在经过长期努力,中国特色社会主义进入了新时代,这是我国发展新的历史方位。2017 年 5 月 3 日,习近平总书记到中国政法大学考察时指出,高校要充分利用学科齐全、人才密集的优势,加强法治人才培养。2018 年 5 月 2 日,习近平总书记考察北京大学时提出,培养社会主义建设者和接班人,是我们党的教育方针,是我国各级各类学校的共同使命。“十年树木,百年树人。”如何贯彻依法治国理念指引,探索新时代下政法院校的使命成为一个重要问题,从而为法治中国的建设、持续推进依法治国战略实施提供强大的人才保障和智力支持。

一、全面认识新时代依法治国背景下的政法院校使命

(一)“大学”的使命

“使命”原意指出使的人所领受的任务以及应负的责任,后多引申为重大的任务或责任。“大学”的使命或者说是责任,学术界一般认为应包括教学、科研与服务三大职能。大学作为一种机构,目的是让社会大多数人都接受高等教育,将普通学生教育成为有文化修养、具备优秀专业技能的人。牛津大学前副校长 Maurice Bowra 曾经提出大学的基本任务是培养领袖人才,科学研究,培养新型的学者和科学家,通过学院传递文明文化。大学应具备其相应精神和使命,才能谓之大学。我国大学具有其社会主义的属性,《高等教育法》第 3 条规定,“国家坚持以马克思列宁主义、毛泽东思想、邓小平理论为指导,遵循宪法确定的基本原则,发展社会主义的高等教育事业”。立法对于高等教育是党的事业的定位,促使高校尤其是政法院校,应坚持党的领导和社会主义的办学方向。

2011 年,胡锦涛在清华大学建校 100 周年庆祝大会上发表重要讲话,将文化传承与创新作为高等教育的一个新职能提出来,此后,以习近平同志为核心的党中央进一步把国际交流与合作作为大学的“第五项职能”,作为大学建设理念的创新和发展。有效认识高校的五种职能,就是对高校使命的认识,它将对于政法院校加快建设世界一流大学和一流学科建

设,提高我国政法院校的发展水平,增强国家法治竞争力,具有十分重要的指导意义。

(二)政法院校的使命担当

中国的法治建设,离不开政法院校的建设。可以说,政法院校是中国法治建设的人才库、法治实践的实验室。中国政法大学黄进校长曾指出,“作为法学教育者,我们要深刻认识自己身上肩负的责任,坚持中国特色社会主义法治道路,坚持以马克思主义法学思想和中国特色社会主义法治理论为指导,立德树人,德法兼修,努力培养大批高素质法治人才”。①政法院校应当在全面依法治国有序推进中,积极探索自身定位和使命责任。中共中央、国务院《关于加强和改进新形势下高校思想政治工作的意见》中明确指出,高校肩负着人才培养、科学研究、社会服务、文化传承创新、国际交流合作的重要使命。

与普通高校不同,在兼具高校的五种职能之中,政法院校还须在科学立法、严格执法、公正司法和全民守法等各个阶段贡献力量,紧密结合所在地区法治实践需求,积极服务地方法治建设。具体而言,应主要包括以下方面:一是坚持正确的政治和法治方向,完善马克思主义法学思想和中国特色社会主义法治理论。二是坚持立德树人,德法兼修,培养社会主义法治创新人才。三是强化法学学科体系等建设。四是强化教师队伍建设。五是加强法治文化建和传承与交流。六是服务地方法治实践,提升政府法治水平。地方政法院校坚持责任担当,服务国家地方经济社会发展。因此,政法院校的使命应当结合国情乡情,在五大职能的基础上,形成政法院校系统、科学、有效体系。

二、新时代全面依法治国背景下政法院校的发展要求

中国特色社会主义法治理论,是中国特色社会主义法治实践的理论

---

① 黄进:《为全面依法治国贡献力量》,载《人民日报》2017 年 7 月 18 日版。

表达,是对马克思主义法学基本原理的继承、创新和重大发展,是全面推进依法治国、加快建设社会主义法治国家的重要理论指导、思想基础和学理支撑。② 政法院校发展应当符合中国实际、具有中国特色、积极服务于社会主义法治理论发展创新,努力推进依法治国法学教育实践。

(一)坚持正确的政治和法治方向,完善马克思主义法学思想和中国特色社会主义法治理论

坚持正确的方向,并完善社会主义法治理论与体系,是当前政法院校的天然使命。主要体现在:一是用法治理论与实践集中论证和反映党在法治领域的理论创新、制度创新和实践创新;二是加强马克思主义法学原理与全面依法治国和建设法治中国实践相结合,以形成高水平研究成果为引领,提供理论支持;三是以解决十九大报告中提出的我国社会主要矛盾已经转化为人民日益增长的美好生活需要和不平衡不充分的发展之间的矛盾的重大政治判断为标准,为法治领域的高质量高要求,提供更加精准、更明确的解决方案。

(二)坚持立德树人,德法兼修,培养社会主义法治创新人才

十八大把"立德树人"作为高等教育的根本使命,指出了高等教育改革发展的基本方向。十八届四中全会提出,"全面推进依法治国,必须大力提高法治工作队伍思想政治素质、业务工作能力、职业道德水准,着力建设一支忠于党、忠于国家、忠于人民、忠于法律的社会主义法治工作队伍"。法治工作队伍,乃至法律职业共同体建设,对于推进法治中国建设而言具有重要意义。政法院校法学教育的的根本任务就是服务于社会主义法治工作队伍建设。政法院校应坚持立德树人、德法兼修为导向,一是推动中国特色社会主义法治理论进教材进课堂进头脑。二是根据国家对于法治人才培养提出的要求,有效推进人才培养面向司法实务部门、企业、律师事务所和其他单位的法律实用性人才,即职业型法律人才。三是进一步完善现有的法学人才培养目标,应突出法学和其他学科的融合、知识的交叉、实践的提升,达到"既掌握丰富的法学理论知识,良好的法律思

② 江必新:《构建中国特色社会主义法治理论体系》,载《法制日报》2017年8月30日版。

维能力,又能够分析和解决司法实务问题的复合型人才”的培养目标。

(三)坚持一流学科目标,强化中国特色法治人才培养的学科体系建设

在学科建设方面,政法院校应响应国家战略需求,坚持问题导向、特色引领,建设高水平学科。当前,建设世界一流大学和一流学科,是党中央、国务院做出的重大战略决策。对于诸多地方政法院校的发展也是重大的挑战与机遇。一流学科工作重心是学科建设,法学学科建设要呈现特色,办出水平。一是学科建设具有先进的教育理念,对标国际同类院校,进行机制体制改革,给老师和学生更多的自由度。二是要有高水平的研究平台,以此聚集优秀的师资和团队,凝练研究方向,实现突破。三是重视法学学科与其他学科的交叉,实现新的增长点。四是打造学科品牌。法学作为大类,整体实力的差距,导致各校发展层次不齐。要对中国社会主义法治体系做出贡献,则必然需要在特色学科或专业方向上,形成自身的优势,进而打造出学校的名牌,塑造良好的声誉。

(四)强化教师队伍建设,形成社会主义法治人才培养主力军

中共中央国务院《关于深化新时代教师队伍建设改革的意见》对于高校教师建设具有重要的指导作用,尤其是习近平总书记重要讲话精神,使我们认识法学专业教师队伍作为法治人才培养主力军的重要性。教育部在北京召开高校法学专业教师队伍建设工作座谈会,更是明确指出切实研究好、解决好“为谁教、教什么、教给谁、怎样教”等一系列根本性问题,从加强法学专业教师思想政治教育、坚持育人为本、提升专业素质、强化实践育人等四方面,全面加强高校法学教师队伍建设。③ 法学人才是法治国家建设的重要力量,人才的培养质量在一定程度上取决于法学教师的能力和水平。政法院校对此,一是应坚持育人为本,加强引进具有实践能力的法学专业带头人。具有重要影响的专家、教授做专业带头人可以带领法学专业培养突破个体层面的培养,进而推动教师队伍整体素质的提高。二是增加法学专业教师进修发展机会。尤其是通过高水平平台,通

---

③ 《全面加强高校法学教师队伍建设》,载《中国教育报》2018年4月25日版。

过教育进修、培训,可以使教师的能力和素质得到提升。三是完善校企合作实践模式。加强职业化的法官、检察官、法官作为兼职教师的主体,创建多模式的校企合作,实现引企入校,同时加大在校教师挂职锻炼或实践学习的要求。四是建立合理的考核评估体系。合理的考核评估体系有助于提高教师的积极性,促使教师能够在教学科研等不同岗位,人尽其才,人人出彩。

(五)加强法治文化建设和传承与交流

习近平总书记在庆祝中国共产党成立95周年大会上的讲话中指出,全党要坚持中国特色社会主义道路自信、理论自信、制度自信、文化自信。法治文化具有历史继承性,政法院校是法治文化传承的重要载体和思想文化创新的重要源泉。新的历史时代,十九大报告指出,加大全民普法力度,建设社会主义法治文化,树立宪法法律至上、法律面前人人平等的法治理念。在推进法治建设的进程中,我们必须深刻认识到法治文化建设所具有的重要价值。在法治建设进程中,要不断加强法治文化建设。法治文化建设是推进法治建设的根本动力,其建设核心是使公民信仰法治,法治必须被信仰才具有力量。政法院校首要的就是在法治文化建设中,坚持以党的领导为根本保证,党的十九大报告提出,成立中央全面依法治国领导小组,加强对法治中国建设的统一领导。当前,全面依法治国进入系统推进的阶段,法治文化建设同依法治国共同推进,需要在党的集中统一领导下,政法院校形成攻坚克难的合力,确保法治文化建设沿着正确的方向砥砺前行。政法院校应坚持模范带头作用。通过法治理论研究和实践,宣传和践行法治精神与法治理念,形成具有中国特色的学科体系和教材体系,培养具有法治追求、信仰和坚守的法治创新人才。塑造具有院校文化个性的法治精神,涵养师生的思想与行为,贯穿于人才培养、科学研究、社会服务、文化传承创新的全过程。加强国际交流,讲好中国法治故事。政法院校应坚持各自的办学理念和风格,在不同层次、不同领域办出特色,充分利用地方法治文化资源,以社会主义核心价值观为引领,积极制作一些权威、理性、温暖人心的法治故事,有条件多创造一些具有正能量和感染力的法治文化作品,让社会主义法治文化发出光彩,丰富人民生活。

三、上海政法学院法学教育实践

为适应国家“依法治国”战略和经济社会发展的新需求，上海政法学院坚持“立足政法、服务上海、面向全国、放眼世界”，走特色发展、卓越发展和创新发展之路，努力培养理论基础扎实、具有法治精神、创新思维、全球视野和实践能力的高素质复合应用型人才，建立多学科协调发展的学科体系，努力创建具有鲜明政法特色的一流应用型大学。坚持以立德树人为根本，以教学质量为生命线，不断巩固和突出人才培养中心地位，把提高人才培养质量作为中心任务，全方位推进和保障法学教育教学工作。

（一）坚持党建引领，坚持德法兼修，实现思政育人

法学人才培养应首先站在满足司法体制改革背景下司法职业对于法学毕业生的职业素养要求大幅提升，司法资格考试的改革更是对法学本科生的培养提出了新的挑战，而反观现有国内政法院校法学本科专业学术化的培养模式和一元化的师资队伍，难以满足法治国家法治人才的培养预期。学校坚持以培养“德法兼修”的大学生为目标，全力打造思想育人、法治育人、学风育人、网络育人、榜样育人、实践育人、国防育人相结合的多层次、多角度的育人体系，积极探索第二课堂与第一课堂的契合路径，实现二者的紧密融合，充分发挥第二课堂在人才培养中的重要作用。一是建构“一领、二带、三创、四新”一体化育人格局。二是将思想政治教育“无痕”融入课程教学。三是着力打造“大国安全”通识课程品牌。由书记、校长领衔组建教学团队，为本科生讲授课程。该课程的相关成果在教育部官网予以专题报道。上海政法学院全面推行“党建责任清单制”。一是明确将落实“党建责任清单”情况作为基层党总支书记年底述职评议的重要内容，用述职评议倒逼落实“清单”任务，检验基层党组织的工作“政绩”。通过党建的引领，强化基层组织战斗堡垒作用。二是推进“两学一做”学习教育常态化制度化，强化党内政治生活。三是引导开展“五

个一”活动。

(二)坚持立德树人,紧扣特色定位,深化教育教学综合改革

法学是社会科学,其专业建设必须回到人才培养的主线,对标行业人才标准来打造。延续传统法学专业学科化发展的模式,必然影响人才培养质量和评估因子。学科化的法学专业培养模式也导致应用技术型的本科院校背离了应用型法学人才的根本,一味追求研究型大学的学科发展指标,导致教学方式方法较为单一,不能有效激发学生的学习兴趣,部分教学内容尚未适应学生多元化需求与经济社会发展的需要,无法满足应用型卓越法治人才的培养需求。上海政法学院根据教育部、上海市高水平应用型大学建设要求,按照学校办学定位,坚持特色发展,紧紧围绕应用型人才培养目标,深化教育教学改革,探索建立依托行业及产学研合作培养应用型人才的新机制。

一是推进教育综合改革领导体制机制建设。2015 年 3 月,学校成立了上海政法学院深化综合改革领导小组及其办公室。3 年来,学校综改领导小组组织推进了包括完善内设机构设置、绩效工资改革、教师激励计划管理制度改革、高峰高原学科管理制度改革等 30 项改革任务的落实。目前,学校正对照市教委《高校分类管理指导意见》及其分类评价指标体系,按照特色类应用技术型大学的分类定位,制定学校应用技术型大学转型发展建设方案,对标各项建设要求,抓紧补短板、不断提升建设水平。

二是深化应用型人才培养模式改革。坚持行业和社会需求为导向,通过两级管理体制机制创新,深入推进应用型人才培养模式改革,形成应用型人才培养与行业、职业人才需求相匹配的人才培养模式。比如,对接政法行业需求,在市司法局的支持下,设立警务学院,探索与政法行业联合培养法治人才。除了此前创立的监狱学专业招警与招生相结合的“两考并一考”人才培养模式,目前正在积极探索“本硕连读”的警务硕士、法律硕士培养途径,进一步提升司法行政干部队伍的学历层次和素质。学校还受中央政法委委托,连续多年承办政法体制改革试点班的培养工作,为中西部地区培养了 3000 多名法治人才。设立丝绸之路律师学院,着力培养涉外型卓越律师人才,直接服务“一带一路”建设。

三是坚持全球视野,加快推进国际化人才培养。近年来,学校加快推进国际化办学进程,努力培养懂国际规则的涉外型国际化人才。上海政法学院与世界80多所高校和机构建立了友好合作关系,开拓了“3+1”“2+2”“2+1”等十余个联合培养本科生、硕士生和博士生项目,并与英国利兹大学合作建立留学海外英语语言培训中心,为在校本科生、研究生提供更多优质的出国学习深造的机会和平台。近两年已选送300多名本科生、研究生海外学习、实习,其中包括国际商会等著名的国际组织。

(三)构建立足本土、适应需要、具有特色的法学学科体系

学校坚持以中国特色社会主义法治理论为指导,以现有法学学科体系为基础,围绕国家和社会发展需要,着力打造法学特色学科方向群。一是城市治理法治保障学科方向群。围绕服务法治国家建设和上海“五个中心”建设,在城市治理、依法行政、犯罪预防等方面深入研究,努力形成学术品牌。二是“一带一路”司法学科方向群。立足服务“一带一路”和自贸区建设,在国际仲裁、国际贸易、海外投资利益保护等方面形成研究特色,力争在国际上拥有话语权。三是“一带一路”安全与反恐研究学科方向群。学校依托上合组织培训基地,推进国家安全学一级学科建设。目前已形成《大国安全》课程品牌,建立全球反恐大数据中心,与国际关系学院等6家单位共同成立了“国家安全学学科建设与协同创新中心”。

今后,学校依托培训基地、高原学科、协创中心、各类研究团队等平台建设,使学校成为国家高素质创新人才培养、高水平科学研究和成果转化、高层次决策咨询的重要基地,在国家和区域经济社会发展中占有重要地位,国际影响力不断提高。

(四)提升师资队伍建设水平

经过近年来的外引内培和制度创新,上海政法学院师资队伍的职称、学历、年龄及学缘等结构得到进一步优化,整体水平大幅提高。学校人才与师资建设方面的工作主要举措包括:一是坚持人才强校战略,加强人才工作的组织领导。“十三五”规划明确提出实施“一流师资建设工程”,围绕本科教育和学科建设的需求,通过实施领军(青年)人才引培计划、教职工全面研修培训计划,全面提升师资建设水平。二是创新人才引进制度,构建灵活的用人机制。依托国家及上海市的人才引进政策,结合学校实际,探索适合学校师资队伍建设特点的人才引进制度。制定完善《上海政法学院人才引进管理暂行办法》,建立了高层次人才招聘、薪酬、考核、社会保障等制度,对不同层次的人才,在待遇方面给予个性化的政策支持。2017 年首创了团队引进的人才引进方式,在高层次人才方面实现了突破。三是推进人才分类评价,完善绩效激励机制。实行教师岗位分类管理制度,将教师岗位设置为"教学科研并重岗""教学岗""科研岗"三类,不同类别岗位的教师有不同的任务要求、考核标准和评价体系,不同的职务晋升评审条件。同时完善了绩效考核激励机制。四是坚持分类管理,改革高校教师职称评聘制度。学校将中级及以下教师专业技术职务评审权、教师高级专业技术职务申报评审的审核权下放给二级学院,二级学院在该办法的指导下,自主开展相关工作。

(五)服务国家战略,深入推进综改试验区建设

2013 年 9 月 13 日,习主席出席在吉尔吉斯斯坦首都比什凯克举行的上合组织峰会上宣布,"中方将在上海政法学院设立'中国—上海合作组织国际司法交流合作培训基地',愿意利用这一平台为其他成员国培养司法人才"。这是新中国成立以来地方高校直接服务国家整体外交和安全战略的典型案例。2014 年、2015 年和 2018 年,习主席又分别在上合组织峰会上三次强调,要充分发挥"培训基地"作用,协助上合组织成员国培训司法执法人才。习近平主席在青岛峰会讲话中,提出了两项涉及上海政法学院承担的重大任务:(1)"未来 3 年,中方愿利用中国—上海合作组织国际司法交流合作培训基地等平台,为各方培训 2000 名执法人员,强化执法能力建设"。(2)"还将设立中国—上海合作组织法律服务委员会,为经贸合作提供法律支持"。这次是习主席第四次在上合组织峰会上提到培训基地,并提出明确工作任务。此次新提出的建立"中国—上海合作组织法律服务委员会",由司法部主导,筹备办公室已设在上海政法学院。上海政法学院前期已深度参与该委员会的筹备工作。

学校积极推进"中国—上海合作组织国际司法交流合作培训基地综合改革试验区"(上海市重点综改项目)改革试点,深入开展机构管理、人事管理、智库建设管理、外事管理等领域的“放管服”综合管理改革。该项目主要内容包括:(1)推进体制机制创新,打破“政产学研”协同障碍。通过设立理事会、管委会、监事会等机构,积极建立校内外协同创新合作发展机制,形成成熟的部委指导与协调机制(主要是中央政法委、最高人民检察院、最高人民法院、外交部、公安部、司法部等部门),整合国际、国内、校内三个层次的各类优质资源,发挥协同效应,形成发展合力。(2)着力建设“人才特区”,深化人事管理制度改革。通过“人才特区”建设,全面开展专技与岗位管理聘任制、合同制科研队伍建设、联合培养博士后制度等领域的试点工作。推动实施以注重“引智”为导向的“柔性引进”人员聘用机制改革。(3)推进海外专家驻访学者、科研人员短期出访、海外研修中心建设等对外交流机制改革。建立培训基地、政府实务部门、驻外使领馆的人才流动“旋转门”机制,支持培训基地教师到相关实务部门兼职、实务部门人才到培训基地兼职的双向流动;重点推动实施驻外使领馆大使、参赞等司法与外交机构人员在回国调休时期进驻培训基地工作交流的“旋转门”项目。

四、结语

21世纪是信息时代,政法院校法学教育将迎来新的机遇和挑战,教育的实质问题将更多地关注法治价值引领、法学学科建设深化和法律实践创新性人才培养。在未来法学教育教学改革和人才培养改革中应前瞻新问题、聚焦新思路,整合相关法学专业资源,更多关注创新型人才、复合型人才培养。政法学院应坚持以习近平新时代中国特色社会主义思想为指导,全面贯彻落实国家教育方针,坚持社会主义办学方向。积极落实国家长期教育改革和发展规划纲要,以现代大学制度建设为契机,以学科建设为龙头,以人才培养为根本,以社会服务为己任,全面提高办学质量和水平,科学确立办学定位和发展目标,积极履行大学的社会使命。以法学实践教学为特色,以社会需求为导向,不断加强师资队伍建设,不断优化教育资源配置,不断深化教育教学改革,促进学生个性化发展,构建具有政法院校特色的多元化法治人才培养模式。

The Mission of Universities of Political Science and Law under the Background of Comprehensively Advancing the Rule of Law in China —Taking the Legal Education Practice of Shanghai University of Political Science and Law as an Example

Liu Xiaohong

Abstract: The new era of socialism with Chinese characteristics upgrades the policy of comprehensively advancing the rule of law in China to a new global status. Universities of political science and law should undertake the mission of cultivating the rule-of-law talents for the country, and their mission connotation is more abundant and developed than ever before, which further put forward new requirements for universities of political science and law. In this regard, China' s universities of political science and law, including Shanghai University of Political Science and Law, should actively promote the level of legal education through various channels, and follow the guidance of the concept of rule of law in the following aspects, such as student management, teacher construction, discipline development, international exchange, serving national strategy, etc. The universities have worked hard in many aspects to explore a road to the development of legal education with the characteristics of universities of political science and law with the purpose of modernize the governance system and capacity of the education in the universities of political science and law.

Key Words: rule of law　governance in universities and colleges　legal education　Shanghai University of Political Science and Law as an example

生态法治人才培养研究

——以山东政法学院法学本科环境法人才培养为视角

吕　涛*

摘　要：生态文明法制建设和法治实践都需要高素质法律人才，生态法治人才的培养对于我国的新时代生态文明建设具有重要意义。本文以山东政法学院法学本科环境法人才培养为视角，探索法学本科生态法治人才培养机制。本文总结了山东政法学院在把握大势，引导分类化培养，加强师资队伍建设，实施联合培养，创新教学手段，加强能力培养等方面的经验与不足，并提出生态法治人才培养必须以新时代生态文明思想为指导，准确定位，培养多层次法治人才，加强合作，实现生态法治人才培养资源共享三条建议。

关键词：生态法治人才　环境法人才培养　山东政法学院

生态文明是新时代中国特色社会主义思想的重要组成部分，生态文明建设关乎人类未来。党的十

---

* 吕涛，山东政法学院校长，教授，法学博士，研究方向：宪法与行政法学。

九大报告中指出,"加快生态文明体制改革,建设美丽中国","生态文明建设功在当代、利在千秋"。实施生态文明改革,形成人与自然和谐发展现代化建设新格局。生态文明建设需要法律制度的引领和保驾护航,需要法治人才的智力支持与实践。在生态法治背景之下,高素质法律人才的培养就成为政法院校人才培养的重要议题和改革方向。

一、生态法治人才培养具有紧迫性

法者,天下之准绳也。十三届全国人大第一次会议上通过的《中华人民共和国宪法修正案》,将生态文明写入了宪法。在宪法修正案的21个条文中,关于建设生态文明和美丽中国的条文就有五条。将生态文明和美丽中国写入宪法,以法治引导和建设美丽中国,唯有培养复合型、应用型的高素质的法律人才,方能推动生态法治建设,实现建设和谐美丽中国的愿景。

(一)生态文明法律体系的建设与完善需要高素质的法律人才

尽管我国生态文明领域已经建立起以宪法为基础,以环境保护法为统领,以环境单行法为支撑,以行政法规、部门规章、地方性立法、环境保护标准体系以及国际环境保护公约为补充的环境保护法律体系,基本实现了有法可依,有章可循。然而,随着我国社会主要矛盾的转化,生态文明法律体系尚不足以支撑和保障生态文明的实现。一是部分生态立法与生态文明建设的实际需求不相匹配;二是部分领域生态文明立法存在空白;三是生态文明法律体系欠缺科学性和协调性。要实现科学立法,提高立法质量,需要更多高素质的生态法治人才。

(二)生态文明的法治实践需要高素质的法律人才

徒法不足以自行。科学完善的生态法律体系,有赖于高质量的法治实践,法律实施人才的素养和能力是实现生态文明的关键。这包括建立高效、创新的生态文明执法队伍和秉持公平正义的环境司法队伍。高素质的生态行政管理机关执法人员和司法人员,在法律实施过程中更加注重将生态文明的思想的贯彻,充分考量生态系统的整体性与环境要素的关联性,创新生态文明法律实施机制,确保法律实施效果。

二、法学本科生态法治人才培养机制探索

尽管设立环境法专业的高校数量越来越多,招生的数量逐年增加,但是,生态法治人才培养严重滞后于国家和社会的需求,高等院校应当创新环境法人才培养模式,加强对生态法治人才的培养。以下,以山东政法学院法学本科教学中环境法人才培养的实践为视角,探讨法学本科生态法治人才的培养机制。

一是把握大势,引导分类化培养。党的十八届四中全会提出要加强法治工作队伍建设,推进法治专门队伍正规化、专业化、职业化,提高职业素养和专业水平,为法学人才培养机制改革指明了方向。学校根据党和国家大力推进生态文明建设,对生态法治人才的现实需求,在2017年法学人才培养方案调整过程,对校内外环境法学的教学资源进行了整合优化,在大法学教学的框架下,通过强化环境法课程体系建设和教学资源整合,突出生态法治人才的培养方向,实施法治人才的分类化培养。

在学校法学专业的课程体系中,开设了包括《环境法与资源保护法学》在内的专业必修课,用以夯实学生的专业基础,保证法学知识的整体性和系统性,同时,根据生态法治人才培养所需要的专业知识与专业能力,开设了《自然资源法学》《环境法与自然资源法案例研究》《国际环境法》《环境刑法学》《中外环境刑法学》《生态犯罪研究》《环境法律诊所》等一系列选修课程,鼓励学生个性化发展,实现对学生的分类化培养。

二是加强师资队伍建设,实施联合培养。学校设有环境法教研室,有十多位老师从事相关课程的教学与研究,教学团队的年龄结构、学历结构、职称结构均比较合理,而且,大部分教师都是"双师型"教师,部分教师还有在环保部门的工作经验,能够参与环境污染司法鉴定业务。即便如此,基于环境法学的技术性和专业性特点,要高质量复合型、应用型环

境法治人才培养工作，仅仅依靠本校的师资力量是不够的。为此，学校重视与环境法治实务部门的合作，打破高校和社会之间的壁垒，聘请有理论水平的实务专家到学校担任兼职教授、客座教授，参与制定人才培养方案、设计课程、编写教材、专业教学、指导学生等，邀请国内外知名专家学者到校授课、开办讲座。学校制定了外聘教师管理规范，使外聘教师队伍成为学校教学的重要资源。同时，学校鼓励教师为社会提供法律服务，并以此促进学校与政府相关部门的合作。山东省人大常委会与学校合作建立了山东省地方立法研究服务基地，承担了省市两级立法机关委托的大量规范性文件审查清理工作，参与起草、修订地方性环境保护法规，特别是在《山东省新旧动能转换综合试验区建设总体方案》实施过程中，为校地合作提供了良好的机遇。

三是创新教学手段，加强能力培养。生态法治相关课程的教学，除了采用传统的课堂讲授方式之外，教师还探索采取多层面教学方式和手段，全方位提升学生的实践能力。一是课堂教学运用翻转课堂、微课程等新型教学方式和资源。二是开展环境法律诊所教学。三是开展研究型教学活动。四是鼓励和指导学生参加优秀论文比赛和学科竞赛。通过综合运用各种教学手段，对学生进行多维度的培养与训练，全面提升学生的综合素养和专业能力。

三、生态法治人才培养建议

（一）生态法治人才培养必须以新时代生态文明思想为指导

生态文明是人类社会进步的重大成果，是实现人与自然和谐发展的必然要求。政法院校肩负着培养中国特色社会主义法治人才的重大使命，必须坚持以马克思主义法学思想和中国特色社会主义法治理论为指导，立德树人，德法兼修，担负起生态文明建设的人才培养责任，为生态文明建设提供坚实的法治保障。法学本科环境法学教育教学要围绕建设中国特色社会主义法治体系、建设社会主义法治国家的总目标，以适应全面依法治国的实际需要为导向,深化内涵建设,解决好怎样培养人、培养什么人、为谁培养人问题;生态法治人才不仅要掌握法学专业理论知识与技能,还必须具有高尚的职业道德和生态文明理念。

(二)准确定位,培养多层次法治人才

全面依法治国建设社会主义法治国家进入了新阶段,对法治人才的专业化、职业化要求越来越高,法治人才需要在立法、执法、司法、法律服务等方面满足社会的多层次需求。法治人才培养应当在坚持宽口径、厚基础的原则下,注重提能力、多样化发展,减少法学专业教学同质化,增强法治人才专业个性化、差异化。政法院校可以根据不同法律职业和法治工作需求,合理配置和整合优化教育教学资源,打造特色,凝练各自的比较优势,在满足社会法治人才的需要的同时,促进自身发展,不断提升人才培养质量。

(三)加强合作,实现生态法治人才培养资源共享

尽管各个高校通过多年的生态法治人才培养实践,积累了一定的教育教学资源,然而,校际之间生态人才培养能力和水平还存在很大的差异,在社会急需生态法治人才的情势下,高校之间应当加强合作,充分利用有效资源,实现优势互补,共同提高人才培养质量和数量。就"立格联盟"成员高校而言,生态法治人才培养优势明显,能够培养不同层次、类别的生态法治人才,因此,可以在联盟的平台上,加强深度合作,共同探索生态法治人才培养机制。

中国特色社会主义法治国家和美丽中国建设是新时代的宏伟工程,高素质生态法治人才是实现宏伟工程的基础和保障,政法院校应当直面问题,勇于创新,努力抓好学科建设、人才队伍建设、教材建设,建立健全科学的人才培养机制,以培养更多高素质法律人才为生态文明建设做出贡献。

Research on the Cultivation of Rule-of-Law Talents on Ecological Law — From the Perspective of the Cultivation of Undergraduate Legal Talents of Environmental Law in Shandong University of Political Science and Law

Lv Tao

Abstract: The construction of the legal system for ecological civilization and the practice of the rule of law require high-quality legal talents. The cultivation of legal talents in ecological rule of law is of great significance to the construction of ecological civilization in the new era of China. Taking the perspective of the cultivation of legal talents of environmental law in Shandong University of Political Science and Law, this paper explores the cultivation mechanism of undergraduate rule-of-law talents of ecological law. The author summarizes the successful experiences and deficiencies of Shandong University of Political Science and Law in grasping the general trend, guiding the classification and training; strengthening the construction of the teaching staff, implementing joint training; innovative teaching methods, strengthening educational capability and other aspects. It is also suggested by the author ' s three advice that the cultivation of rule-of-law talents in ecological civilization must be guided by the ecological civilization in the new era and it should also accurately find its position and cultivate multi-level rule-of-law talents and it should strengthen cooperation and realize the resources sharing in the cultivation of the rule-of-law talents of ecological law.

Key Words: rule-of-law talents of ecological law cultivation of environmental law Shandong University of Political Science and Law

理论探讨

改革开放40年中国法学教育成长的反思*

何勤华**

摘　要：中国的法学教育经历了1977年的恢复重启、1980～1998年的稳步发展、1999年至今的全面提升三个发展阶段，取得了重大成就。培养的人才大大增加、促进了我国立法事业的发展、提升了我国的立法水平、铸造了公民的法律理念和守法习惯等。但40年发展之后，也出现了法科学生的就业形势日益严峻、理论与实践的脱节、受教育体制以及评价体系制约等问题，需要进行认真的反思。

关键词：改革开放40年　中国法学教育　成长　反思

一、1977年中国法学教育的恢复和重启

改革开放40年中国法学教育的恢复和重启，开始于1977年北京大学、吉林大学和湖北财经学院三

---

* 本文根据作者在2018年9月8日中国法学教育研究会年会上的发言整理而成。——编者注

** 何勤华，华东政法大学教授，博士生导师，研究方向：法律史、法学史和比较法。

所大学法律系的恢复招生。报考于1977年10月、入学于1978年2月的三大法律系招生,共有190余位年轻人(北大83人,吉大58人,湖财50人)进入到大学读法律本科。虽然学校很少,学生人数不多,但他们开创了一个时代,即改革开放之后中国的第一代法科大学生步入法治建设的新时代。他们中的许多人,现在都成为中国法治建设的栋梁,如吴汉东、黄进、王利明、姜明安、郭明瑞、武树臣、陈兴良、张恒山、崔建远、高鸿钧、戴玉忠、霍存福、吕岩峰。随着77级的入学,78、79两届法科大学生也跟着进来,从而造就了改革开放之后新三届法科大学生的辉煌。

二、1980~1998年近20年的法学教育的稳步发展

进入1980年,法学教育的规模逐步扩大。经过近20年的稳步推进,至1998年开设法学专业的已经有北京、华东、西南、中南和西北等地区,以及山东大学、山西大学、兰州大学、南京大学、中山大学等80余所大学,法学本科生已经达到了近9万人。与此同时,法学研究生教育也开始得到发展。从1978年我国恢复招收法学硕士,至1998年,全国招收的法科研究生已经达到1万多人;1996年创设的法律硕士,到这一年招生人数也达到了7986人;1983年开始招收的法学博士,至1998年,也已经达到了1340人的规模。此时,在法科毕业生中,硕士研究生和博士研究生已经开始崭露头角。我国自己培养的第一代博士生陈云生、郑秦、怀效锋、朱勇等,也开始走上法学研究的舞台。

三、1999年至今的20年中国法学教育的全面提升

经过1999~2018年又一个20年的发展,我国的法学教育又上了一个大的台阶。不仅开办法学教育的大学有了极大增加,法科学生的人数也迅速扩张。据文显会长在一篇文章中提供的数据,截至目前,中国有

651所高校有了法学专业，其中法学院达到628所。关于法律硕士的培养情况，我们从全国法律专业学位研究生教育指导委员会《全国法律硕士培养单位名单》中获知：截至2018年3月，全国共有法学一级学科硕士点195个，法律硕士专业学位授权点243个。在法学博士生教育方面，我们从国务院学位委员会发布的《关于下达2017年审核增列的博士、硕士学位授权点名单的通知》(2018年3月22日)中得知，至2018年1月8日，我国已有48所院校获得了法学一级学科博士点。

四、关于40年法学教育的反思

改革开放40年，中国的法学教育取得了重大成就。一是培养的人才大大增加，数量众多，目前在校的本科以上法学专业的学生40多万人，其中本科生有32万人，硕士研究生有近10万人，博士研究生也达到3000余人；二是法学教育涉及行业广泛，层次丰富，不仅在公、检、法、司等传统的司法行业，也广泛分布在金融、教育、科技、企业管理、党政机关、基层社区以及自主创业等的各行各业；三是法学教育促进了我国立法事业的发展，提升了我国的立法水平，全国以及地方的各级立法机关，其主体已经都是由法律专业的毕业生构成；四是法学教育为法律实施(行政机关执法、审判机关司法)奠定基础，法院和检察院的队伍基本上已经都由法科大学生以上的专业人才担任；五是法学教育铸造了公民的法律理念和守法习惯，法律人才遍布国家政治、经济、科教和文化建设之各行各业的成果之一，就是大大提升了国家各个层面的法治水平和法律意识。

但是，改革开放中国法学教育40年的发展，也出现了一些问题，需要深刻反思。

第一，法科学生的就业日益严峻。

第二，受司法考试的冲击，许多学校沦为司法考试辅导学校，许多法的基础知识教育、法科学生的人文艺术修养，都因培养方案和教学计划的变化而受到削弱。

第三,在法学教育中,理论与实践的脱节问题还没有得到根本的解决,社会发展的日新月异,总是不能及时地反馈到我们的法学教育之中。

第四,法学教育人才培养的数量和质量关系还需要理顺,由于从1998年开始的法科大学生的扩招,而教师由于受学校编制数的限制,许多大学的师生比始终比较低,教师一时忙不过来。在教师没有时间和学生进行交流的情况下,师生关系发生了异化,法学教育的质量受到影响。

第五,受整个中国教育体制以及评价体系的制约,法科专业教师的科研压力过大,高水平的C刊论文成为教师上职称、评优秀、提工资的前提条件,而由于杂志僧多粥少,现在发论文的路径越来越少,越来越难,教师在写论文、发论文上疲于奔命,导致教师无法全身心地投入到教学,投入到培养法律人才的劳动之中。

第六,受中国法治建设大环境的影响,法学教育也容易出现波动,甚至大起大落的现象。虽然改革开放40年,中国法治建设一直在往前推进,但其中也充满了曲折和反复。尤其是我们现在还没有能够达到1978年党的十一届三中全会所要求的"我们的法律制度不因领导人的变化而变化,不因领导人的想法和注意力的变化而变化"的目标。因此,在决定法学教育的大政方针时,也时而有所偏差,法学教育到底是通识教育,还是职业教育,学界的讨论也从来没有停止过。这从徐显明、黄进、韩大元、潘剑锋、申卫星等在《中国法律评论》2018年第3期上所作的《改革开放四十年的中国法学教育》专题发言中就可以知晓。在这样局面下,中国的法学教育任重而道远,我们当继续努力。

Reflections on the Growth of China's Legal Education in the 40 Years after the Reform and Opening up

He Qinhua

Abstract: China's legal education has experienced three stages of development: recovery and restart in 1977, steady development from 1980 to 1998, and comprehensive progress from 1999 to the present. In the four decades, great achievements have been made in legal education. The number of excellent legal talents has greatly increased, which has helped to prompt the development of China's legislative undertakings, to upgrade the legislative level of our country, and to cast the legal concepts and law-abiding habits of citizens. However, after 40 years' development, still there are some problems such as the increasingly severe situation of the employment of law students, the disconnection between theory and practice, the limitations in the education system and the evaluation system. Both the progress and the problems need our serious reflection.

Key Words: 40 years of the reform and opening up China's legal education growth reflections

法律人思维、移情与法学教育*

张　超**

摘　要:法学院法学教育的目标不仅在于培养法律人思维,学会"像法律人那样思考",而且还要着力培养学生"像非法律人那样思考"的移情能力。移情指的是一种想象力和沟通力,是法律实践中法律人与普通人打交道应具有的关键技能。法学院应在课程设置和教学方法上予以调整,来培养和提升法学院学生的移情能力,并使移情与法律人的专业化思维高度相结合。

关键词:法律人思维　移情　法学教育

一、引言

从观念和思维的角度来说,大学法学院对学生的培养与其说是开展一种有关规则知识的学习以及实务技巧的灌输,毋宁说是进行一种有关法律专业思维

---

* 基金项目:教育部人文社会科学2015年青年基金项目"权威规则与个案正义的法治整合模式研究"(15YJC820074)。山东省教改项目:新时代背景下法学本科精细化人才培养模式研究(M2018X180)。

** 张超,山东工商学院副教授,法学博士,研究方向:法哲学、部门法哲学与法律方法。

的训练。质言之,法律教育的宏旨在于培养法律人思维,即所谓“像法律人那样思考”。美国法学家肖尔(Frederick Schauer)直言:“全世界的法学院都号称教学生如何像法律人那样思考。”[①]《法律之门》的作者博西格诺(John J. Bonsignore)则称,“法学院的目的是改变人,通过在法学院的经历使人们变成另一种样子——将他们从法律的外行转化为法律人的新锐。法学院为他们提供了运用法律规则解决法律问题的能力。使他们对自己有一种全新的作为法律专业人士的概念,忠诚于法律职业的价值观,取得一种费解而神秘的被称为‘法律人思维方式’的推理方法”。[②] 虽然学界对法律人思维这个命题的具体内容界定有所争议,但大致倾向于强调逻辑和理性在法律思维中扮演的独特角色,认为法学院的学生应该掌握法律推理、法律解释和法律论证的基本技艺,这是真正能将法律人和非法律人区别开来的根本。

法律人思维不同于日常推理,它具有独特性,反映了某种早在若干个世纪之前柯克着意与普通人之“自然理性”相区分的“法律之人为理性”,这一看法已经构成了两大法系法官、检察官、律师以及法律学者长久以来的信念。对此,我们理所当然应视为一项历史成就而给以礼赞,笔者也非要在此去质疑和挑战它。不过,我们并不容易确定,除了法律规则的知识以及法律专业思维之外,法律人还应拥有什么。值得注意的是,固然,法律人须具备构建一个与日常世界有所不同的法律空间的能力,但是在真实的法律实践活动中,法律人仍然要同那些未接受过法律人思维训练的人打交道,这可能意味着,法律人在理性化的专业思维之外,还须具备一种特定的交流沟通的能力。这项可称得上是法律人应具备的核心技能和素质就是移情。

在厉行法治、崇尚法律人思维的当下中国语境下,把移情纳入到法律人的技能范围之内不免会遭到相当的疑虑,因此本文下面将首先处理对移情的可能反对意见,并藉此来尝试界定移情的概念,即把移情定位于一

① [美]弗里德里克·肖尔:《像法律人那样思考——法律推理新论》,雷磊译,中国法制出版社2016年版,第1页。

② [美]博西格诺:《法律之门》,邓子滨等译,华夏出版社2002年版,第416页。

种理解力和沟通力。其次在对移情初步界定的基础上,进一步来说明为何移情对法律人来说构成了一项不可或缺的关键能力。最后如果移情作为法律人的一项关键能力得到合理的证立,那么我们应进一步回答法学教育的应对之道,即大学法学院的法学教育在课程设置和教学方法两个方面该做出何种安排从而有针对性地培养和加强移情能力。

二、移情:一种想象力和沟通能力

(一)对偏私性指责的回应

法律人对移情有一种天生的警觉和抵触。其中首要的缘由并不难解释,以理性和逻辑著称的法律人思维与移情这类情感性要素似乎恰好对立。人们倾向于认为,法律实践是一个冷静客观的非个人化过程,而涉及情感因素的移情会阻碍甚至扭曲法律人的思考和实践。

以法官这一法律人最具代表性的职业群体为例,法官的司法裁判实践活动或许典型彰显出与移情的对立。一般认为,法官的裁判作出应该保持中立、公正和无偏私性,而移情的运用会使得法官把个人情感注入法律解释和法律推理活动中来,这容易在双方当事人之间造成偏颇和不对等,判决结果因此也就欠缺正当性和说服力。

上述看法可称为来自法律无偏私性的质疑,但它太过简单和粗糙。其一,移情过程的起点是先行搁置自己本人的视角,主体只有充分控制自己的情绪,才有可能洞察和体验他人的情感和态度。其二,在移情运作过程中并不要求涉入主观性的价值判断。努斯鲍姆(Martha C. Nussbaum)指出,移情本身既不好也不坏,它具有伦理上的中立性。③ 例如,一个虐待狂也可以熟练地掌握和运用移情的能力,他能够高度理解何者会引致他所欲加害对象的最大痛苦。其三,主张伦理上中立性的移情本身还暗含反对"区别对待"的平等价值理念,因为移情是"一种认可他人作为平等

---

③ Martha C. Nussbaum, Replay to Amnon Reichamn, *Legal Educ*, 56, 2006, p. 320.

和理性个体并且如此加以对待的能力和意愿”。[④] “移情想象如果不结合平等的人类尊严的观念,就可能成为胡思乱想,有失公正。”[⑤]从以上三点可看出,移情虽然属于情感现象的范畴,但它本身并不是纯粹的情感,而是一种对情感的加工处理机制。这也就是说,移情是一种想象力,“这种能力是指想象穿上不属于自己的鞋子时的感受的能力,是有智慧的读者阅读别人的故事的能力,是想象别人在其处境中可能产生的情感、希望和欲望的能力”。[⑥] 或者说,移情是一种换位思考或角色互换,是以己之心,度人之心,是“他人有心,予忖度之”。而且,对法官来说,移情要求一种取向与案件所有利害关系人的完整视角,防止心理学上的“易得性法则”。[⑦]所以,具有中立性属性的移情并不当然构成法律无偏私性的反面。

对偏私性或非中立性的担忧还来自于在移情和同情这两个概念之间产生的混淆。严格来说,同情并非一种设身处地、感同身受的想象力,而是一种从自我出发的情感性判断,它与同情对象之间存在一种过于密切的关系,对司法裁判活动而言,这容易致使裁判偏颇和武断。相反,移情是一种拉开距离的想象性重构,它处于冷漠和激情之间的中点上。[⑧] 因此,移情与法律的无偏私性并没有当然的抵牾之处。

(二)对非相关性指责的回应

然而,仅仅指出移情不会带来司法的偏颇性并不能有效回应另一个更为根本的质疑,即移情与法律人实践的“非相关性”。这就是说,无论移情在其他领域——如文学和艺术领域——可能构成了人们所具有的多么重要的一项能力,它和法律人之间没有相关性,无法在法律领域获得权威地位。要言之,无论如何,移情都不是法律人应具备的关键能力。

如果法律实践是在一个逻辑自足的理性空间里进行概念构建和规则

---

④ Markus Dirk Dubber, *The Sense of Justice: Empathy in Law and Punishment*, New York University Press, 2006, p. 54.

⑤ [美] 玛莎·努斯鲍姆:《告别功利——人文教育忧思录》,肖聿译,新华出版社2010年版,第122页。

⑥ 同上书,第106页。

⑦ Richard A. Posner, Emotion versus Emotionalism in Law, in *The Passions of Law*, edited by Susan A. Bandes, New York University Press, 1999, p. 323.

⑧ 张超:《正义感、移情与司法裁判》,载《北方法学》2017年第3期。

推演,那么具有情感因素的移情即便能持有中立性的特质,其也无法在法律人实践中获得一席之地。不难观察到,在大学的法学院里,法学教育的要点被普遍视为把常识性的认知转变为注重理性、逻辑、程序和形式的法律思维,完成所谓从普通人到法律人的转变。在国内各院校从大一开始,就在法理学课程中设有法律思维的章节来专门强调法律人思维的独特性。而在部门法教学中,以法条权威为依据的教义学思维成为判断学生专业水准的标尺。这样,法学教育的要旨主要被理解为形成专业化的法律人思维,进入到法学的"专业槽"之内,从而有能力形成一个与日常世界和常识有所区隔的法律世界。

透过法律人思维的不断强化,学生逐渐具备了在专业圈之内进行沟通和对话的能力。但是,这会带来一个相当棘手的问题,即在真实的法律实践活动中,与法官、律师、检察官打交道的对象不仅仅是专业领域之内的人,还包括普通人。例如,律师要为他的当事人服务,法官的判决也要面对案件当事人乃至社会公众。对普通人来说,专业化的法律思维模式不仅仅单调、贫瘠,而且难以理解,这就容易在法律人和社会普通人之间造成鸿沟和隔膜。而法律作为一种人世规则,其宗旨又不外乎在于解决现实世俗世界的争议和矛盾。因此,在法律职业人员与普通人对话过程中,法律人不能无节制地以自己的专业逻辑来支配这个交涉过程,他应该有意识地设身处地地从普通人的立场和视角来分析和解决问题。这样,移情作为一种想象力和一种与他人发生关系的一种模式,其进一步的指向是法律人和非法律人相互交涉过程中法律人所具有的一种必要沟通能力。

(三)移情含有的认知性成分

移情所展现的理解力和沟通力可能意味着在移情运作的过程中要把分析性的思维置于一边,而径直学着去感受和体验。这个看法并不算错。因为移情要求我们暂时停止动用或悬置包括判断、评价和分析在内的关键性认知性功能。然而要注意的是,这个移情的运作机制实际也反映出移情本身具有的一种特殊认知功能,其特殊性即在于,一方面,要求我们推延接受或拒绝他人的视角和观点,甚至把他人的观点向前推进,从而更好地从他人的角度来与这个世界产生关联。另一方面,移情也要求与个案情景的认知结合起来,对具体情景认知内容的改变会影响移情的主体回应,如加害人发生了变化或者改变了故意伤害的看法。在《道德情操论》里,亚当·斯密提出了一种“理想观察者”模式,其提出移情机制的展开除了无偏私性要求之外,还有“信息充分”。[⑨] 因此,移情并非完全不包括任何思考,如果把移情与认知因素完全分离,那就容易把移情与直觉相混淆。与移情不同,直觉是一种快速、自动且完全无意识的非理性之物,而作为理解力和沟通力的移情是具有自我意识性的东西,它并非与理性思维相对立。就此,努斯鲍姆曾指出,移情不同于一阵狂风或者血液涌动,其反而依赖于某种对事物的观点,展现出有关事物的复杂信念。[⑩] 所以,移情的运作最终要和理性的认知分析活动相结合,此时,很难说,究竟是认知决定情感,还是情感决定认知,毋宁说这两种因素处于平行的位置,相互交织,彼此影响。

三、作为法律人之关键能力的移情

移情以一种相对中立的立场对人类之不幸、恐惧、气愤、不满以及悲痛等情感加以想象并进而在此基础上与移情对象进行有效沟通,这既是公共判断的基本要素,也是法律人应具有的一种特质,就法官这个群体而言,波斯纳法官甚至称其为“司法气质”(judicial temperament)。[⑪] 对法律人来说,他需要具备健全的移情能力来感受当事人的境遇,经验性地理解“他人的世界”,并在一定意义上使之成为复杂世界里的行动指南。这里,针对移情构成法律人之一项关键能力的命题,我们可就法官、律师以及检察官这几个主要法律职业群体分别做出更为细致的说明。

---

⑨ Adam Smith, *The Theory of Moral Sentiment*, Oxford University Press 1976, pp. 9 - 13.

⑩ Martha C. Nussbaum, Emotion in the Language of Judging, *St. John's Law Review*, 70 (1), 1996, p. 25.

⑪ Richard A. Posner, Emotion versus Emotionalism in Law, in *The Passions of Law*, edited by Susan A. Bandes, New York University Press, 1999, p. 324.

(一)移情对法官裁判的重要意义

按照理想的法官形象,法官应以"事实为依据,以法律为准绳",依靠专业化的法律人思维来进行法律推理、定分止争。然而,我们又必须承认,作为真实具体的个体存在,法官还拥有个人的信念和情感,移情可以为他带来丰富的情感感受,对当事人处境的充分想象通常有助于他形成一种有关裁判结果的前见。这也就是说,移情可以成为法官裁判案件的道德指南,构成他案件裁判的向导。之所以说是道德指南,是因为移情所触发的情感感受更多地体现为一种何为正义和公道的观念,其蕴含了较合法性以更广阔的规范性维度。由于正义感是在特定个案情形下被唤起、激发的反映,在对他人处境的回应意义上,我们可直接把移情和正义感相关联,在这点上,卡多佐法官曾直言,某些逼人的正义情感,可以作为路标之一,来援救焦虑不安的法官,并告诉他向何方前进。⑫

更不可忽视的是,移情在法官思维中的运作可以避免法官墨守成规,进行必要的司法创新。在案多人少的基层法院,法官容易在生动具体的个案面前表现出循规蹈矩的固化思维;法官通过对当事人处境的移情式回应,可以避免成为一台冷酷而精确的法律计算机,从而郑重耐心地对待每一个个案的特殊性,尊重和维护每一个当事人的合法利益,从而增强解决复杂争议问题的能力,最终为法官赢得尊重和信任。以全国模范法官宋鱼水为例。宋鱼水法官最为重要的一个品质莫非是能够耐心对待和尊重当事人的陈述;以她的同事评价来说,作为一个法官,最难的是见怪不怪后,仍保有对案子的兴趣和努力,不会对当事人的矛盾感到麻木和漠然。实际上,这种健全的移情能力可以避免法条主义和机械司法的危害,实现更多的个案公正。此外,法官与当事人之间正式化沟通环节中重要的一环就是判决书的写作。从移情的角度来看,宋鱼水法官的法律文书风格平实朴素,深入浅出,运用浅显的通俗语言,而并非只有法律人方可读懂的法言法语。这种把公众作为主要沟通对象的司法文书风格实际上非常有利于促动法官针对普通人展开丝丝入扣的充分说理,使司法裁判

---

⑫ [美]卡多佐:《司法过程的性质》,苏力译,商务印书馆2002年版,第24~25页。

获得相当程度的社会公信力。

(二)移情在委托人和律师交涉过程中发挥重要作用

同样,我们也应该合理期待移情式回应所带来的理解力和沟通力构成律师具备的关键能力。在律师为委托人服务时,他应体认其委托人之所想、所思和所感,想象穿上不属于自己鞋子时的感受。就像法律电影《杀死一只知更鸟》中的主角芬奇律师所言:“你永远也无法真正理解一个人,直到你用他的眼睛来看世界,直到你钻进他的皮肤,和他一起走路。”对律师来说,律师是其委托人诉求的直接转译者,他的工作就是在法律上为委托人寻求尽可能理想的结果,律师需要了解法律,但根据情势的变化,律师同样有必要真切理解委托人的处境,为委托人提供合理的建议。在这个意义上,律师法律专业能力的有效发挥以他的移情能力为基础,移情能力构成了一名好律师的标准之一。

移情能力对律师之所以重要,主要是因为移情可以在委托人和律师之间建构一种友善、融洽和信任的关系。在法律服务市场化原则的支配下,律师有可能过多看重法律服务的经济利益,忽视对委托人的理解和人文关怀。然而,在诸如医生、教师、社会工作、牧师以及律师这类服务性行业中,透过移情来构建彼此间的积极关系显得格外必要。这是一种以客户为中心的关系,以对客户的理解、尊重和真诚作为相互关系的基石,并可带来相应问题的有效解决。例如,医生对患者基于移情的理解和沟通,会取得患者的信任,并使之以积极的态度参与相应的治疗方案中。与之相似,当委托人感到被真正理解,并相信律师的确是为他的利益、需求和关切所着想,委托人会消除自己的紧张,免于疑虑和担忧,这进而促进了委托人和律师之间开放完整的交流以及更为彻底的法律分析,最终则有助于律师为委托人提供合理有效的问题解决方案。再者,移情在委托人和律师交往互动中所发挥的作用还可以改进对律师和法律职业的公共认知。移情所带来的理解力和沟通力能够祛除律师冷漠、唯利是图甚至具有操控性的负面印象,提升法律职业的总体形象。

(三)移情能力对检察官工作的积极意义

除了法官和律师之外,检察官也是法律职业团体中的重要一员。我国目前检察职权的复杂性要求检察官在日常性工作中需要同犯罪嫌疑人、证人、受害人等多样化主体打交道。例如,在侦查环节,检察官因调查取证要讯问被告人或询问证人;检察官公诉职能的行使往往使其间接面对受害人,甚至直接面对有理或无理的缠诉缠访者;检察官的刑事追诉由于涉及公共利益,因此也需要面向公众,通过媒体及时准确报道案件,与社会进行公共沟通。

在这些繁杂的工作中,如果缺乏主体之间的尊重、将心比心或换位思考,检察官很难通晓和理解普通人的所思所想,也无法回应人民群众对检察工作的关切和期待。一名检察官要根据具体案情站在对方立场上体验和思考问题,与对方在情感上进行沟通,为增进理解奠定基础。在个案办理中,检察官要让当事人切实感受到检察官对他的尊重,从而产生对于检察工作的价值共识和心理认同。此外,在检察工作中,移情能力对维护检察官与辩护律师之间的良好关系也极为重要,这两方主体之间也应相互尊重和理解,甚至相互依赖,移情通过优化与律师的沟通,能够有益于促使犯罪嫌疑人认罪以及简化诉讼程序。

从法学教育的核心任务来看,培养法律人思维仍然是重中之重。但是这不等于完全否认“应像非法律人那样思考”的价值。移情式的想象力和沟通能力对于法律人有效开展实践工作同样必不可少。像法律人一样思维并非法学教育成功的排他性标准,法律人亦需要具备可以充分理解普通人的想象力以及与之有效交流的沟通能力。通过对移情作为法律人关键技能的分析,本文不是要反对让学生像法律人那样思考,而在于强调不能使得学生“只”像法律人那样思考。

四、法学教育中的移情教育

(一)移情教育的必要性

作为对他人原初情感再加工的移情并非神秘难解,它对于人来说具有一种普遍性和根本性,它存在于我们每个人的心理之中,社会中的每个人都能够触发、感受和共享各种移情式回应。从进化心理学的角度来看，移情的本质源于合群的需要，最早和最基本的移情是一种本能，它表现为婴儿具有对他人痛苦和其他同类信号（如哭泣、悲伤的表情）的反应。[13]移情打破了个人的局限性，超越了个人情感的片面性，实现了个人与他人以及社会的融合。概言之，移情作为人类的一种情感心理机制，源自人的社会性面相，是人的社会本性之一，是人际交往的润滑剂。麦考密就此明确指出，我们之所以能够进行移情的活动，乃是因为我们在过一种影响彼此的社会生活，而非离群索居。[14]

不过，虽然移情符合、反映了人性，但正如本文第一部分所言，完整意义上的移情不是捉摸不定的直觉式本能和冲动，而是一种为人所具有的、经过思考或者抽象的"高级能力"。因此，我们不能想当然地任其凭空产生。如果不予以引导和训练，移情的能力也不会自然有序成长。特别是法学教育如果只定位于训练单一的法律人思维，移情的能力可能会像缺乏锻炼的人体肌肉那样萎缩干枯。此外，众所周知，我国法学院教学方式为人所诟病之处在于，过于强调书本知识的讲授，不考虑社会大众的实际需求，缺少对学生的实际操作能力的培养。要改变法学教育的这个窘迫现实，就需要我们着力培养移情能力，这是提升法学院学生的法律实践能力不可或缺的一个组成部分。那么，在大学的法学教育中该如何培养法律人的移情能力呢？下面笔者主要从课程设置和教学方法两个方面来略作考虑和建议。

在课程设置方面，首先，法学院的课程清单中有必要列入文学阅读和评论的相关课程。文学作品的阅读最容易激发学生的移情式理解力，而这又可以带来更佳的判断，从而最终服务于有充分说服力的法律判断。尤其是文学作品中的小说，能够把读者自身注入虚构人物的心灵之中，倾听他们的声音和思想，透过对小说作品中人物设身处地的想象，学生会形

---

⑬ 刘俊升、周颖：《移情的心理机制及其影响因素概述》，载《心理科学》2008 年第 4 期。

⑭ Neil MacCormick, *Practical Reason in Law and Morality*, Oxford University Press, 2008, p. 58.

成独立而成熟的判断力,这种判断中立而不冷漠、敏感而但不屈从于道德原则、具有个人化的属性而又并非恣意。美国学者瑞克曼(Amnon Reichman)特别指出,在法学教育中引入文学课程可以帮助学生形成一种深思熟虑的反思性判断。⑮ 一般来说,人们惯于依赖经验法则和直觉推理法做出迅速的判断,即在对事实初步认知和了解的基础上,借助一些简单的标签、分类以及有关预设来做出决定。在法律实践中,这种粗略的判断模式反映为对权威性规则的直接运用,并可能根据既有的明文法律规则来剪裁事实,甚至削足适履,有意忽略其他相关重要信息。然而,好的文学作品会使得读者直面一个更为复杂的人类境遇,从而有助于形成更敏锐的观察力和理解力,学会在一个更广阔的语境下综合考虑各种因素,纳入更多的相关信息来做出妥当决定。

也许我们认为在文学阅读方面法学院的学生在入学前已经有了一定数量的积累,入学后大部分人也有意愿自己阅读更多的文学作品。但是,这绝非一个可靠的看法。据有媒体报道,中国人年均读书0.7本,且不说这些书的品类之别,按照这个数量来看,我们很难期待法学院的学生在他入学前以及入学后阅读了一定数量的文学作品。而且,网络侵蚀阅读已经成为一个全球化的现象,那些碎片式的讯息和即时生动的视频正在占领本已有限的阅读空间。因此,为了提升学生移情式回应的能力,法学院有开设文学课程的必要性。

其次,专门开设以案例分析为中心的法学论文写作课程。以案例为中心的法学论文写作是一种更为现实性的语境化法律分析,它有助于提升学生的移情回应能力。法学论文写作并非一种纯粹的单方行为,而是一种有着潜在对话伙伴的行为,其目标是论证和说服,无论是事实的准确性还是法律解释的合理性,写作具有的说服目的都要求作者进入到读者的心灵之中,设想读者的可能性回应,从而理解如何能够更好地对读者产生实质性的影响。当然,这里有必要对读者的身份加以界定。一方面,读者可能是法律专业领域内的同行,另一方面,读者也可能是更为广泛的普

---

⑮ Amnon Reichman, Law, Literature and Empathy: Between Withholding and Reserving Judgment, *Legal Educ*, 56, 2006, p. 304.

通人。针对前一读者身份的论文写作其主旨还是在于透过教义学的分析来训练专业的法律人思维,而只有把读者身份扩展到后者,才能不断通过移情式回应,强化法律人对普通人的理解和沟通能力。理想的写作课程应该把上述两个方面予以结合,使理性、逻辑与移情式理解并行不悖。

(二)移情教育与法学教育方法的改进

培养和提升法学院学生的移情能力,除了教学课程的调整之外,还要依靠教学方法的改进。第一,一种值得提倡的教学方法是在不给出法条的情形下,提供简要的案例事实让学生来探索法律应该如何规定并给出相应的理由。[16] 这种教学法特别适合刚步入法学院不熟悉法条的大一新生。它的目的是让学生聚焦于案件事实,想象和理解当事人的细腻情感,深入审视法律以外的诸种因素,形成法律应该是什么的宽广视野。这样,当学生接触到权威性的法律条文之后,他们就可能会形成更为复杂、严肃也更为有趣的思考。

第二,强化模拟法庭实验课程中学生多角色参与性实践。近些年来,随着全国法学教育对实践教学环节的重视,以模拟法庭为中心展开的实验课程已经比较普及并日臻完善。实际上,模拟法庭的课程设计为法学院学生移情能力的培养提供了极为适合的平台和机会,因为它会要求学生通过角色扮演来参与到法律实践中来。努斯鲍姆曾指出,印度大思想家泰戈尔一直主张并在他亲身创立的学校里实践角色扮演的教学法,要求学生以自己不熟悉的立场去思考,以体察其他人的思想感情。[17] 当然,就大部分法学院的模拟法庭实验环节而言,其初衷乃是通过生动的案例来训练学生的专业思维以及程序性操作能力,因此法官、律师和检察官的角色承担对学生似乎更重要也更有吸引力。但就移情能力的培养来说,当事人角色的扮演可能具有更为重要的意义。在模拟刑事法庭教学中,一个亲身扮演受害人而参与法庭审判的学生,将获得宝贵的参与性经验,

---

⑯ Charles A. Cox, Maury S. Landsman, Learning the Law by Avoiding It in the Process: And Learning From the Students What They Don't Get in Law School, *Legal Educ*, 58, 2008, p. 341.

⑰ [美] 玛莎·努斯鲍姆:《告别功利——人文教育忧思录》,肖聿译,新华出版社2010年版,第116页。

将来作为律师为他的委托人服务时,可能就会更好地理解委托人的处境,并通过有效沟通为其提供最好的法律服务。

第三,应进一步改进和完善诊所式法律教育的方法。20世纪60年代由美国兴起的诊所式法律教育(clinical legal education),已为国内法学院校所广泛采纳并得到发展。“要想更有意义地研究和学习法律,不能与社会隔绝而仅仅满足于对法律理论或法哲学的探讨。”⑱诊所式教育突破了传统的学院式传授法,它将现实中的真实案件引入课堂,学生在老师的指导下为委托人提供咨询,诊断他们的法律问题,并开出解决问题的相应处方。然而,目前我国的诊所式法律教育更多是以教材为基础,强调通过个案的提供,来引导学生掌握司法实务中的技巧、分析方法、思维方式等,从而把目标定位于让学生做到“像法律人一样思考”。然而,实际上,诊所式法律教育包含了会见、事实调查、法律研究、咨询、调解、谈判以及诉讼等七大业务环节。就这里关心的法律人移情能力而言,诊所教育方法最具魅力和特色的地方是设置大量的实践互动练习,尤其是直接向社会特殊人群、弱势群体提供法律援助,从而有助于提升学生作为法律人与社会各类当事人打交道的能力,因此也理应成为法律诊所教育所定位的主要目标。

法律诊所教育的方法形式一般有三种,第一种是内设式诊所,学生在教师的指导下为当事人提供直接的案例代理服务;第二种是外置式诊所,学生被安排在法学院之外的机构里在律师的指导下进行法律服务;第三种是模拟法律诊所,学生在一个模拟的情境下学习律师实务技能。这里,值得指出的是,与模拟法律诊所模式相比之下,在诊所法律教育中,内设式法律诊所和外置式法律诊所这两种形式对移情能力的培养更具有独特的意义,因为学生在诊所开展的法律援助活动中充当了一个真正律师,会见的是真正的当事人,接触的是鲜活的实际案件,需要解决的是那处于不利地位的当事人迫切需要解决的困难,因此不能被模拟形式所取代。

---

⑱ [印]马海发·梅隆:《诊所式法律教育》,彭锡华译,法律出版社2002年版,第10页。

五、结论

就像功利主义者主张的最大幸福计算必须依靠快乐和痛苦两个要素,从广义上讲,移情所涉及情感要素也包括了快乐和痛苦。但是,相比于快乐,人的移情能力主要取决于对他人痛苦的感受和理解。卢梭在《爱弥尔》中指出,我们之所以心爱人类,是因为我们有共同的苦难,而不是感受到他们的快乐。正是共同的苦难可通过情感把我们联系在一起。⑲ 在法律实践中,法律人面对和处理的是社会纠纷和矛盾,因此移情对法律人具有卓越的价值,法律人需要健全的移情能力来通过普通人的透镜观察世界,培养自己的丰富想象,真切地感受普通人的困境。

在法律实践领域,把移情纳入到法律人能力范围之内,并非意味着法律人思维不再重要,更不是要取代专业化的法律人思维。法律专业思维和技术不是冰冷的概念逻辑推演,而是富含人情味、融入移情式理解的思维和技术。移情的合理运作可以促进法官、检察官以及律师与普通人之间更为有效的沟通,在合法性框架内导向法律问题更佳地解决。归根结底,法律职业是一个与人打交道、为人服务的职业,完美的法律职业图景,是将移情与自己的法律专业知识与技术高度融合起来以为当事人和社会提供优良的法律解决方案。就当今中国的法学教育的趋势而言,一方面在职业性和学术性之间寻找平衡点是一个重要议题,另一方面我们还须在法律人思维和以移情为表现的非法律人思维之间探寻必要的结合之道,在后一主题下,如何定位移情在法律专业思维中扮演的关键角色,如何把移情教育合理纳入到现有法学教育的体系之中,都值得我们做更深入的思考和探索。然而,无论如何,有一点我们应该有所共识,那就是如果我们期待培养卓越的法律人精英,那这个群体应该是一个能够尊重和理解普通社会大众的真实需求,并能够与之进行合理沟通的职业团体。

---

⑲ [法]卢梭:《爱弥尔》(上卷),李平沤译,商务印书馆 1978 年版,第 362 页。

Lawyers' Thinking, Empathy and Legal Education

Zhang Chao

Abstract: For law schools, the goal of legal education is not only to cultivate the thinking of legal people, to learn to "think like a lawyer", but also to cultivate students' empathy ability "thinking like non-lawyers." Empathy refers to a kind of imagination and communication. It is a key skill that legal people should have in dealing with ordinary people in legal practice. Law schools should adjust their curriculum and teaching methods to cultivate and enhance the empathy ability of law school students, and to combine empathy with the legalist's professional thinking.

Key Words: lawyers' thinking　empathy　legal education

海洋强国战略与法学教育改革

——沿海地方高校海洋法律人才培养的探索与实践*

刘　兵　孙法柏**

摘　要：海洋强国战略的实施需要海洋法律人才的支撑，我国海洋法律人才的培养和储备难以满足海洋强国建设与海洋事业发展的需求。具备培养条件和资源的沿海地方高校对海洋法律人才培养有更强的现实动力。但是，海洋法律人才的培养需要在海洋法学科建设、培养目标和知识结构等方面凝聚共识，培养超越国际法范畴的德才兼备、海法兼修、陆海兼通的复合型、高层次法律人才。沿海地方高校主动整合资源培养海洋法律人才，积极参与海洋强国建设，同时突出法律人才培养特色，实现差异化发展和竞争，这种形式的探索与实践也是当前法学教育改革的重要内容。

关键词：海洋强国战略　法学教育改革　沿海地方高校　海洋法律人才　培养方式

---

* 本文系山东科技大学2018年教育教学研究"群星计划"项目"法学（海洋法方向）人才培养模式与支撑体系研究"（QX2018M53）的研究成果。

** 刘兵，山东科技大学讲师，法学博士，研究方向：法理学、地方法制、海洋法治。孙法柏，山东科文法学院教授，法学博士，研究方向：国际法、海洋法、环境与资源保护法。

一、引言

我国法学教育的发展深受国家政策及经济与社会变革的影响,改革开放40年以来,国家战略的调整也总是为法学教育提供改革的契机和发展的机遇,推动着法学教育的进步。近些年来,随着我国参与国际竞争和全球治理程度的加深,以及在经济发展方式上的转变,海洋议题在国家政策中的地位迅速增强,①海洋强国战略最终在党的十八大报告中被提升为国家战略。② 习近平总书记在党的十九大报告中进一步指出要"坚持陆海统筹,加快建设海洋强国"。③ 实践表明,经略海洋、建设海洋强国的战略部署,已经在我国的海洋产业布局、科技创新、环境保护、资源开发、海权维护等诸多领域产生影响。法学界也有越来越多的学者开始超越传统的国际法范畴,从海洋法体系、法权结构、环境保护、海权维护等不同角度研究海洋法问题,海洋法学研究取得越来越多的成果和共识。

海洋强国战略的提出并实施以及海洋法学研究的进步,为法学教育改革和发展提供了新的机遇和动力。海洋强国首先是海洋人才强国,④我国建设海洋强国所需的各类人才都普遍存在缺口,⑤但相较于海洋资源、海洋科技等领域,我国在高层次、复合型海洋法律人才培养和储备方面的差距尤为明显。因此,在海洋强国战略引领和海洋事业发展的现实需求

---

① 郑志华:《中国崛起与海洋秩序的建构》,载《上海行政学院学报》2015年第3期。

② 党的十八大报告提出:"提高海洋资源开发能力,发展海洋经济,保护海洋生态环境,坚决维护国家海洋权益,建设海洋强国。"胡锦涛:《坚定不移沿着中国特色社会主义道路前进为全面建成小康社会而奋斗——在中国共产党第十八次全国代表大会上的报告》,载《人民日报》2012年11月18日,第1版。

③ 习近平:《决胜全面建成小康社会 夺取新时代中国特色社会主义伟大胜利——在中国共产党第十九次全国代表大会上的报告》,人民出版社2017年版,第33页。

④ 郑贵斌:《海洋强国战略与高校的责任》,载《中国高等教育》2013年第8期。

⑤ 国家海洋局在2011年发布《全国海洋人才发展中长期规划纲要(2010~2020年)》,指出我国存在海洋人才结构和布局不合理、高层次和紧缺型人才不足等问题,明确提出要着力培养和打造七支海洋人才队伍,其中既包括培养海洋科学和技术人才队伍,也包括培养海洋管理和法律人才队伍。

促动下，培养海洋法律人才开始成为某些高校特别是某些具备条件和资源的沿海地方高校探索法律人才特色化培养和差异化竞争的重要契机。当然，海洋法律人才培养毕竟是不同于以往的特色化人才培养方式，法学界和教育界在培养的必要性，以及作为培养基础的海洋法学科建设、培养目标和知识结构等方面显然尚未形成充分的共识。本文尝试结合所在高校海洋法律人才培养的具体实践，探讨海洋法律人才培养的基本问题，以及沿海地方高校培养海洋法律人才对海洋强国战略实施和法学教育改革所具有的积极意义。

二、我国海洋法律人才培养的现状与问题

（一）海洋法律人才培养的现状

海洋法律人才培养在法学教育中属于比较“小众”的培养方向，而我国海洋法律人才培养具有起步晚、布点少、规模小的特征。

第一，起步晚。我国海洋学科专业教育虽然起步于20世纪初的几所大学，⑥但直到20世纪80年代以前，海洋法教育都几乎处于空白状态。20世纪80年代以后，随着法学教育的恢复，某些涉海高校才开始探索实施各种形式的海洋法律人才培养。例如，1984年9月，大连海运学院（现大连海事大学）成立航管系，开始筹办海商法专业，1985年9月，海商法专业（招生专业为国际海事）开始招生，大连海运学院成为我国第一个招收海商法专业的高校。不过，大连海事大学在1998年才正式获得法学学士学位授予权，开始名正言顺地培养海商法人才。⑦ 再如，上海海运学院（2004年更名为上海海事大学）1979年开始招收国际经济法硕士研究生，1981年设立国际经济法（海商法）硕士点。相比于早在十八九世纪就已经开始海洋法研究和人才培养的西方海洋强国而言，我国的海洋立法发

---

⑥ 马勇等：《我国海洋教育政策的发展脉络及其内容分析》，载《中国海洋大学学报》（社会科学版）2014年第6期。

⑦ 司玉琢：《海商法教育30年：回顾与展望》，载《航运教育研究》2015年第2期。

展缓慢,海洋法律体系不健全,海洋法学研究起步晚、基础弱,海洋法律人才的培养起步更晚。

第二,布点少。我国目前培养海商、海事、航运等海洋法律人才的高校主要是涉海高校,包括中国海洋大学、大连海事大学、上海海事大学、上海海洋大学、广东海洋大学、浙江海洋大学、大连海洋大学7所高校,其中除上海海洋大学、浙江海洋大学以外,其他5所高校均设有法学专业,开设海洋法等相关课程,其法律人才培养具有海洋法特色。但是,除大连海事大学、上海海事大学在本科层次招收和培养海商法方向学生之外,其他涉海高校并没有在本科阶段实行海洋法方向的特色培养,中国海洋大学、上海海事大学等涉海高校主要在研究生阶段的相关专业中培养海洋法方向专业人才。例如,上海海事大学在国际法学、经济法学、诉讼法学、刑法学、环境与资源保护法学等二级学科和专业均设有海洋法研究和培养方向。

除涉海高校之外,西北政法大学、中南财经政法大学等7所高校设有边防管理专业,能够培养从事边境与海防工作的泛海洋法专业人才。同时,近几年也有些综合性大学设立了与海洋法相关的研究机构,例如,上海交通大学海洋法治研究中心、浙江大学海洋法律于治理研究中心、清华大学海洋法研究中心、武汉大学中国边界与海洋研究院、厦门大学海洋法与中国东南海疆研究中心、海南大学海南省南海法律研究中心,这些研究机构大多也承担着培养海洋法方向硕士或博士研究生的任务。相对我国600多所开办法学专业的高校而言,目前能够培养海洋法律人才的高校比例是非常低的。即使在海洋研究和教育比较集中的沿海地区,培养海洋法律人才的高校也相对较少。因此,在某些研究海洋人才培养的文献统计中,海洋法律人才的培养单位数量和规模甚至都没有被统计在内。⑧

第三,规模小。我国培养海洋法律人才的专业点较少,已经开展海洋法律人才培养的高校每年招收培养的法学专业学生数量有限,我国海洋

---

⑧ 刘邦凡:《论我国高校海洋教育发展及其研究》,载《教学研究》2013年第3期。

法律人才培养的总体规模较小。以 2018 年各个高校的本科招生计划为例,中国海洋大学法学本科招生数每年在 100 人左右,而且主要进行通识性培养,并没有设立特色化培养方向。大连海事大学法学本科有海商法、国际经济法两个方向,每年招生数量为 150 人左右。上海海事大学法学本科招生方向是海商法,招生数量也是 150 人左右。广东海洋大学法学本科招生数量最多,为 264 人,大连海洋大学法学本科招生数量最少,为 30 人。另外,中国海洋大学、大连海事大学、上海海事大学三所涉海高校,以及浙江大学等综合性高校在法学、法律硕士层次都开设海洋法方向研究和学生培养,但研究生的招生和培养数量也都非常有限。即使将边防管理、边防指挥等泛海洋法类专业招生和培养数量计算在内,相对于我国每年超过 10 万人的法学毕业生而言,海洋法律人才培养的规模也是非常小的。

海洋人才是海洋强国战略的重要支撑,然而,我国海洋法律人才的培养起步晚、布点少、规模小的特点导致海洋人才培养和储备不能满足海洋事业高速发展需求的矛盾已经开始凸显出来。

(二)海洋法律人才培养的理论与实践困境

近年来,已有不少学者选择将"海洋法律人才培养"作为研究主题,从法律体系、学科基础、培养方式、课程设置、教学方法等多个角度切入,试图对海洋法律人才培养机制和模式加以理论关照和学理探究。⑨ 徐祥民教授提出"海洋法既可以是国际法,也可以是国内法"的命题,为国内法意义上的海洋法提供了理论空间,国内海洋法因此而取得"合法"地位。⑩司玉琢教授则认为,海洋法具有自体性特征,我国应当建立完善独立的海洋法法律体系和学科体系,培养面向海洋的复合型法律人才。⑪

但不可否认的是,法学界和教育界对海洋法律人才培养的诸多基本

---

⑨ 刘洋、姜义颖:《"一带一路"涉海高端法律人才培养研究》,载《合作经济与科技》2017 年第 12 期;李敏:《江苏沿海高校涉海卓越法律人才培养的现状、问题与对策》,载《连云港师范高等专科学校学报》2017 年第 3 期。

⑩ 徐祥民:《走出国际法范畴的海洋法》,载《山东大学学报》(哲学社会科学版)2015 年第 1 期。

⑪ 司玉琢、李天生:《论海法》,载《法学研究》2017 年第 6 期。

问题还没有形成共识,由此产生的问题则是各个高校培养的海洋法律人才在知识结构、能力素养等方面存在较大差异。例如,有的学者将海洋法律人才定位为涉外人才,所以更加强调国际视野的培养和国际法课程教学;[12]而有的学者则将海商法、海事法人才等同于海洋法律人才,因而更加注重此类课程的教学。[13] 当然,这些差异在某种意义上也可以被认为是各个高校法律人才培养的特色。问题在于,如果不同高校培养的海洋法律人才在学科背景、知识结构等方面都是大相径庭的,那无异于是说海洋法律人才的培养是很不靠谱的,或者根本就不存在什么海洋法律人才。在这种情况下,即使声称是为海洋强国战略培养人才,也可能会因为所培养的人才在知识结构上的"偏科",或者学科背景上的局限,而无法真正满足战略需求和社会期待。

事实上,海洋强国战略和海洋法学科的逐渐成熟,只是为海洋法律人才的培养提供了某种可能性。而真正能够实现海洋法律人才培养的主体是高校,特别是沿海地区高校的法学院系。这些高校是否具备足够的资源和动力,积极探索和实施海洋法律人才培养,是海洋法律人才培养的必要条件。但目前有很多关于海洋法律人才培养的研究,都或多或少忽略或者回避了这个问题。实际上这也在某种程度上回避了这个问题背后所隐含的更深层次的追问,即海洋法律人才的培养除了具有现实的合理性与必要性之外,是否还具有理念上的正当性。换言之,法学教育培养海洋法律人才这类"专才"是否过于功利化,以至于所培养的只是"单向度的人",而与高层次、复合型人才培养理念和目标背道而驰?这种追问其实也反映着我国当前法学教育改革与发展中的某些困境和矛盾:一方面,法学教育需要面向国家和社会发展的实践以及人才需求,借势发展;另一方面,法学教育以需求为导向的改革,以及特色化、差异化发展方向,却可能面临法学教育功利化、空心化危机,其所培养的"人才"越来越偏向于对某个狭小领域专业知识的掌握,缺乏对法律的"整体性"理解,因而存在沦为

---

⑫ 万宗瓒:《涉海高校应用型法律人才培养问题探析》,载《中国大学教学》2014年第4期。

⑬ 张芷凡:《海商法双语教学的探索与思考》,载《法学教育研究》2015年第2期。

法律工匠的可能。因此,如果海洋法律人才的培养尚具有一定意义的话,就不能不认真对待其合理性追问,以及功利化质疑。

三、沿海地方高校的培养基础与改革动力

海洋法律人才是我国推进和实施海洋强国战略紧缺的高层次人才。我国高层次海洋法律人才紧缺的原因,一方面在于长期以来对海洋治理和海洋维权不够重视,注重海洋科技人才培养,轻视海洋管理和法律人才培养。[14] 另一方面则是高校法学院系专业设置以及海洋法律人才的培养与供给不足所致。因此,培养和储备高层次海洋法律人才,需要调动高校,特别是涉海高校、沿海地方高校的积极性,充分发挥其法学院系的作用和潜能。[15] 实际上,某些沿海地方高校的法学院系,在法学教育改革和竞争的压力下,往往也具有探索和创新海洋法律人才培养的现实动力。

(一)沿海地方高校培养海洋法律人才的基础条件

相比于内陆地区的高校,沿海地方高校在培养海洋法律人才方面具有更好的学科基础、师资条件和外部资源,因此,也具有培养海洋法律人才的巨大潜力,并且更容易发挥人才培养和储备的积极作用。

第一,学科基础。海洋法律人才是复合型人才,其培养既需要法学学科内部的科际整合,也需要法学学科与外部的其他海洋学科之间的科际整合。因此,培养单位是否具有海洋类学科基础是评估和检验其海洋法律人才培养能力的重要标准。沿海地区高校在海洋科学与工程、海洋环境与资源以及海商法、海事法等方面具有一定基础和学科优势,通过海洋

---

⑭ 吕扬、王颖:《我国海洋高等教育现状及学科分布统计分析》,载《中国高校管理》2016 年第 34 期。

⑮ 2009 年至 2011 年,国家海洋局相继与上海市人民政府、辽宁省人民政府、广东省人民政府签署协议,共建上海海洋大学、大连海洋大学、广东海洋大学;与教育部签署协议合作共建北京大学、清华大学等 20 所重点高校。参见陈晓伟:《为建设海洋强国提供人才保证——国家海洋局倾力打造海洋人才队伍》,载《中国人才》2012 年第 1 期。关于地方培养海洋人才的政策建议,参见孙吉亭:《做好经略海洋这篇大文章》,载《大众日报》2018 年 1 月 10 日,第 10 版。

类学科资源的整合优化,能够为海洋法律人才培养提供必要的学科与教育资源。

第二,人才需求。海洋法律人才培养的实践目的是满足海洋事业发展的需求,而海洋事业尽管不是全部,但主要还是集中在沿海地区,海洋事业发展对海洋法律人才的需求,往往会比较直接地影响沿海地区高校法律人才的培养方向。同时,在实施海洋强国战略的过程中,我国批准设立了多个以海洋经济、海洋产业等为主要基础的各类国家级新区、经济区,⑯所谓“春江水暖鸭先知”,对国家海洋战略前沿或核心地区办学的高校来说,海洋事业发展产生的人才需求,为其在国家和地方政策的鼓励引导下,探索海洋法律人才培养提供了必要条件。

第三,实践资源。海洋法律人才属于实践型人才,其培养方式通常都需要有良好的实习、实践基地和平台,使学生能够有更多的机会参与海洋司法、执法及海洋管理和法律服务等法律实践。海洋法律人才的培养也不可能“闭门造车”,而是需要与海洋法律实务部门建立某种形式的联合培养机制,或者聘请实务部门人员授课或作为校外导师共同培养学生。这些实践资源对沿海地方高校来说可谓“近水楼台”,是培养海洋法律人才不可或缺的外部条件。

以上对沿海地方高校海洋法律人才培养基础条件的概括可能并不全面,但足以说明沿海地方高校在海洋法律人才培养方面所具备的天然优势。当然,沿海地方高校是个很大的范围,并不是所有的沿海地区的高校都具备培养海洋法律人才的条件,即使具备相应条件的高校实施海洋法律人才培养,除通过相应的程序批准或备案之外,还须进行必要的资源整合,方能使内部和外部条件真正转化为培养基础。

(二)沿海地方高校培养海洋法律人才的改革动力

事实上,国家战略、地方政策以及培养基础只是沿海地方高校培养海洋法律人才的外因或必要条件。现实的情况是,并非所有具备条件的沿海地区的高校都有动力将这些条件转化为培养实践。甚至有些高校在

⑯ 例如,浙江舟山群岛新区、青岛西海岸新区都是国务院批准的国家级新区,其发展的战略定位主要都是海洋经济、海洋贸易、海洋科技等领域。

“天时、地利、人和”的情况下，也并没有开展海洋法律人才培养。而那些能够充分利用相关条件和资源，积极探索和实践海洋法律人才培养的沿海地方高校，其原因或现实动力何在？在我们看来，主要有以下两个方面：

首先，法学教育竞争的压力。我国现有的法学教育规模庞大，举办法学专业的高校有650所左右，在校生总量达70万人。法学教育“叠床架屋，只做加法从不做减法”，[17]而且同质化现象严重，“千校一面”地举办法学专业，导致法学教育水平参差不齐，高峰少、平原多，很多高校法学专业都面临着巨大的生存压力。一方面，法学专业由“热”转“冷”，就业率走低，招生也因此受到限制。另一方面，在全球化的时代里，法律职业及其赖以发展的经济和社会环境都呈现出崭新的生态，法律教育的形态正在发生急剧变化，“中国的法学院正面临全球化带来的各种冲击”。[18]为此，我国近些年来开始进行新一轮的法学教育改革，推出诸如“卓越法律人才培养计划”等改革方案。这些改革对提高法学教育整体质量具有一定积极意义，但法学教育竞争的压力并未明显缓解，特别是对那些没有进入各类“法律人才培养计划”的地方高校而言，竞争和生存的压力仍然非常大。

其次，特色化改革与差异化发展的动力。法学教育竞争的压力促使很多高校法学院系开始主动进行人才培养方式的改革，将压力转化为改革的动力。这种由培养单位自下而上进行的法学教育改革，更能够发挥其改革的主体性作用，使培养单位根据自身的条件和能力，探索适合其学科建设、师资力量等自身条件的人才培养方式。海洋法律人才培养也正是具备条件和资源的沿海地方高校，在法学教育竞争的压力下，进行学科和资源整合，探索特色化人才培养方式，实现差异化发展的产物。

海洋法律人才的培养可以说是法学教育改革的某种缩影。沿海地方高校主动进行法学教育人才培养方式的改革，主要是基于突出法学学科以及人才培养特色，提高其所培养的人才在就业市场竞争力的考虑。而在海洋强国战略以及地方海洋政策的支持下，沿海地方高校积极探索海

---

⑰ 王晨光：《法学教育改革与宏观制度设计》，载《法学》2016年第8期。

⑱ 季卫东：《法学教育的真谛》，载《检察日报》2012年11月29日，第3版。

洋法律人才的培养,往往也更容易获得地方政府在政策和资金方面的支持,缓解其法学学科和专业的生存压力。

因此,海洋法律人才的培养具有极强的现实合理性,这种特色化的人才培养方向并不是自上而下的强制性任务,而是某些沿海地方高校主动选择的结果,其在实现培养单位法学专业和学科差异化发展的同时,也为海洋强国战略和地方海洋事业发展输送和储备急需的人才。但是,不能因为存在这种实用目的就认为海洋法律人才的培养就是功利化的。实际上,从法学教育发展的历史轨迹来看,以法律职业为取向是法学教育发展的基本方向。⑲ 所以,培养面向实践的法律人才,本身就是法学教育的属性和任务,即使其所面向的实践是某个特殊的领域,也与法学教育的实践性、职业化特征并不冲突。

四、海洋法律人才的培养目标与知识结构

(一)海洋法律人才的培养目标

海洋法律人才的培养目标决定了其知识结构的类型和培养方式的选择,因此,培养海洋法律人才需要确立某种既具有前瞻性、理想化,又不脱离实际的培养目标。

首先,海洋法律人才属于法律人才,因此,其培养目标无疑应当符合法律人才,特别是卓越法律人才"信念执著、品德优良、知识丰富、本领过硬"的培养目标。法学教育所培养的海洋法律人才,在法治信念、法律思维、实践技能和职业素养等方面,与其他类型的法律人才不应有任何区别。

其次,海洋法律人才是能够从事海洋领域立法、司法、执法和法律服务工作的高层次海洋人才,应当在超越传统的陆域意识和陆权思维,形成

⑲ 吴汉东:《法学教育发展的历史轨迹与中国道路》,载《中国大学教学》2016年第1期。

现代化海洋思维与海洋意识方面与其他的法律人才具有不同的培养目标,在战略眼光与国际视野、创新精神与人文情怀方面具有更高的能力和素养。

1. 海洋文化与海权意识

海洋法律人才的特殊之处就在于对海洋文化有更加深刻的认识和理解,掌握制定、适用和执行海洋法规范所需要的海洋知识。由于我国长期以来都是陆地大国,海洋文化尚未真正形成,海洋意识尚显薄弱。因此,在海洋法律人才培养过程中,应当注重培养学生在深刻理解海洋文化的基础上,形成海洋意识和海权意识,培养理解海洋文化、掌握海洋知识、熟稔国际国内海洋法规范的海洋法律人才。做好海洋法律人才建设和海洋法律治理能力建设,是我国实施海洋强国战略,积极创建海洋法律秩序、应对国际海洋争议的重要内容。[20]

2. 战略眼光与国际视野

海洋强国战略是党和国家在把握当前国际竞争的特点和趋势之下,为转变发展方式、拓展战略空间而提出的。因此,作为海洋强国战略的实施者、执行者,海洋法律人才应当具备战略眼光和国际视野,能够从世界和平与发展、国际竞争、全球治理和地缘政治等更高的角度,深刻理解国家战略的目的和意义。海洋法律人才需要对国内和国际海洋科技、贸易、生态保护等方面的发展趋势保持敏锐的预见性,对我国海洋权益维护的国际和周边形势具有宏观的洞察力,而不是仅仅满足于成为可以娴熟运用法律解决海洋领域问题的工匠。

3. 创新精神与人文情怀

海洋文化是充满冒险精神和创新精神的文化,因为海洋相比于人类长期繁衍生息的陆地而言,是充满着未知的领域,刺激着人类的好奇心和求知欲。可以说,海洋文化孕育着创新精神,创新精神塑造着海洋文化。而我国的文化传统主要建立在农业文明的基础上,保守和实用精神对文化传统的影响至深。长期以来我国在海洋领域发展滞后,所以要建设海

---

⑳ 杨华:《海洋法权论》,载《中国社会科学》2017 年第 9 期。

洋强国,就必须超越传统文化和思维,摆脱对海洋大国经验和路径的简单模仿与重复,探索自己成为海洋强国的道路,[21]这都决定了我国的海洋人才及海洋法律人才都必须具有创新精神。但需要注意的是,正是由于我国在海洋事业的大多数领域还处于追赶的发展阶段,所以在培养海洋人才方面更注重"育才",强调专业知识和技能的传授,因而可能导致教育的异化。所以,海洋法律人才的培养应当格外注重"育人",培养和提高学生的人文素养和情怀,成为具有独立健全人格、坚守基本的做人准则和人格底线的人。

(二)海洋法律人才的知识结构

海洋法律人才的复合型人才属性及培养目标决定了其在知识结构方面具有不同于其他法律人才的特征,具体而言体现在以下方面。

首先,海洋法律人才在法学基本理论和基础知识上应当形成"金字塔式"知识结构,即由法学的一般理论和知识构成塔基,而海洋法的理论和知识则构成塔尖。具备深厚的法学理论基础和知识,即是对法律人才培养的基本要求,也是海洋法律人才学习和运用海洋法理论知识的基本保障。

其次,海洋法律人才在海洋法理论和知识上应当形成"蜘蛛网式"的知识结构,即以海洋法基本规范和基础理论为中心,海事、海商、海运等相关领域的海洋法律理论和知识围绕中心进行扩散,建立丰富完整的海洋法律知识体系。

需要指出的是,海洋法知识体系的形成不仅取决于海洋法律人才课程体系的科学化与合理化,而且更加依赖海洋法学研究的进步及学科体系的建设。但我国海洋法学科的独立地位尚未得到普遍承认,海洋法理论和知识长期以来主要褊狭于国际法领域,并且尚未完全体系化,导致海洋法律人才的定位以及知识结构的认识上存在较大差异。例如,有不少

---

[21] 郑永年:《中国通往海洋文明之路》,东方出版社2018年版,第62页。

学者认为海洋法律人才属于国际法人才或涉外人才。[22] 这种情况在某种程度上对海洋法律人才培养形成了不利影响。

在我们看来,在“坚持陆海统筹,加快建设海洋强国”的新时代背景下,我国海洋法体系加快形成,经略海洋及海洋治理中所涉及的法律问题不断增多,有关海洋法的理论和知识将不再局限于国际法领域。培养熟稔国际海洋法规则的法律人才对维护国家海洋权益固然重要,但实现国家对所属海域的有效治理和法律保障,从而实现由海洋大国向海洋强国的转变同样重要。因此,“海洋法研究需要扩展到国际法之外”,[23]海洋法律人才的培养也同样需要坚持“内外兼修、陆海统筹”的原则,使所培养的人才既理解一般法律理论与知识,也熟悉海洋法律理论与知识,既详谙国际海洋法规则,也熟知国内海洋法制度,形成合理的知识结构。

就海洋法学研究和学科建设而言,“海洋法属于涉海立法领域有关海洋事务管理的综合性法律领域,调整范围既包括规范纵向的海洋事务行政管理关系,也包括横向的海洋产业主体间、海洋活动相关组织间的合作关系等”。[24] 海洋法领域复杂的法律关系决定了任何一个法学的部门法都难以单独做出回应,海洋法学科和相关研究在学科交叉与整合基础上逐渐兴起。这实际上是我国法学研究范式转化,以及“领域法学”兴起的表现。[25] 法学研究以及法律知识的领域化,也是“立法、司法以及法律服务业不断突破原有的疆界并且呈现出崭新生态”[26]的结果。海洋法领域理论研究的不断推进和深化,带动着法学知识体系和结构的革新,传统的部门法知识体系横向联系与整合,并由此形成了对法学教育和人才培养的积极影响。

---

[22] 万宗瓒:《涉海高校应用型法律人才培养问题探析》,载《中国大学教学》2014 年第 4 期;曾令良:《卓越涉外法律人才培养的“卓越”要素刍议》,载《中国大学教学》2013 年第 1 期。

[23] 徐祥民:《走出国际法范畴的海洋法》,载《山东大学学报》(哲学社会科学版)2015 年第 1 期。

[24] 高之国、贾宇:《海洋法精要》,中国民主法制出版社 2013 年版,第 5 页。

[25] 刘剑文:《论领域法学:一种立足新兴交叉领域的法学研究范式》,载《政法论丛》2016 年第 5 期。

[26] 季卫东:《法学教育的真谛》,载《检察日报》2012 年 11 月 29 日第 3 版。

五、海洋法律人才培养方式的探索与实践

海洋法律人才培养目标和知识结构的理论建构,最终要通过合理的培养方式来实现。事实上,有条件、有动力开展海洋法律人才培养的沿海地方高校,由于其办学资源和环境各有不同,因此,在人才培养方式上也会存在一定差别。所以,海洋法律人才的培养方式尽可不必完全相同,千校一面的法学教育办学模式不符合法学教育改革和发展的趋势,也不利于海洋法律人才的培养。当然,在培养机制和层次、课程体系与教学模式等海洋法律人才培养的关键问题上,还是值得探讨并形成一定共识的。以下笔者将结合所在高校山东科技大学近年来海洋法律人才的培养实践,尝试讨论海洋法律人才培养方式上可能进行的某些探索和创新。

(一)学科共建与资源共享

海洋法律人才被定位为复合型、实践型人才,因此,培养这类人才的沿海地方高校往往需要进行有效的学科与资源整合,突破既有的法学教育和办学模式,实现人才培养目标。近年来,办学地点主要位于青岛西海岸新区这一国家海洋强国战略重要支点的山东科技大学,积极响应海洋强国战略,深度融入和参与地方海洋事业发展,在整合校内和校外学科与办学资源的基础上,重点建设海洋学科和专业群,其中包括海洋工程、海洋地质、海洋测绘和海洋法学等。同时,山东科技大学也与青岛海事法院、国家海洋局第一研究所等部门和机构建立联合培养机制。海洋学科和专业群建设的目的在于通过资源共享和有机融合,开展海洋科学研究与人才培养,这为海洋法律人才培养奠定了重要基础。

(二)培养层次与教研团队

海洋法律人才可以经由本科和研究生阶段多个教育层次培养,从而适应不同的人才需求。培养单位在哪个层次培养海洋法律人才,往往取决于其法学学科发展水平和教学与科研团队建设基础。但就目前全国的情况来看,海洋法律人才的培养大多集中在研究生层次,本科层次的培养

较少。山东科技大学经过前期的充分调研和论证,以及批准和备案等程序,自 2017 年开始正式招收法学(海洋法方向)本科专业,同时在法律硕士专业学位中开设海洋法方向,由此正式开始海洋法律人才特色化培养的实践探索。为提升人才培养水平,法学专业依托山东省十三五高校人文社会科学研究平台“海洋战略与法治研究中心”,进行科际与资源整合,与海事法院、海洋研究所、海洋行政部门合作组建海洋法科研与教学团队,重点建设与发展海洋法特色学科,培养面向海洋实践的高层次海洋法律人才。

(三)课程体系与培养机制

课程体系是人才培养的基础,科学合理的课程体系有助于人才培养目标的实现。作为法律人才中特色化、专业化培养方向,培养海洋法律人才的课程体系设置的难题是如何处理好专业必修课与特色选修课、国内法课程与国际法课程的关系。国家教育主管部门和法学教育指导委员会对法律人才的培养标准及课程设置是有明确要求的,特色化的人才培养必须在符合这些标准和要求的前提下进行课程体系改革。山东科技大学的做法是在课程设置时进一步精练法学专业基础课程,增设海洋通识课与海洋法专业课程,在强化法学专业基础学习的同时凸显海洋法特色,确保学生既具备扎实的法学基础理论功底,又掌握海洋法领域专业知识。在海洋法特色课程设计时坚持国际法与国内法相结合,将海洋作为一个整体,从海洋行政、海商海事、海洋环境与资源、海洋权益等方面设置综合性、系统性海洋法课程体系。

在培养机制和教学方法上,传统的法律人才培养机制和教学方法不能完全满足海洋法律人才的培养要求,山东科技大学进行了探索和创新的具体做法是,一方面,与青岛海事法院、海洋局、律师事务所等实务部门建立联合培养机制,推进多元化教学模式,选择海洋通识课和海洋法选修课实行联合授课,开设海洋文化与海洋治理专题前沿讲座。另一方面,加强实践教学,支持教师以到海洋实务部门挂职或调研的方式发掘研究海洋法教学案例,创新案例教学方法,探索现场教学方式。在国际海洋法课程方面逐步推进双语教学,提升学生的国际视野,为学生增强维护国家海洋权益的能力奠定基础。

需要说明的是,山东科技大学海洋法律人才培养具有创新和突破,但同样也有许多问题需要解决,科学成熟的人才培养模式尚未形成,我们只是结合法律人才培养的重要问题介绍了其具体做法,以供其他培养单位参考和借鉴。我们相信,随着我国海洋事业的发展,越来越多的高校结合自身条件和资源参与海洋法律人才培养,海洋法学科和人才培养模式逐渐成熟,法学教育将为我国海洋强国战略实施培养储备更多高素质海洋法律人才。

六、余论

我国的法学教育在改革开放以后经过40年的发展已然颇具规模,开设法学专业的高等院校数量以及在校生和毕业生数量都居于高位。然而,目前的法学教育仍然存在体制僵化、知识陈旧、方法保守等诸多问题,导致法学教育与法律实践脱节严重,所培养的学生远远无法满足社会期待。因此,多年来不断有学者呼吁对法学教育进行彻底的改革。法学教育主管部门并非没有意识到这些问题,有关法学教育改革的文件和举措也出台了不少,但是,很多时候是“只听楼梯响,不见人下来”,法学教育自上而下的改革也存在很多问题甚至阻力。所以,法学教育存在的问题往往难以从总体上解决。

值得注意的是,近些年来很多高校的法学院系都在主动地根据自身的情况探索着不同模式、独具特色的法学教育改革。高校法学院系积极主动的改革往往更贴合其自身的实际情况,并且独具特色。而这种自下而上的改革,在很大程度上是各个高校感受到法学教育激烈竞争的压力而形成的动力所推动的,正所谓“马不扬鞭自奋蹄”。某些具备条件和资源的沿海地方高校进行海洋法律人才培养的探索和实践,实际上就是当前法学教育改革的某种缩影。这种人才培养方式的探索和实践,不仅是沿海地方高校积极响应国家战略、融入地方发展的,从而争取更多办学资源的有效举措，而且也是其突出人才培养特色以及在招生和就业等方面竞争力的重要途径，因此其改革具有更强的主动性，也能够在人才培养方面获得更多的创新成果。

当然，海洋法律人才培养不会也不应该在所有的高校中推广或者实现，即使已经开始探索海洋法律人才培养的高校，其培养方式的合理性以及培养效果也仍须进一步论证和检验。我们通过对海洋法律人才培养方式探索和创新的讨论，主要是探讨当前法学教育改革的动力及方式，以及高校法学院系在整合资源、突出人才特色方面以提高人才培养质量方面的可能进路。在我们看来，我国改革和发展进入新时代以后，国家战略和地方经济社会发展也处于转型期和调整期，高校开始在法学教育改革中获得越来越多的办学自主权，诸如海洋法律人才培养这种高校主动实施的人才培养方式改革会越来越多，法律人才培养方式趋于多元化、专业化，法律人才培养的质量应该会在这种改革过程中得到不断提升。

National Strategy of Marine Power Enhancement and Legal Education Reform-Exploration and Practice of Cultivating Talents of Marine Law in Coastal Universities and Colleges

Liu Bing　Sun Fabo

Abstract: National strategy of marine power enhancement needs the support of legal talents of marine law. However, the cultivation and deposit of legal talents of marine law can hardly meet the demand of the construction of the national strategy and the development of marine development. The coastal universities and colleges that are qualified with the education environment and resources and capable of cultivating such talents are the momentum of achieving the goals. However, cultivation of talents of marine law needs to form the common sense in the construction of the discipline of marine law, cultivation goals and knowledge structure. They should cultivate the compound and high-level legal talents who are qualified in both their majors and morality, and are specialized in knowledge related to land, ocean, sea and the law. The universities and colleges should actively integrate all teaching resources to cultivate the talents and proactively participate in the construction of our country as a strong marine power. Meanwhile, the universities and colleges should highlight the characteristics of legal talents education to develop and compete with their counterparts via differential development. Such exploration and practice are also one of the important contents of current legal education reform.

Key Words: national strategy of marine power enhancement　legal education reform　costal universities and colleges　talents of marine law　cultivation methods

中阿区域性合作视角下法治人才培养的理念与路径探究*

胡晓莉**

摘　要:“中阿区域性合作”与“一带一路”建设的目标具有高度关联性和一致性。在“一带一路”建设与“中阿区域性合作”的时代背景下,法治人才培养具有重要意义。本文在“一带一路”建设的时代背景下,以“中阿区域性合作”为视角,根据“教给谁”“教什么”“怎么教”“谁来教”的问题导向,针对定位与目标、培养思路、教学范式和师资建设等具体方面,全面探讨了面向“中阿区域性合作”的法治人才培养理念和路径。

关键词:“一带一路”　“中阿区域性合作”　法治人才培养　理念　路径

法治人才培养不仅是保障我国实现法治化的重要环节,也是有助于“依法治国”理念在我国充分实

---

*　基金项目:本文系宁夏高等学校科研项目《BOT模式中政府职能的法律制度研究》(项目编号NGY2015012)的阶段性研究成果。

**　胡晓莉,宁夏大学政法学院副教授,西北政法大学“服务西北地区稳定发展与国家安全”2017级博士研究生,研究方向:民商法学、西北地区环境资源与经济社会发展法律问题研究。

现的有力推手。2017 年 5 月 3 日，在中国政法大学建校 65 周年前夕，习近平主席在中国政法大学考察时，发表了有关"如何加强法治人才培养"的主题讲话，他强调：应当立德树人，德法兼修，培养大批高素质法治人才。随后，中共教育部党组发出《关于深入学习贯彻习近平总书记在中国政法大学考察时重要讲话精神的通知》（教党〔2017〕21 号），将总书记这些重要论述的丰富内涵和重大意义定位于"全面依法治国和加强法治人才培养的又一次动员和部署"；提出以"为谁教""教什么""教给谁""怎么教"为问题导向，扎实推进法治人才培养。同年 5 月 14 日，总书记在北京出席"一带一路"国际合作高峰论坛开幕式时，发表题为《携手推进"一带一路"建设》的主旨演讲，不仅重申了"一带一路"倡议，而且梳理了"一带一路"建设所取得的主要成绩，同时为"一带一路"未来的建设远景指明了方向和发展思路。

众所周知，参与到"一带一路"建设的各个国家，在其所属的地缘特色、经济发展程度、政治法律制度和文化传统等方面均有差异，各具特色。例如，参与到"一带一路"建设中的"阿拉伯国家"就极具典型的区域性特色，而基于此所形成的"中阿区域性合作"也是"一带一路"建设的一项具体内容。如果"一带一路"是"从大处着眼"的总体建设理念，那么"中阿区域性合作"就是"从小处着手"的具体实现途径之一。相应地，探讨如何培养面向"一带一路"法治人才的重大课题时，也应当落实到区域性合作的具体方面。因此，本文以"一带一路"建设为宏观背景，从"中阿区域性合作"的视角，在高等院校作为教育主体的语境下，具体探讨我国面向"中阿区域性合作"法治人才培养的理念与路径。

一、"中阿区域性合作"对于法治人才的现实需求

我国与阿拉伯国家正式开展各个领域的全面合作始于 2004 年 1 月成立的"中国—阿拉伯国家合作论坛"（China-Arab States Cooperation

Forum,以下简称“中阿合作论坛”)。[①] “中阿合作论坛”的宗旨是加强对话与合作、促进和平与发展,由此论坛成为中国和阿盟22个成员国开展集体对话与务实合作的重要平台。根据论坛有关文件,双方的合作领域囊括了经济、贸易、金融、科学技术、农业与环保、工程承包、劳务及加工业、信息技术、电子商务和服务贸易、旅游项目、空运和海运等。[②] 在2010年于天津举行的“中阿合作论坛”上,中国和阿拉伯国家的关系正式被定义为“战略伙伴关系”。“中阿合作论坛”与“一带一路”建设中“要在古老的丝绸之路上建设一条经济文化带”的构想目标相一致,因此“中阿合作论坛”也是将“丝绸之路经济带”的构想落到实处的具体途径之一。正如国家主席习近平所言:“阿拉伯海湾地区是海上丝绸之路和陆上丝绸之路的交汇点”[③]。由于阿拉伯国家自古以来就处于“一带一路”建设的地缘中心,决定了“中阿区域性合作”与“一带一路”建设的目标具有高度关联性和一致性。

正是从这个意义上,我国应当借力“中阿区域性合作”的政策机制,从培养法学人才的不同层次和区域化合作需求的角度,充分调动和均衡协调我国尤其是相关少数民族地区的法学教育要素,准确把握“为谁教,教什么,怎么教,谁来教”的定位。使其各要素之间达到一致与均衡,才能有效发挥法学教育助推“中阿合作”乃至“一带一路”的功能,进而推动少数民族地区法学教育与国际接轨,并实现我国及地区本土法学教育结构的

① 2004年1月30日,时任国家主席胡锦涛访问了设在埃及开罗的阿拉伯国家联盟(以下简称阿盟)总部,会见了阿盟秘书长阿姆鲁·穆萨和22个阿盟成员国代表。会见结束后,李肇星外长与穆萨秘书长共同宣布成立“中国—阿拉伯国家合作论坛”(China-Arab States Cooperation Forum),并发表了《关于成立“中国—阿拉伯国家合作论坛”的公报》。

② 《中国—阿拉伯国家合作论坛宣言》(2004年9月14日,开罗)、《中国—阿拉伯国家合作论坛行动计划》(2004年9月14日,开罗),参见中华人民共和国外交部亚非司编:《中国—阿拉伯国家合作论坛文件汇编(2004年9月—2010年5月)》,世界知识出版社2010年版,第2~14页。

③ 2014年1月17日,习近平主席在会见出席“中国—海湾阿拉伯国家合作委员会第三轮战略对话”的海合会国家部长和高官时指出,“我提出了建设丝绸之路经济带和21世纪海上丝绸之路的构想,阿拉伯海湾地区是海上丝绸之路和陆上丝绸之路的交汇点,我们应共同建设好丝绸之路经济带”。

整体优化。④

二、“为谁教”——面向“中阿区域性合作”法治人才培养的定位与目标

法治人才是具备法治信仰、法学知识和法律技能的专业人才的总称,也是法学教育的对象,而法学教育必须面向法治实践,⑤法学教育的对象和范围应当与法律职业群体的范围相适应。我国《关于完善国家统一法律职业资格考试制度的意见》中所规定的“法律职业人员”作为一个职业群体,包括专门从事立法、执法、司法、法律服务和法学教育研究等工作的各类人员。这既是对我国目前法律职业群体范围的基本定位,也是我国法治人才的主体范围。换言之,法治人才是为实现依法治国,我国法学教育所应当着力培养的立法、执法、司法、法律服务、法学教学研究等各类人才。

什么是面向“中阿区域性合作”的法治人才?回答这个问题,本质是要回答“中阿区域性合作”法治人才培养中“为谁教”的问题,这也是明确面向“中阿区域性合作”的法治人才培养定位和目标的方向性前提。我国教育部部长陈宝生就“学习贯彻习近平总书记在中国法大学考察时重要讲话精神”到安徽调研学校并与师生代表交流座谈时指出,解决“为谁教”的关键在于坚持正确的政治方向。因此,解决面向“中阿区域性合作”法治人才培养中“为谁教”的问题,首先就是强调在我国进行法治人才培养需要坚定中国特色社会主义法治体系的方向。其次在这个导向原则的基础上,根据区域性、专业性以及特色化需求,有针对性地在法学本科或研究生教育阶段开设“特色班”或“特色专业”,如根据“中阿区域性

④ 吐火加、陈宝贵:《“一带一路”视阈下少数民族地区法学教育问题研究》,载《国家教育行政学院学报》2017年第4期。

⑤ 刘风景:《法治人才的定位与培养》,载《南开学报》(哲学社会科学版)2017年第5期。

合作”的需求,进行具有独特的面向“中阿区域性合作”法治人才培养。以“中阿论坛”的政策机制为平台与契机,面向“中阿区域性合作”法治人才培养的定位与目标,至少包括两个方面,一是加强我国与沿线的阿拉伯国家在高等法学教育方面的交流;二是我国尤其是与阿拉伯国家有相似民俗文化传统的少数民族地区,应当进行有针对性的法学教育改革和探索,力求培养服务于“中阿区域性合作”的“智库型”高级法律人才。

为了实现上述目标,面向“中阿区域性合作”法治人才的培养理念,应当做到“两个接轨”,并在此基础上“求同存异”——“两个接轨”,也即对教育理念进行多元化设计,注意具有地缘特色的“中阿区域性合作”与建设“一带一路”的整体目标接轨;面向“中阿区域性合作” 法治人才特色化、层次化的特定培养目标与面向“一带一路”法治人才的总体培养目标接轨。“求同”,即在“中阿区域性合作”中找“共性”,作为针对性法治人才培养目标定位于法学教育课程设置的支点;“存异”,即在法学人才培养中打破常规的“同质化”教育,转而向满足“中阿区域性合作”服务需求的“差异化、特色化”教育过渡。

三、“教什么”——面向“中阿区域性合作”法治人才的培养思路

虽然“中阿区域性合作”涉及诸多国家,政治、法律制度、经济和文化各异,但我们要在差异中“找共性”,充分发挥“求同存异”的主观能动性,才能在中阿合作中掌握主动权并发挥主导作用,减少在交往交流中的利益冲突,避免较高的风险成本。中阿合作中在人文价值、语言、民俗文化方面存在共性,并且在经贸方面有共同的利益需求。这些共同的“软环境”既是国家之间进行合作的有力支点,也是搭建各国人民之间思想沟通的桥梁。因此,在面向“中阿区域性合作”法治人才培养的课程设置方面应当突出“找共性、抓特色”。

(一)“找共性”要从人文价值入手

前已述及,“中阿区域性合作”作为“一带一路”建设的具体内容和实

现途径之一,也是在“求同存异”的基本理念之上。基于“求同”的理念,合作各国必然崇尚全人类普遍认可与遵从的道德价值、普世价值观、人文思想和法律信仰,这也是国家之间人文相通的重要前提。因此,面向“中阿区域性合作”法治人才的培养方案和具体课程设置,可以将“中华优秀传统文化”开设为高校必修课,从专业和课程角度在哲学社会科学及相关学科增加“中华优秀传统文化”的内容,⑥突出和加强道德教育在法治人才培养中的导向作用和重要地位;通过增加有关人类学、文化学、伦理学和社会学等课程内容,帮助学生树立“以人为本”的人文精神,使人文情怀真正贯穿于法治人才培养的始终;通过在高等法学教育阶段贯穿“法治信仰”——“法律必须被信奉,否则就不会运作” ⑦的理念,将“法治信仰”作为根植于法治人才培养和能为这些“未来的”法律职业者普遍认可与共同遵守的法治观念。

(二)“抓特色”首先注意突出民俗文化特色

民俗文化的独特性,成为在我国尤其是具有同样文化传统的少数民族地区与阿拉伯国家间的交流纽带。在课程设置方面,其一,应当增设有关内容,使学生了解阿拉伯国家的法律与经济制度、有特色的民俗传统、少数民族习惯法和当地的生活方式。其二,注意发挥阿拉伯语等小语种课程的工具效用。语言作为交流工具的功能意义,就是通过培养涉外法治人才队伍,将其发挥到具体处理涉外法律事务的应用方面。这就要求在培养法治人才时,引导学生将法律专业和语言学习有效结合起来。面向“中阿区域性合作”的法治人才培养,需要将阿拉伯语作为面向中阿合作服务的沟通工具,才能在有关的法律事务中,通过“走出去”和“引进来”的法律交流,充分发挥我国在各个领域中与阿拉伯国家广泛、深入合作的积极作用;在处理中阿合作的涉法事务时,提升我国的话语权、主导权和规则的示范作用。通过开设专门课程使学生系统学习,达到让学生

⑥ 2017年1月25日,中央发布《关于实施中华优秀传统文化传承发展工程的意见》,其中就“如何将中华优秀传统文化贯穿国民教育始终”的具体方法上,包括推行将中华优秀传统文化开设为高校必修课,还包括从专业和课程角度在哲学社会科学及相关学科增加中华优秀传统文化的内容。

⑦ [美]伯尔曼:《法律与民俗》,梁治平译,中国政法大学出版社2003年版,第12页。

能看懂、会翻译阿语资料并最终有能力处理有关的涉外法律事务。其三，增设有关“中阿区域性合作”贸易习惯和时政的课程。我国与阿拉伯国家在经济方面的合作主要集中在贸易和能源领域。截至2015年，我国已经成为12个阿拉伯国家最大的进口国，并相应地带动基础设施、技术、金融、国际投资等多个领域，中阿双方的合作空间还将具有很大的延伸性与扩展性。[⑧] 因此，阿拉伯国家经贸领域的商业贸易习惯就成为中阿开展经济合作的重要基础，开设相关课程对于顺利开展和深化双方经贸合作具有现实意义。例如，已有的中阿论坛、中阿博览会[⑨]是目前最典型的两个中阿合作机制，可以通过开设专门的有关“中阿区域性合作”的政课程，让学生学习中阿合作机制的主要内容，并充分了解我国目前已经同阿拉伯国家达成的在联通基础设施建设、交通、能源、通信等方面的项目合作协议，或者具有区域特色的有关国家协调政策等。除此之外，还应当让学生充分了解阿拉伯国家的经济、政治、军事风险等国别、国情信息，作为学习中阿合作有关法律和商贸知识的重要参考。

四、“怎么教”——面向“中阿区域性合作”法治人才培养的教学范式

习近平总书记在考察中国政法大学时指出，由于法学属于具有很强实践性的学科，因此法学教育既要通过知识教学培养学生良好的法学素养，也要通过强化实践教学培养学生的实践能力。这样的教育理念对于面向“中阿区域性合作”的法治人才培养更具现实意义。为贯彻“实践性”教育理念，面向“中阿区域性合作”的法治人才培养应当重在教学范

⑧ 马琴：《“一带一路”战略中的中阿经贸合作研究》，载《前沿》2017年4月总第402期。

⑨ 2017中国—阿拉伯国家博览会于2017年9月6～9日在宁夏银川举办，博览会由商务部、中国贸促会、宁夏回族自治区人民政府共同主办。来自阿拉伯国家以及其他“一带一路”沿线国家的政要、企业家、商协会参加了此次大会，大会主题为“务实、创新、联动、共赢”。

式上贯穿“实践教学的嵌入式”思路。

（一）创新模拟法庭与模拟交易，提升特色化、差异化的教学实效

美国卡内基基金会曾经做过一份关于法学教育的研究报告，其中提出了法学教育应当完成六项核心任务，包括：（1）法学基础知识和理论体系；（2）司法实务能力；（3）决策能力；（4）学习能力；（5）通过创造性的训练使学生加入有效的、负责任的法律职业群体；（6）加入公共服务的意愿和能力。[⑩] 为了满足“中阿区域性合作”对法治人才创新能力的要求，可以采用启发式、探究式、讨论式、参与式、交互式教学方法，激发学生从知识简单型向综合能力创新型的提升。根据“中阿区域性合作”的独有特点和涉及的主要领域，可以仿照法学教育中常见的“模拟法庭”教学方法，并将其创新为“模拟交易”——在案例教学中通过模拟交易情境，具体采取由教师精选中阿商贸案例、学生参与、教师指导，聘请具有中阿商贸经验的专家点评的全程互动模式，同时注意培养学生包括听、说、读、写的表达能力、沟通能力、思维能力、解决实际问题的能力等综合能力，让学生真切体会中阿贸易的独特区域性特色。“模拟交易”的案例教学法旨在通过教学中引入并突出情景案例教学的方法，注重特色化法律职业能力的培养和训练，使得法学教育和特色化法律职业有效衔接，使学生不仅学会知识，而且通过学以致用解决实际问题，并在解决实际问题的过程中不断激发创新精神和能力。另外，在学生法学创新课题项目的设计方面，注意“中阿区域性合作”的相关性和针对性，让更多的学生参与到创新环节和创新项目中，激发学生的创新精神与潜质，将面向“中阿区域性合作”法治人才的创新培养落到实处。

（二）通过“走出去”和“引进来”这两种机制，加强面向“中阿区域性合作”的法治人才培养和交流

面向“中阿区域性合作”的法治人才培养，除了通过学习语言熟悉阿拉伯国家的环境和法律文化，还应当特别注重人才交流。《中国—阿拉伯国家合作论坛宣言》第 3 条有关论坛的重要目标包括“致力于加强中阿在

---

⑩ ［美］罗伊·斯塔基：《完善法学教育——发展方向与实现途径》，许身健等译，知识产权出版社 2011 年版，第 17～18 页。

各个领域的关系,特别是要促进教育、文化和人力资源开发方面的合作”。[11] 基于此,一方面,应当建立和形成“走出去”的机制,通过让更多的学生前往阿拉伯国家进行访学、参加学术交流会议或通过创新项目等多元化的合作方式,为中阿合作储备智库人才;[12]另一方面,还应当建立和形成“引进来”的机制,引进阿拉伯国家法律专业人才、商业贸易专家等,通过访学、交流或项目合作的方式,形成中阿人才互信、互认、互动、互助的良性循环。“中阿论坛”确立了12项发展中阿关系的机制,为落实这些机制,双方共同举办了贯彻在不同领域彼此合作的会议和研讨会,其中的中阿高教与科研合作研讨会、[13]中阿大学校长论坛以及我国与阿拉伯高校合作共建的孔子学院等,对于双方加强研究合作、人才共建和师生双向交流,都发挥了很好的示范效用。

综上,面向“中阿区域性合作”的法治人才培养,应当在注重我国本土法律制度的基础上,加强“对阿拉伯地区国家法律制度的学习和比较”;在夯实法学理论功底的基础上,强调面向“中阿区域性合作”的“实践能力与创新思维”;在培养目标和理念指导下,深入探究面向“中阿区域性合作”法治人才培养的具体思路,进而构建和完善面向“中阿区域性合作”法治人才培养的法学学科体系和课程体系。

五、“谁来教”——面向“中阿区域性合作”法治人才培养的师资建设

党的十八届四中全会决定:“健全政法部门和法学院校、法学研究机构人员双向交流机制,实施高校和法治工作部门人员互聘计划,重点打造一支政治立场坚定、理论功底深厚、熟悉中国国情的高水平法学家和专家

---

[11] 《中国—阿拉伯国家合作论坛宣言》(2004年9月14日,开罗)

[12] 徐建国、刘小林:《中阿论坛视域下高校间协同创新发展策略的思考》,载《北方民族大学学报》(哲学社会科学版)2013年第6期。

[13] [苏丹]加法尔·卡拉尔·艾哈迈德:《中阿合作论坛的成就及发展趋势》,包澄章译,载《阿拉伯世界研究》2014年第3期。

团队,建设高素质学术带头人、骨干教师、专兼职教师队伍。”法治人才培养的成败很大程度上取决于法学教育的水平,而法学教育水平的高低又取决于是否有高水平的法治教学队伍。因此,面向“中阿区域性合作”的法治人才培养,不仅是法治人才本身的培养,而且需要加强法学教育师资队伍的专业化建设。面向“中阿区域性合作”法治人才培养,对于教师队伍提出了更加精细化的要求,除了专业性和差异性以外,还应当在“差异性”的基础上更加注重“区域特色”,不仅需要专门从事法学教育的老师加强自身对有关“中阿区域性合作”法律、政策机制和贸易特色的知识储备,而且可以通过外聘或与阿拉伯国家进行专业人才交流,引进相关专家作为法学教育师资的重要补充力量,有效提升法治人才培养的师资能力,才能适应面向“中阿区域性合作”的服务需要。

六、结语

探讨面向“中阿区域性合作”法治人才培养的理念与路径,其重要意义在于对以“中阿论坛”为发展平台的少数民族地区的法学教育,通过找共性,并以此为契机,逐步实现具有民族地方特色的“专业影响力、教学效果、教学模式、科研特色、服务地方能力以及所培养人才的社会表现等”。[14] 也唯有如此,我国的高等法学教育才能做到与时俱进,有的放矢,具体问题具体分析,紧密结合现实需要和市场需求,有针对性地培养适应不同需求的法律职业人才。为了促进“中阿区域性合作”更进一步发展,不仅需要通过两国立法对中阿两国的经济贸易发展提供健康有序发展的政策环境和法律保障,更重要的是培养更多法律、财经领域的“中阿兼通人才”。通过培养专业法治人才推进和实现法律制度对于“中阿区域性合作”的保障功能,避免因为国家意识形态不同、法治观念和水平不同、司法理念不同而给经济活动带来的司法壁垒和障碍,进而推进我国与“一带一

---

⑭ 邓少荣、黄竹胜:《少数民族地区法学教育发展战略初探》,载《贵州民族研究》2014年第6期。

路"其他建设国各方经济联通、制度接轨和文化对接,并最终实现"各美其美,美人之美,美美与共,天下大同"的发展理念。

The Concept and Path of the Cultivation of Rule-of-Law Talents from the Perspective of China-Arab Regional Cooperation

Hu Xiaoli

Abstract: The construction goals of "China-Arab Regional Cooperation" and the "Belt and Road" are highly correlated and consistent. Under the background of the "Belt and Road" construction and the "China-Arab regional cooperation", the cultivation of rule-of-law talents has great significance. Under the background of the "Belt and Road" national strategy, this paper takes the "China-Arab regional cooperation" as the perspective, according to the question-orientation of "whom to teach", "what to teach", "how to teach" and "who teaches", the author discusses the specific aspects such as positioning and objectives, cultivating ideas, teaching paradigms and the construction of teaching faculty, and comprehensively explores the concept and path of the rule of law for the "China-Arab regional cooperation".

Key Words: "The Belt and Road"　"China-Arab regional cooperation"　cultivation of rule-of-law talents　concept　path

论人工智能时代的法学教育新挑战、新机遇和新模式*

杨学科**

摘　要:人工智能技术的日渐成熟,正在给法学领域带来前所未有的挑战,法律职业生态、法律实践样态、法学教育生态都有新变化。人工智能时代,法学院的当务之急在于能否抓住人工智能时代的法学教育新机遇,新的发展机遇包括借力人工智慧、借势智能释放技术、法学教育实力版图弯道超车、重新洗牌的可能。人工智能的法学教育"融合",将表征着不同的法学教育模式,不可避免地创新着未来的新学习模式:技术强化学习和强化技术学习。

关键词:人工智能　法学教育　法律职业　法律实践

人工智能技术变革正以指数级增长,逐步深入地改变人类社会生活、改变世界,对法学教育而言,也是挑战与机遇并存。长远而言,我们生活在人工

---

* 基金项目:国家社科基金重大项目核心价值观融入法治建设研究:以公正司法为核心的考察(17VHJ007)和吉林大学司法文明协同创新中心研究成果之一。

** 杨学科,吉林大学理论法学研究中心/法学院博士生,研究方向:法学教育。

智能时代的黎明,悉知人工智能对法学教育的新挑战和新机遇,以及什么是有效用的法学教育,殊值认真探讨和筹谋未来。

一、人工智能时代的法学领域新挑战

人工智能技术的日渐成熟,正在给法学教育带来前所未有的挑战。无论是“生而数字”(born digital),还是“第二个机器时代”(the second machine age)的新称谓,都在说明人工智能对社会产生的变革性影响。更不用说“智能爆炸”(intelligence explosion)或“技术奇点”(technological singularity)到来后,新技术、新人类、新法律重构的可能。人工智能未来未至,但人工智能,本质上是能够学习和适应自己的技术,已经对法律、实践和伦理提出了前所未有的挑战。

(一)法律职业业态之变

2013年,英国大法官首席信息技术顾问理查德·萨塞克斯金德(Richard Susskind)在其著作《明天的律师:预见你的未来》中,预示了法律世界的根本和不可逆转的变化,认为法律行业未来十年最大的变化是新技术带来的。① 在法律技术层面,人工智能作为一种工具,正以其更快、更好、更便宜的特性,冲击着受传统束缚的和劳动密集型的法律职业。人工智能在法律上的应用可能会产生深远的影响。根据2017年的一份地平线观察报告(Horizon Scanning Report)研究表明,最可能的影响是:“对法律工作的数量产生影响,最初是在较低级别的员工中;改变法律工作的性质,强调人类特别擅长的技能,以及随之而来的法律教育和培训的变化;改变组织结构和商业模式;降低成本和改变收费结构。”②最直接的影响,就是法律职业结构崩塌和大规模失业的产生。随着计算能力的提高、

---

① Richard Susskind, *Tomorrow's lawyers: An introduction to your future.* Oxford, Oxford University Press, 2017, pp. 10 – 15.

② Willis Towers Watson, Artificial Intelligence and the Legal Profession, Accessed July 18, 2018. https://www.lawsociety.org.uk/news/stories/artificial-intelligence-and-the-legal-profession-horizon-scanning-report/.

数据的可用性和认知技术的快速发展,可以预期的是,在法律界存在的许多工作可能会改变甚至消失。同时,认知技术有望创造新的活动和职业律师。可能的新职业活动包括:定量的法律预测、法律程序分析师、法律项目经理、ODR的实践者、法律管理咨询、法律风险管理。根据2016年德勤(Deloitte)的报告,关于法律部门的工作可能会在下一个20年实现自动化,未来10年内法律行业39%的就业岗位自动化。另据麦肯锡全球研究所估计,律师的工作23%可以自动化。一些估计表明,采用一切合法的技术(包括AI)已经减少13%的律师工作小时。牛津大学的两位教授(Dr Carl Benedikt Frey和Michael A. Osborne)也曾经做过一个非常知名的研究,对英美702种职业进行调研,认为未来20年内,美国有47%的职位将会被人工智能取代,英国的这一数字是35%。他们的研究报告《职业前景:哪些工作易被电脑化》中提到了6种与法律相关的职业,其中律师助理和律师占据了两个最极端的位置,律师有3.5%的概率被机器人取代,而律师助理的这一比例为94%。[③]

未来法律职业是否还存在碳基的人类?霍金曾言,全人工智能可能意味着人类的结束。理论物理学家加来道雄(Michio Kaku)也做了一个关于此事的预测:在未来,市场上的每一项工作,没有机器人不能执行的。[④] 硅基的人工智能全面替代法律职业,目前难以想象。但"人机交互协作"会产生新兴法律职业岗位,会变得越来越可能。目前人工智能在法律行业主要是以增强法律职业能力的身份出现:辅助决策、自动审查、分析研究等。强人工智能真正到来后,人工智能的法律能力远远超过人类,硅基的人工智能全面替代法律职业,法律职业全面自动化,也只是未来法律职业的可能性之一。毫无疑问的是,人工智能改写法律职业业态是确定的。

---

③ Carl Benedikt Frey and Michael A. Osborne, The future of employment: how susceptible are jobs to computerisation? *Technological Forecasting and Social Change*, 114, 2017, pp. 254–280.

④ Michio Kaku, *Physics of the future: How science will shape human destiny and our daily lives by the year* 2100, New York, Random House, 2012.

(二)法律实践样态之变

人工智能技术将继续在法律职业中发挥越来越重要和普遍的作用,人工智能技术迅速变化的触角将继续渗透到法律的各个方面,给法律行业带来更深、更彻底的变革。在人工智能中,数据、算法、机器学习、专家系统等,将在法律服务中发挥着越来越重要的作用。现今,世界上一些最大的律师事务所在其日常程序中引入了像ROSS Intelligence和Rainmaker等具有人工智能的数据库和程序。到目前为止,AI可以通过自动化繁琐的重复性工作(如研究、文档审查或诉讼支持)来提高效率和准确性,人工智能软件具有显著影响的关键领域主要集中在数据分析、法律研究和合同评审等,侧重于低价值的重复性法律事务的自动化。现阶段,人工智能技术不能做律师所有能做的,人工智能技术远没有达到极限。

法律不会简单扭曲世界,甚至只是正确地表达它;相反,它创造了一个世界,一个我们生活、行动、想象、欲望和信仰的世界。[⑤] 人工智能技术加持下的现代科技,正在迅速改变着现实世界,现代技术可以处理日常的法律事务,如起草公司文件和遗嘱,减少了雇佣律师的需要。法律的实践样态正在朝着自动化方向发展,只是正确表达了法律世界对"更快、更好、更便宜的"的需求,法律实践样态必然会对于低价值的重复性法律事务先行自动化,逐步实现利用人工智能实现法律服务的自动化。越来越多的法律实践领域都被基于机器学习智能系统所破坏,这种智能系统能够跨越大数据"衔接",并不断学习和自我改进。这对律师法律实践影响极深,除了巨大的挑战和暗淡的未来外,也有好的一面,如巴顿在《半满之杯:法律职业的衰落和重生》,其用半满(half full)而非半空(half empty)乐观态度认为,工资下降和计算机化法律工作的趋势对中产阶级消费者来说是好事,他们多年来都没钱请律师。随着法律职业成为一个不那么吸引人、利润也不那么丰厚的职业,法学院学生的过度行为将会自我纠正。随着世界上最大和最成功的律师事务所(big law firm)的缩减,计时收费的有

---

⑤ Jack M. Balkin, Critical legal theory today, in Francis J. Mootz III, ed., *On Philosophy in American Law*, New York, Cambridge University Press, 2008, p. 64.

害影响也会随之减少。⑥

(三)法学教育生态之变

人工智能对于法学教育而言是革命性的挑战。首先,人工智能赋能法学教育。人工智能技术作为扩展法律人的能力和可能性的教学工具,比传统教学工具更具有潜力。高等教育的未来与新的智能机器的新技术和计算能力的发展有着内在的联系。在这一领域,人工智能的进步为高等教育教学带来了新的可能性和挑战,有可能从根本上改变高等教育机构的治理和内部架构。⑦ 项目式教学、个性化学习、智能定制知识将会呈现井喷式增长。其次,法学教育教书育人功能的分化。传统的法律模式是基于信息传递和描述性知识(现在已经基本上被人工智能技术所取代),新的法律模式必须基于批判性分析,创造性解决法律问题和提供以情感为中心的以客户为中心的表现形式(不能很容易被弱人工智能取代)。在人工智能社会,人工智能机器人可能会从事绝大多数法律硬知识的传授,而教师则转向法律软知识的培育,简而言之,就是教书育人功能的分化,法律人工智能机器人主要从事教书的工作,而法学教师可能主要从事育人的工作,毕竟人类的情感、同理心之类的,都是人类特有的,也是人工智能时代法学教育所亟须的。最后,人工智能也需要法学教育。前面主要是从机器教人的角度去谈的法学教育挑战,还有一个空白的问题就是人教机器,通用人工智能面向机器教育(machine education)⑧,也是人工智能时代法学教育的前所未有的新课题:如何对人工智能进行法学教育。

---

⑥ Benjamin H. Barton, *Glass half full: The decline and rebirth of the legal profession*. New York, Oxford University Press, 2015.

⑦ Stefan AD Popenici and Sharon Kerr, Exploring the impact of artificial intelligence on teaching and learning in higher education, *Research and Practice in Technology Enhanced Learning*, 1, 2017, p. 22.

⑧ 刘凯、胡祥恩、王培:《机器也需教育? 论通用人工智能与教育学的革新》,载《开放教育研究》2018 年第 1 期。

二、人工智能时代的法学教育新机遇

人工智能未来状态的预测是不容易的任务,但可以预测法学教育不会消亡。综观近代以来的每一次教育技术革命都消亡法学院的潜能,"互联网+"、[9]大数据、[10]微课、慕课、翻转课堂的混合教育等,但迄今为止都只能言之冲击了法学教育,不能言之为法学院消亡。这也恰恰对应了乔布斯之问:"为什么IT改变了几乎所有的领域,却唯独对教育的影响小得令人吃惊?"人工智能赋能法学教育,不会全部取代人类教师的法学教育,人工智能会支持、协助人类教师,并引导人类教师成为更好的老师。法学院的当务之急在于能否抓住人工智能时代的法学教育新机遇,实现新的发展。

(一)借力人工智慧充盈传统人类智慧的法学教育

1987年,关于法律与人工智能的第一次国际会议在波士顿举行后,法律与科技结合公司逐渐发展起来,人工智能教育力量在于我们可以利用它来处理大量有关学习者、教师、教学和学习交互的数据,更好地提升教学和学习的效率和质量。智能辅助系统和教育机器人实现技术融合效应的潜能,利用大数据和机器学习提供个性化指导,可以驱动动态的学习情景,使学习更逼真,可以模拟和引导学生学习相关课程,像Google Expedition或Oculus Rift这样的VR耳机等可穿戴设备可能会在课堂内使用,可以提升学习者的学习热情,会激发学生的学习潜能,真实的法律实践场面可以完美再现。借力人工智慧充盈传统人类智慧的法学教育,也是与西方的差距、国内高校不平等法学教育水平缩差的捷径。

智慧学习与机器智能将成为未来社会主流特征之一,法学教育教育必须面对甚至引领这一变化。人工智能和教育的深度融合将彻底变革传

---

⑨ 朱继萍:《"互联网+"时代法学教育改革的踌躇与抉择》,载《法学教育研究》2018年第1期。

⑩ 冯果:《大数据时代的法学教育及其变革》,载《法学教育研究》2018年第2期。

统教育,形成未来教育变革的基本格局。借力人工智慧,共享模式的法学教育将是未来法学教育变革的主要形式,个性化的法学学习模式,实实在在的教学效率的提升,全球化的优质法学教育资源的共享,人工智能技术将深度融合全球优质的法学教育资源,教育经验更高效、更迷人,恰如其分地推动法科学子的个性化法学学习,不遗余力地推动全球法学教育事业的发展。

(二)借势智能释放技术契合卓越法律教育转型

借势智能释放技术,可以从学生端收集数据,通过云储存和算法处理,帮助学生评估和解决学生的技能和弱点、创建定制的学习资料、实现实时学习效果反馈,这契合人工智能时代法律人才培养新需求。2012年,我国开启的卓越法律人才培养计划,是国家在法学教育大规模无序扩张的前提下,注重内涵和质量提升而提出的国家教培、教改计划。卓越法律教育是法律实践品格的内在要求,反映了法学教育要上质量、出精品的追求,是法学界审慎思考法学教育现状基础上意欲完成法学教育根本转型的改革路线图。[11] 从教育部、司法部等国家顶层设计看来,卓越法学教育呈现出现新常态的特征:法学教育实践性趋强,法律职业伦理教育的强化,法学教育竞争性白热化,法学教育供给侧结构性改革。在智能释放技术支持下,法学教育增强、复制和虚拟法学实践教学环境,强化法律职业伦理教育都是可能,其中法律职业伦理教育也将是未来的法学教育的重心。

在人工智能时代,卓越法学教育转型的一个关键问题是,法学院是否对人工智能革命反应迅速,为未来的法律市场做好了充分的准备。人工智能与法律课程的开设,是世界知名法学院创新法学课程准备人工智能新时代的准备。能懂人工智能和会用智能支持技术的法律人将会在未来的法律事业中为自己成功定位、导航。借力智能释放技术,变革法律人才培养模式,增强AI技术环境下的法律实践教学,充分利用智能技术加快推动法律人才培养模式转型,契合卓越法律教育转型的新要求,也契合人

---

⑪ 杨学科、周桂英:《卓越法律教育的兴起与法律职业尊荣的重塑》,载《煤炭高等教育》2014年第1期。

工智能时代法律人才培养的新需求。

(三)法学教育实力版图弯道超车、重新洗牌的可能

人工智能是当前人类所面临的最重要的技术社会变革,未来的法学教育重心也将是人工智能和法律的融合。人工智能与法律不仅是一门计算科学,也应该是法律理论的一部分,既需要计算机科学建模方法,也需要法律理论的结果反馈。然而,国内外都没有形成形成一套完整独立的人工智能与法律的理论体系。我国人工智能与法律研究近几年才随着AlphaGo大胜人类后,一哄而生,学术研究上有点“土匪抢山头”之势,关键看谁跑得快。但问题的关键是想站稳山头,必须手头“有枪有炮”,但这正是我国法律学人所欠缺的,几乎没几个人能懂、会做算法模型。在美国,几乎所有的人工智能和法学教授都在计算机科学系,大部分人工智能与法律博士也主要集中在计算机科学领域。在德国、法国,法律人工智能属于法律信息学领域的一部分。也就是说现今国内外,人工智能与法律都是片面地集中在计算机科学或法学领域,缺乏融通人工智能和法学的人才。

上述的人工智能与法律融合的教育残缺,为法学教育实力版图弯道超车、重新洗牌提供了可能。这种可能性耐人寻味、值得期待。中国《新一代人工智能发展规划》《高等学校人工智能创新行动计划》等提出打造“人工智能+法学”复合专业培养新模式,这是高瞻远瞩、极有远见的发展设想。能否迅速在法学教育中与人工智能等前沿科学科技融合起来,是法学教育弯道超车的抢占先机的机会,对一些存在法学教育的理工科院校更是绝佳的发展超越机会。

三、人工智能时代的法学教育新模式

科技不是命运,而是奋斗的场景。[12] 新科技瞬息万变,唯一不变的是变化,好好准备好人工智能的未来,是法学教育的时代宿命。由于人工智

---

[12] Andrew Feenberg, *Critical theory of technology*. New York: Oxford University Press, 1991, p. 14.

能革命,法学教育世界正在经历巨大的变革。麻省理工学院教授、数字学习先驱亨利·詹金斯(Henry Jenkins)曾谈到,新模式、新形式的网络文化以及对旧模式的贡献所带来的“融合”。融合不只是新出现的形式,也不只是围绕旧的形式,而是彻底地重新混合和调整它们,把它们零碎地改变,扩大它们的可及性。[13] 人工智能的法学教育“融合”,也不是简单的技术和附加法学教育,而是表征着不同的法学教育模式,不可避免地创新着未来的新学习模式:技术强化学习和强化技术学习。技术强化学习包括个性化法学学习、从能力为基的法学学习、全球虚拟法学教室;强化技术学习包括计算机素养和编码能力。

(一)个性化法学学习

个性化学习(personalized learning)指的是根据学习需要,根据学习偏好,根据不同学习者的具体兴趣进行教学。在一个完全个性化的环境中,学习的目标和内容以及方法和速度可能都是不同的。个性化学习,被认为是所谓的“一刀切”学校教育的一种替代方法,帮助学习者通过各种适合他们学习风格、能力和兴趣的资源和策略,发挥学习者最大的潜力。人工智能时代,需要将一切可用可行的人工智能技术运用在法学教育当中。个性化法学学习主要是通过智能电子学习系统,帮助动态跟踪法学学子的学习需求,提供一个学习平台可以访问各种学习资源,并提供干预措施,进而满足每个学生的学习需要。

法学教育公平不只是体现在平等的准入和投入,也体现在满足法学学子的独特需求的个性化教育路径、课程等。个性化的法学学习,将在线课程和实时数据与教师主导的教学相结合,学习内容与己密切相关,可以提高学生的参与度,并根据他们的独特需求进行调整学习内容、定制学习速度,真正实现个性化法学学习。

个性化法学学习是技术强化学习的例证。据著名未来学者约翰·奈斯比特(John Naisbitt)断言,教育现在是当今全球经济中的头号经济优先事项。教育在经济中的重要性,会吸引更多社会资本投入。在未来,如今

---

[13] Henry Jenkins, *Convergence culture: Where old and new media collide*, New York: New York university press, 2006, p. 257.

的法考培训机构,或者新产生法律科技公司,会出现转向探索人工智能被用来帮助辅导法学学生法学学习的教育平台,个性化定制式智能教学将成为主流。这对传统的法学教育将产生颠覆性影响,传统的课堂教学可能会以翻转课堂或者项目式教学的新面孔出现。

(二)能力为基的法学学习

法律职业中的职业(profession)两字,有学者译注为"博脑佛心","脑应博、心如佛",具备广而专的知识和技能,同时怀有菩萨心肠。[14] 对任何职业的准备都是一个复杂的过程,获取知识、技能、经验和习惯,并将其表达为代码和价值观。作为需要高等教育和崇高原则的"有学问的"职业之一,法律在社会中享有特殊的地位。作为对其地位和地位的回报,人们期望法律界表现出最高层次的诚实、信任和道德,这正是支撑法律制度本身的价值。[15] 在一些重要的工作领域,人类还是能够维持他们的优越性,超越人工智能/机器人系统,至少在一段时间内是如此。在研究未来所需要的技能的书籍中,多元智能理论创始人霍华德·加德纳在《五颗未来的心》中列举五种心灵:纪律的头脑、综合的头脑、有创造力的头脑、尊重的头脑、道德的心灵。[16]《全新思维》认为两套技能有助于学生成功:"高概念"技能(探测模式、联系不相关的想法、创造新事物的能力)和"高触觉"技能(移情能力、解读人脸和手势的能力、从自己身上寻找快乐、从他人身上提取快乐的能力)。两位作者都将创造、综合和尊重作为未来成功的重要因素。[17] 笔者认为上述技能在法学教育模式当中,集中表现在法治思维能力和法治情感能力。

未来的法学教育将是价值观、思维、情感能力培育的教育,应将法律职业伦理教育、法律思维能力、法律情感能力的培养贯穿法学教育始终。

---

⑭ 黄煜、冯应谦、朱立等:《徐佳士教授与新闻传播教育》,载《传播与社会学刊》2016年(总)第36期。

⑮ Fiona Westwood and Karen Barton, *The Calling of Law: The Pivotal Role of Vocational Legal Education*, Farnham: Ashgate, 2014, p. 3.

⑯ Howard Gardner, *Five minds for the future*, Boston MA: Harvard Business School Press, 2006.

⑰ Daniel H. Pink, *A whole new mind: Moving from the information age to the conceptual age*. New York: Riverhead Books, 2005.

法治思维能力,是人类在弱人工智能时代的优势所在。法学教育如果不能造就学生有条理的法治思维能力,那将是一种失败的教育,在人工智能时代尤甚,毕竟人工智能时代,人工智能掌握的法律知识比人类多且全面。对于法律情感能力,主要是指在法律场域中,对法律、对法律效果满足公平正义的观念的情感,在人际交往中,表现为对情感情绪具有控制、判断和渲染能力。相对于人工智能,这是法律人的竞争力,更是在人工智能时代,女性的法律职业优势,一定程度上可以说,未来的法律职业属于女性。侧面上说,未来的法学教育,要重视男性的以这两项能力为基的学习。

(三)计算机素养和编码能力

我们正处于信息时代向人工智能时代大转型的历史三峡期,人类不得不与大量新科技、新信息等打交道。按照未来学家凯文·凯利对机器人未来发展所做的预测,可以断言的是人类将来的工作、薪水将取决于和机器人的配合。⑱人机协作需要提炼经验,将重复性工作交给人工智能去做,这就对计算机读写能力和编码技能的强调日益增加。从功利的角度而言,这也是不可回避的,因此,我们需要了解人工智能如何帮助我们更好地思考,以适应人工智能时代的"人机协作"需要。

数据是数字化成二进制数字形式,使计算机能够以前所未有的效率存储和操作它。没有基本的计算机素养和编码能力是不可能理解好、也没有能力理解好人工智能与法律的基本知识,人工智能时代没有基本的计算机素养和编码能力,就是人工智能智能时代的新文盲,社会不重视其培养,也会造成社会越来越大的"数字鸿沟"。这就需要法学教育将计算机和编码的相关技术纳入法学核心课程,逐步纳入教育部法律核心课程。

(四)全球虚拟法学教室

一般认为,虚拟教室(virtual classroom)是一个通过专门的视频会议应用程序实现的在线教室环境。在虚拟法学教室环境中,课程将由世界上最好的法学老师和最有知识的法学学科专家通过人工智能技术开展,世界各地的学习者和讲师都能参与到课堂上进行协作和互动。人工智能

---

⑱ Kevin Kelly, Better than human: Why robots will—and must—take our jobs, Accessed July 18, 2018. https://www.wired.com/2012/12/ff-robots-will-take-our-jobs/.

时代的法学教育,法学教育不能局限于国界和时间,必然呈现法学学习全球化格局:学习内容全球化、学习方式全球化、学习评价全球化。全球虚拟法学教室将学习者与讲师、内容和全球教育资源联系起来,给他们一个高度个性化的学习体验,使用他们需要的工具来达到他们的最高潜能。但在全球虚拟法学教室中,学生的专注力将是难能可贵的,学习时间碎片化、学习地点移动化和学习环境不确定,这些都将影响学生的专注力、影响法学教育的成效,而这也是人工智能时代法学教育所应认真对待的。

On the New Challenges, Opportunities and Patterns of Legal Education in the Age of Artificial Intelligence

Yang Xueke

Abstract: The growing maturity of artificial intelligence technology is bringing unprecedented challenges to the legal field, which causes new changes in the ecology of the legal profession, the pattern of legal practice and the ecology of legal education. In the age of artificial intelligence, the top priority for law schools lies in whether they can seize the new opportunities for law education in the age of artificial intelligence. New opportunities for development include the possibility of drawing on artificial intelligence, leveraging intelligent release technology, overtaking and reshuffling the legal education strength. The " integration " of legal education in artificial intelligence will represent different models of legal education and inevitably innovate new learning models in the future: the technology strengthens the study and strengthens the technical study.

Key Words: artificial intelligence legal education legal profession legal practice

教学研究

基于文本的宪法课堂教学

——一场关于我国“人民代表大会制度”内涵的课堂讨论

马　岭*

摘　要：围绕着我国人民代表大会制度的内涵，在课堂上老师通过事先准备好的一系列问题构成了一个课堂讨论的问题链，由此引导同学们一步步地讨论了人民代表大会制度的组成部分及其内部关系，如第一层次的人大与其他国家机关的关系（上下结构），有人大与政府、人大与监察委员会、人大与法院、人大与检察院的关系等等；第二层次的关系为其他国家机关彼此之间的关系（平行关系），有政府与监察委员会、监察委员会与法院、监察委员会与检察院、法院与检察院的关系等。这种讨论方式既有助于同学们熟悉法条，学会自己查找条文，也提高了学生们的学习积极性，培养了他们发现问题、分析问题的能力，同时有利于师生互动，教学相长，进而形成了良好的课堂氛围。

关键词：人民代表大会制度　宪法　人大　其他国家机关　内部关系

---

* 马岭，中国社会科学院大学政法学院教授，研究方向：宪法学及宪法学教学方法。

政体问题是宪法学的核心问题,是宪法课必讲的内容,在讲解了政体的基本含义和分类后,对我国的政体即人民代表大会制应做重点介绍。在笔者的课堂上,曾尝试着对这一重要问题进行提问式讨论。

讨论由老师事先准备的一系列问题串联而成为一个问题链,构成整个课堂讨论的基本线索,由此引导学生讨论的方向,以避免发言跑题、讨论松散。当然也并非一定拘泥于这些范围,对于讨论中临时出现的问题——无论是学生即兴提出的,还是老师临时想到的,只要切合主题,都可以随机纳入讨论之中,讨论应当是开放的。

一、从文本介入:人民代表大会制度是如何体现在我国宪法文本中的?

关于我国的政体是人民代表大会制度,这一点大家耳熟能详。即便是大一的本科生,在高中的政治课中也已经有所了解;对硕士研究生来说,在其本科教育中更是对此有过较为系统的学习(这也是专业课中再专门讲授这一问题的难处)。但人民代表大会制度规定在我国宪法文本中的哪一条哪一款,这些条款彼此之间是什么关系,同学们却往往并不清楚。对于法学专业的学生来说,培养他们熟悉文本、分析文本的习惯和能力是法学院教学的重要任务,因此老师的提问可以从这里开始。

1. 人民代表大会制度规定在我国宪法的哪些条款中?

同学们查找宪法文本后,很快回答出是在"总纲"中,具体在第2、3条中。

2.《宪法》第2、3条中是怎么规定人民代表大会制度的?

有同学念出《宪法》第2、3条的全部条文,也有同学认为其中有些款项规定的不是政体……

3. 在《宪法》第2、3条中,哪些条款是政体的内容?哪些不是?

这首先要搞清楚人民代表大会制度的含义究竟是什么,在此让同学们回忆一下,他们学过、背过(但未必真正理解)的人民代表大会制度的定义。此时老师可以让大家将其图示出来,以便更清晰地讨论和分析。

经过一番议论,人民代表大会制度的四个层次,图示如下:

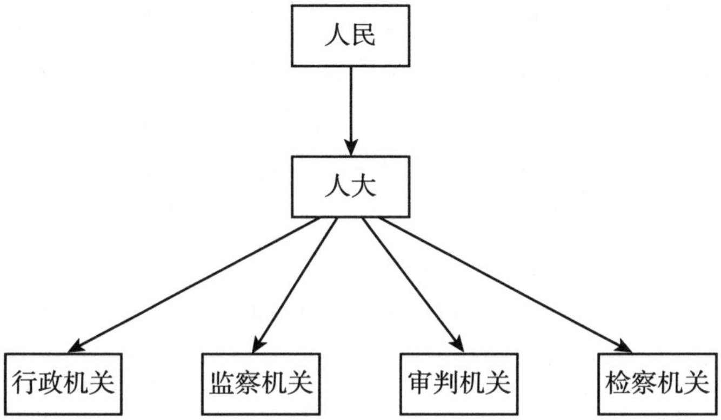

4. 该图和法条的对应关系是怎样的?

大家七嘴八舌地回答到:图的最上一层“人民”即《宪法》第 2 条第 1 款:“中华人民共和国的一切权力属于人民。”图的第二层“人大”即《宪法》第 2 条第 2 款:“人民行使国家权力的机关是全国人民代表大会和地方各级人民代表大会。”图的第三层的四个国家机关即《宪法》第 3 条第 2 款:“全国人民代表大会和地方各级人民代表大会都由民主选举产生,对人民负责,受人民监督。”第 3 款:“国家行政机关、监察机关、审判机关、检察机关都由人民代表大会产生,对它负责,受它监督。”

5. 该图和法条还有没对应上的内容吗?

同学们发现第 2 条第 3 款“人民依照法律规定,通过各种途径和形式,管理国家事务,管理经济和文化事业,管理社会事务”是图中没有的。对于这一款是什么意思,大家议论纷纷,有人认为这一款体现的是社会主义民主的广泛性,还有人认为这就是一种政策规定而已,也有的认为是政治口号……老师在此可以给大家简单讲解一下,这一款实际上规定的是社会民主,与前两款规定的国家民主是对应的,以及社会民主的主要形式,如企业民主、社团自治、乡村自治。

6. 社会民主、社会制度属于政体范畴吗?

老师引导大家回忆一下政体的定义,政体是“国家的政权组织形式”,社会民主、社会制度显然不属于国家的政权组织,不是国家机关,因此应该不属于政体范畴,和政体没有关系。①

7. 那么第 3 条第 1 款呢?

第 3 条第 1 款即国家机构实行民主集中制的原则。有人认为这一款在图中没有显示,既然没有显示,就不属于政体范畴;也有人认为这一原则在图中是有显示的,即显示在人大与各国家机关的关系中(那些箭头)……老师对此予以肯定,强调民主集中制是一个原则,而不是一个机构,因此显示的形式不同。②

8. 图中为何没有第 3 条第 4 款?

第 3 条第 4 款即"中央和地方的国家机构职权的划分,遵循在中央的统一领导下,充分发挥地方的主动性、积极性的原则"。有同学指出这一款仍然是原则,因此很难划入政体范畴;也有同学认为这一款主要是调整中央和地方关系,是国家权力的纵向关系调整,而不是横向关系调整,因此应属于国家结构形式,而横向权力关系的调整才属于政权组织形式;还有同学认为,即使把纵向权力和横向权力都纳入政权组织形式,对政体做广义解释,这一款也只是调整中央和地方关系的原则("在中央的统一领导下,充分发挥地方的主动性、积极性"),而没有构建中央机关和地方机关的具体组织形式,因此不应纳入政体范畴;对此有同学补充道,第 3 条第 1 款规定的民主集中制也是原则,也不是一个机构,刚才老师说了原则在图中可以有所显示,只是显示的形式不同,因此在图中没有显示这一款,不是因为它是一个原则,而是在该图中找不到中央和地方的关系表示……最后大部分同学还是认同第 3 条第 4 款规定的是国家结构形式,而不是政权组织形式。

---

① 关于社会民主的问题,后面可以再安排专门讨论。

② 民主集中制是一个组织原则,还是一个活动原则,或既是组织原则又是活动原则?这些问题一般没有时间展开讨论,老师可以推荐同学们课后阅读一些书籍和文章,如刘松山:《运行中的宪法》,中国民主法制出版社 2008 年版;范进学等:《民主集中制宪法原则研究》,东方出版中心 2011 年版;延明:《民主集中制》,载新浪网,2007-10-24;张尚鷟:《论民主集中制》,载张友渔等:《宪法论文集》,社会科学文献出版社 2003 年版;马岭:《我国宪法中的民主集中制原则》,载《云南大学学报》(法学版)2013 年第 4 期,供同学们课外阅读。

9. 第 2 条第 1 款是政体内容吗？

《宪法》第 2 条第 1 款规定的是国家的“一切权力属于人民”也是该图的最上一层“人民”。它是否属于政体的内容呢？老师再次要求大家回忆政体的定义，政体是国家的政权组织形式，是有“组织”这一形态的，人民是一个组织吗？显然不是，“国家权力属于人民”是阐述国家权力的来源，是讲国家权力的所有权归属（使用权属于各国家机构），因此这应该是什么问题呢？有同学意识到这实际上属于国体范畴……老师再要求大家回忆国体的涵义，“国家权力属于人民”“主权在民”“人民主权”等都是在讲人民在国家中的地位、国家权力源于人民等……因此大家基本同意这一款规定的是国体。于是同学提出，既然这一款规定的是国体，就应该放在第 1 条中，因为第 1 条的现有第 1、2 款规定的都是国体，该款可以放在该条第 3 款；也有同学认为该款作为国体和政体之间的纽带，放在政体条文中的第 1 款也是可以的，有承上启下的作用。[③]

此时，我国的政体图应该修改为：

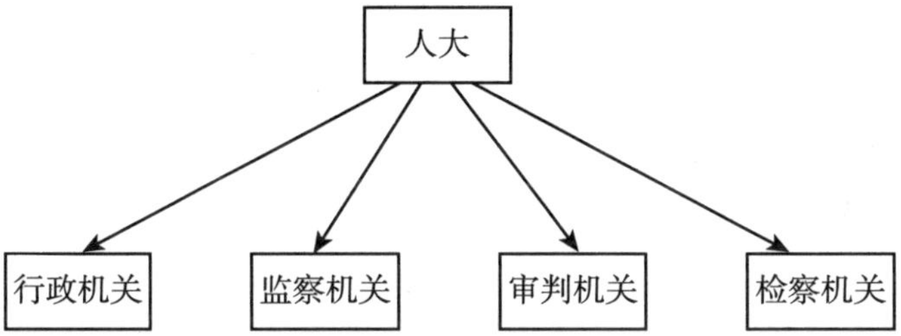

10. 人民代表大会制度的内部关系主要是什么？

经过一番交头接耳后，大家普遍较为认可人民代表大会制度内部有两个层次的关系：第一层次是人大与其他国家机关的关系（上下结构），如人大与政府、人大与监察委员会、人大与法院、人大与检察院；第二层次是其他国家机关彼此之间的关系（平行关系），如政府与监察委员会、监察委员会与法院、监察委员会与检察院、法院与检察院。但也有同学认为《宪

③ 有同学认为，“国家权力属于人民”固然属于国体范畴，但“人民选举代表”（第一个箭头）已经是在组建政体（结果是组成人大），因此从“人民”下面的箭头起应该属于政体范畴，所谓选举制是代议制的基础；也有同学表示异议，是代议制的“基础”并不是代议制本身的一部分，所以这个箭头还是不应属于政体范畴。

法》第2、3条只规定了第一层次的关系,即人大与其他国家机关的关系,如第3条第3款"国家行政机关、监察机关、审判机关、检察机关都由人民代表大会产生,对它负责,受它监督"并没有规定第二层次之间彼此的关系,即没有规定其他国家机关彼此之间的关系,这些具体关系是规定在其后的"国家机构"一章中,因此不应作为政体的内容。对此大家展开了争论,老师可以引导同学们看看其他国家的宪法结构,④以及我国几部宪法关于人民代表大会制度的表述,⑤最后大多数同学认为《宪法》第2、3条虽然没有明确规定其他国家机关彼此之间的具体关系,但还是有一个大体的意思表示,即这些国家机关彼此之间的地位是大体平行的,平行的具体表现规定在"国家机构"一章中,但在第2、3条中还是有一种原则的、抽象的阐明,如第3条第3款把"国家行政机关、监察机关、审判机关、检察机关"并列,并规定它们"都由人民代表大会产生,对它负责,受它监督",即它们与人大的关系相同,由此推论出其地位也应该相同,因此这一层次的关系应该仍然属于政权组织形式的范畴。

---

④ 外国宪法有的专门规定了政体,如《挪威王国宪法》第1条规定:"挪威王国是自由、独立和不可分割的国家。其政体是世袭君主立宪政体。"但更多的国家没有对政体做出概括性的规定,而是散见在各章节中,如《法国宪法》的各章,分别为主权(第一章)、共和国总统(第二章)、政府(第三章)、议会(第四章)、议会和政府的关系(第五章)、国际条约和协定(第六章)、宪法委员会(第七章)、司法机关(第八章);《意大利宪法》第二编"共和国机构"中的前四章依次为议会、总统、政府、司法;《西班牙王国宪法》关于中央权力的配置安排在第三、四、五、六章,分别是国会、政府和行政部门、国会和政府的关系、司法权。

⑤ 如1954年《宪法》第2条:"中华人民共和国的一切权力属于人民。人民行使权力的机关是全国人民代表大会和地方各级人民代表大会。""全国人民代表大会、地方各级人民代表大会和其他国家机关,一律实行民主集中制。"1975年《宪法》第3条:"中华人民共和国的一切权力属于人民。人民行使权力的机关,是以工农兵代表为主体的各级人民代表大会。""各级人民代表大会和其他国家机关,一律实行民主集中制。""各级人民代表大会代表,由民主协商选举产生。原选举单位和选民,有权监督和依照法律的规定随时撤换自己选出的代表。"1978年《宪法》第3条:"中华人民共和国的一切权力属于人民。人民行使国家权力的机关,是全国人民代表大会和地方各级人民代表大会。""全国人民代表大会、地方各级人民代表大会和其他国家机关,一律实行民主集中制。"这三部宪法都只规定了人民和人大的关系,而没有规定第二层次的国家机关及其彼此之间的关系,这些关系都是规定在其后的"国家机构"一章中,但这并不能说明当时的人民代表大会制度只包含人民和人大这一层关系。

11.《宪法》第2、3条中关于政体的表述,还欠缺什么板块吗?

老师可以引导大家看看《宪法》第三章"国家机构",有同学发现"国家机构"中的第二节"国家主席"和第四节"中央军事委员会"在第2、3条中没有提及,那么它们是否应该属于政体的组成部分呢?许多同学认为从政体的原理上考察,应该属于,因为它们是我国权力组织体系中的重要部分,至于如何在表格中显示出来,大家颇为伤脑筋,中央军委的地位应与"一府两院"相同,这一点比较确定,但国家主席在人民代表大会制度中的位置却很难图示出来。

因此,最后我国的政体大致如图所示:⑥

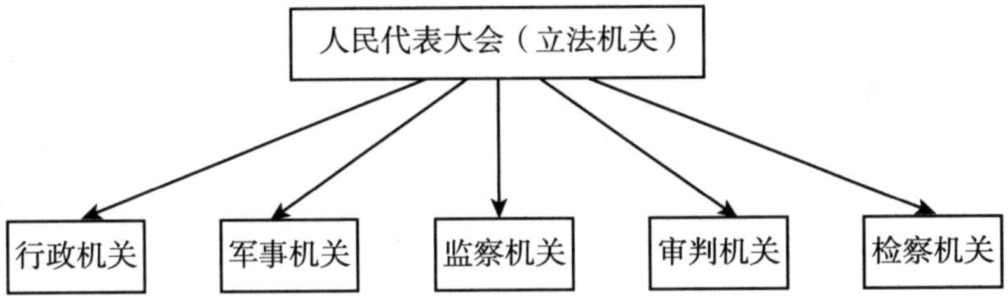

二、人大与其他国家机关的关系

(一)人大与政府的关系⑦

老师要求大家在宪法文本中寻找人大与政府关系的规定,大家很自然地找到"国家机构"一章中的第一节"全国人民代表大会"和第三节"国务院"。在经过对这两节有关内容的查阅后,同学们经过互相补充,最后归纳出人大与政府的关系主要表现在两个方面。

一是全国人大"产生"国务院组成人员,表现为人大对国务院成员有任免权。如第62条第5项规定,全国人民代表大会有权"根据中华人民共和国主席的提名,决定国务院总理的人选;根据国务院总理的提名,决

⑥ 因为国家主席在政体中的位置不易显示,在此只好忽略不计。

⑦ 限于时间关系,在此主要集中讨论中央一级的人大与政府的关系,地方人大与政府的关系基本略去。

定国务院副总理、国务委员、各部部长、各委员会主任、审计长、秘书长的人选”;第 63 条第 2 项规定全国人民代表大会有权罢免“国务院总理、副总理、国务委员、各部部长、各委员会主任、审计长、秘书长”;第 67 条第 9 项规定全国人民代表大会常务委员会有权“在全国人民代表大会闭会期间,根据国务院总理的提名,决定部长、委员会主任、审计长、秘书长的人选”。

老师问大家看出人大对国务院成员的任免权有什么特点吗?有同学说都涉及提名权,如总理由国家主席提名,其他成员由总理提名,还有同学说全国人大及其常委会都有任免权,但后者任免的对象地位较低(部长一级)……对此老师都予以肯定。至于提名权的意义、人大和常委会在任免权上的分工等具体问题,可放到后面讲人大时再专门讲。

二是全国人大有权“监督”国务院的工作,即人大对政府有监督权。如第 67 条第 6 项规定全国人民代表大会常务委员会有权监督国务院的工作;第 7 项规定有权“撤销国务院制定的同宪法、法律相抵触的行政法规、决定和命令”;第 85 条规定:“中华人民共和国国务院,即中央人民政府,是最高国家权力机关的执行机关,是最高国家行政机关。”第 92 条规定:“国务院对全国人民代表大会负责并报告工作;在全国人民代表大会闭会期间,对全国人民代表大会常务委员会负责并报告工作。”第 73 条规定:“全国人民代表大会代表在全国人民代表大会开会期间,全国人民代表大会常务委员会组成人员在常务委员会开会期间,有权依照法律规定的程序提出对国务院或者国务院各部、各委员会的质询案。受质询的机关必须负责答复。”

老师进一步要求大家阐述一下这些关于监督权的条文之间的关系,并对其做出概括。有同学认为第 67 条第 6 项的规定(全国人大常委会有权监督国务院的工作)是规定人大对政府有监督权;而第 7 项规定(“撤销国务院制定的同宪法、法律相抵触的行政法规、决定和命令”)是监督的具体形式(撤销权);有同学认为第 85 条规定(国务院即中央人民政府,是最高国家权力机关的执行机关)中,“执行机关”也明确最高国家权力机关有权监督中央政府;还有同学认为第 92 条的规定(国务院对全国人大及其常委会负责并报告工作)也是人大对政府监督的具体形式(报告工作),至于第73条关于质询权的规定,大家都认为是人大监督政府的形式之一。老师最后要求一个同学把这些阐述做更简洁的归纳,一个又一个同学回答后,一般总能有一个同学回答的较为完整,[⑧]即第67条第6项规定的是全国人大常委会有监督权,而第7项规定的"撤销权"、第73条规定的"质询权"、第92条规定的"报告工作"都是监督的具体形式。

(二)人大与法院、检察院的关系

同学们继续在宪法文本中寻找人大与"两院"关系的规定,在对"国家机构"一章中的第一节"全国人民代表大会"和第八节"人民法院和人民检察院"的有关规范查找后,同学们根据前面的经验(人大与政府的关系),很快总结出人大与"两院"的关系也有两个方面。

一是全国人大产生"两院"组成人员,表现为人大对"两院"人员有任免权。如第62条第8、9项规定,全国人民代表大会有权"选举最高人民法院院长""选举最高人民检察院检察长";第63条第5、6项规定全国人民代表大会有权罢免"最高人民法院院长""最高人民检察院检察长";第67条第12、13项规定全国人民代表大会常务委员会有权"根据最高人民法院院长的提请,任免最高人民法院副院长、审判员、审判委员会委员和军事法院院长""根据最高人民检察院检察长的提请,任免最高人民检察院副检察长、检察员、检察委员会委员和军事检察院检察长,并且批准省、自治区、直辖市的人民检察院检察长的任免"。[⑨]

二是全国人大有权监督"两院"的工作,即人大对"两院"有监督权,表现在:第67条第6项规定全国人民代表大会常务委员会有权监督法院、检察院的工作,这是肯定全国人大常委会对"两院"有监督权,这一点与对国务院的规定是相同的。但在具体的监督形式上,同学们发现就有所不同了。

首先,宪法没有规定"两院"向人大"报告工作"。如《宪法》第133条规定:"最高人民法院对全国人民代表大会和全国人民代表大会常务委员会负责。地方各级人民法院对产生它的国家权力机关负责。"第138条规

⑧ 实在回答不出的可由老师告知。

⑨ 其中人大和常委会在任免权上的分工与对国务院组成人员的任免有明显不同,这里可以提醒同学们注意这种不同,具体内容放到后面讲人大时再专门讲。

定:“最高人民检察院对全国人民代表大会和全国人民代表大会常务委员会负责。地方各级人民检察院对产生它的国家权力机关和上级人民检察院负责。”这两条都没有像《宪法》第92条规定的那样,规定国务院对全国人大及其常委会负责“并报告工作”。对此有同学提出每年人大开会时,“一府两院”都在向人大报告工作啊,老师提醒大家去查找一下“两院”组织法,于是有同学查到,《法院组织法》第17条规定:“最高人民法院对全国人民代表大会和全国人民代表大会常务委员会负责并报告工作。地方各级人民法院对本级人民代表大会及其常务委员会负责并报告工作。”《检察院组织法》第10条规定:“最高人民检察院对全国人民代表大会和全国人民代表大会常务委员会负责并报告工作。地方各级人民检察院对本级人民代表大会和本级人民代表大会常务委员会负责并报告工作。”也就是说,“两院”对全国人大及其常委会“报告工作”不是规定在宪法中,而是规定在法律中,这有何区别呢?在此老师可以引导大家重温宪法和法律的区别,以及这种区别在合宪性审查中的意义。[10]

其次,依据宪法,人大对“两院”的有关法律文件没有“撤销权”,在有关宪法性法律中也没有这样的规定。这是为什么呢?有同学回答因为要保证司法独立,[11]人大也不能干涉法院办案;也有同学说法院本来就无权制定规范性法律文件,法院只能作出判决,对法院的判决人大当然不能改变或撤销。

最后,人大对“两院”的有关人员也没有“质询权”。同学们注意到《宪法》第73条规定的质询权,其对象仅限于政府及其部门,不包括“两院”。经过老师提醒,同学们查找了《全国人民代表大会和地方各级人民代表大会代表法》,其第14条规定:“全国人民代表大会会议期间,一个代表团或者三十名以上的代表联名,有权书面提出对国务院和国务院各部、各委员会,最高人民法院,最高人民检察院的质询案。”“县级以上的地方

---

⑩ 即对法律规范可以做合宪性审查,对宪法规范则不可以,要改变宪法规范必须修宪或进行宪法解释。

⑪ 《宪法》第126条规定:“人民法院依照法律规定独立行使审判权,不受行政机关、社会团体和个人的干涉。”第131条规定:“人民检察院依照法律规定独立行使检察权,不受行政机关、社会团体和个人的干涉。”

各级人民代表大会代表有权依照法律规定的程序提出对本级人民政府及其所属各部门,人民法院,人民检察院的质询案。”人大对“两院”的“质询权”也是规定在有关法律中的,也是法律授权,而不是宪法授权。那么,法律的这种规定是否符合宪法呢?“审判独立”“检察独立”是宪法原则,“两院”(尤其是法院)对人大“报告工作”、接受“质询”是否有损司法独立?人大虽居于“上位”,是否也需要对司法独立表示尊敬?宪法规定政府不仅“由人大产生,对它负责,受它监督”,而且要向人大“报告工作”、接受“质询”,而对“两院”却只是笼统规定其“由人大产生,对它负责,受它监督”,没有具体规定对人大“报告工作”、接受“质询”,这种区别对待的意义是什么呢?人大对行政权和司法权的监督是否应有所差别?……围绕这些问题同学们可以各抒己见,展开讨论。

(三)人大与中央军委的关系

大家继续在“国家机构”一章中的第一节“全国人民代表大会”和第四节“中央军事委员会”中查找相关条文,发现人大与中央军委的关系也包括两方面。

一是全国人大“产生”中央军委组成人员,表现为人大的任免权。如第62条第6项规定,全国人民代表大会有权“选举中央军事委员会主席;根据中央军事委员会主席的提名,决定中央军事委员会其他组成人员的人选”;第63条第3项规定全国人民代表大会有权罢免“中央军事委员会主席和中央军事委员会其他组成人员”;第67条第10项规定全国人民代表大会常务委员会有权“在全国人民代表大会闭会期间,根据中央军事委员会主席的提名,决定中央军事委员会其他组成人员的人选”。⑫

二是全国人大有权“监督”中央军委的工作,即人大对中央军委有监督权。如第67条第6项规定全国人民代表大会常务委员会有权监督中央军事委员会的工作,这一点与对“一府两院”的规定是相同的。但同学们发现,关于如何监督,宪法没有规定具体的监督形式,在第四节“中央军事委员会”中只有两个条文,规定的十分简单,其中第94条规定“中央军

---

⑫ 其中人大和常委会在任免权上,对中央军委人员的任免与政府更接近,还是与“两院”更接近?这些问题也放到后面讲人大任免权时再展开。

事委员会主席对全国人民代表大会和全国人民代表大会常务委员会负责”。既没有规定“报告工作”,也没有规定人大对其有质询权、撤销权,这是否说明中央军委与“两院”有相似之处呢?同学们可以由此发表自己的看法,老师也可以适当介绍1982年《宪法》设立中央军事委员会的时代背景,指出其积极意义。

(四)人大与监察委员会的关系

监察委员会是2018年3月修宪后新加入的板块,说明我国政体内部的关系有所调整,增加了新元素,由“一府两院一委”变成“一府两院两委”。

和前面一样,大家在“国家机构”一章中的第一节“全国人民代表大会”和第七节“监察委员会”中找到人大与监察机关两个方面的关系。

一是全国人大“产生”监察委员会组成人员,表现为人大的任免权。如第62条第7项规定,全国人民代表大会有权“选举国家监察委员会主任;”第63条第4项规定全国人民代表大会有权罢免“国家监察委员会主任”;第67条第11项规定全国人民代表大会常务委员会有权“根据国家监察委员会主任的提请,任免国家监察委员会副主任、委员”。⑬

二是全国人大有权“监督”监察委员会的工作,即人大对监察委员会有监督权。如第67条第6项规定全国人民代表大会常务委员会有权监督国家监察委员会的工作,这一点与对“一府两院”及军委的规定没有差别。但在如何监督的问题上,有一些差别引起了大家的注意,如在是否向人大及其常委会汇报工作的问题上,宪法没有作出规定,而是像“两院”一样规定在宪法性法律中,即《监察法》第53条第1、2款规定:“各级监察委员会应当接受本级人民代表大会及其常务委员会的监督。”“各级人民代表大会常务委员会听取和审议本级监察委员会的专项工作报告,组织执法检查。”这与“两院”似乎一致,即都是由法律规定向人大“报告工作”,但也有同学发现还是有区别的,通过对比“两院”组织法的有关条文,发现有两点不同,一是“两院”工作报告的对象是人大和人大常委会,而监察委员会报告的对象只是常委会;二是“两院”向人大及其常委会“报告工

⑬ 其中对监察委员会人员的任免与政府、军委、“两院”中的哪个更接近?这些问题也宜放到后面讲监察委员会时再展开。

作”，而监察委员会向人大常委会做的是“专项工作报告”……这两个特点说明监察委员会受人大的监督比“两院”受人大的监督要少。

在质询问题上，监察委员会与“两院”相同，都要接受人大的质询，质询权都规定在宪法性法律中，而不是像对国务院的质询那样规定在宪法中。如《监察法》第 53 条第 3 款规定：“县级以上各级人民代表大会及其常务委员会举行会议时，人民代表大会代表或者常务委员会组成人员可以依照法律规定的程序，就监察工作中的有关问题提出询问或者质询。”

关于撤销权，大家发现宪法和《监察法》都没有规定人大有权撤销监察委员会制定的有关规范性文件，这与中央军委相似。

关于执法检查，通过对宪法和有关法律的查询，有同学发现在宪法中没有规定人大对“一府两院”有这种检查，“执法检查”作为人大的一种监督形式是规定在《监督法》中的。老师可适当介绍 2018 年 3 月 13 日在第十三届全国人大一次会议上成立了“监察和司法委员会”，目的是辅助权力机关监督监察委员会的工作，保证人大对监察权的制约。

有同学提出监察委员会是否可以监察人大代表？有的同学认为不可以，因为我国政体的特点就是人大地位至高无上，其他机关都只是受人大监督，而不能反过来监督人大；也有同学认为不能监督人大不等于不能监督人大代表，如许多地方的人大代表都出现了贪污受贿等问题，监察委员会应该可以调查……老师要求大家查一下《监察法》，有同学找到了第 15 条，“监察机关对下列公职人员和有关人员进行监察”，其中第一类就是“中国共产党机关、人民代表大会及其常务委员会机关、人民政府、监察委员会、人民法院、人民检察院、中国人民政治协商会议各级委员会机关、民主党派机关和工商业联合会机关的公务员，以及参照《中华人民共和国公务员法》管理的人员”；由于同学们对“人民代表大会及其常务委员会机关”不太理解，对此老师做了解释，大家明白了“机关管理人员”不是人大代表，因此根据《监察法》的规定，人大代表应该不在监察范围之内。但还是有同学认为，那人大代表的贪污受贿问题谁管呢？总不能没人管吧？有同学认为既然《监察法》没有规定，那就还是应由检察院管，也有同学认为还是应由监察委员会统一管，可否对该条款做扩大解释？……老师可以介绍一下实践中的状况,并希望大家今后继续关注这方面的报道。

(五)人大与国家主席的关系

大家在“国家机构”一章中的第一节“全国人民代表大会”和第二节“中华人民共和国主席”中找到人大与国家主席关系的规定,由于国家主席是一个特殊的国家机关,因此在具体内容方面有较为明显的不同。

全国人大与国家主席、副主席的关系主要体现在任免权方面。如第62条第4项规定,全国人民代表大会有权“选举中华人民共和国主席、副主席”;第79条规定:“中华人民共和国主席、副主席由全国人民代表大会选举。”⑭第63条第1项规定全国人民代表大会有权罢免“中华人民共和国主席、副主席”。⑮ 此外还有一些特殊规定,其中有的和人大没有关系,如第84条第1款规定:“中华人民共和国主席缺位的时候,由副主席继任主席的职位。”有的与人大有关系,如第84条第2、3款规定:“中华人民共和国副主席缺位的时候,由全国人民代表大会补选。”“中华人民共和国主席、副主席都缺位的时候,由全国人民代表大会补选;在补选以前,由全国人民代表大会常务委员会委员长暂时代理主席职位。”有同学发现,与人大和其他国家机关的关系不同,只有全国人大与国家主席的任免有关系,全国人大常委会在其中不能插手;也有同学认为,关于有暂时代理权的委员长,其全称是“中华人民共和国全国人民代表大会常务委员会委员长”,因此委员长应属于常委会的组成部分,而不属于全国人大的组成部分,也就是说,在主席、副主席都缺位时,全国人大补选前,委员长的暂时代理权,应视为常委会的介入。

至于全国人大是否有权“监督”国家主席的工作?大家在宪法中没有找到国家主席“对人大负责,受人大监督”的规定,而《监督法》的全称是“各级人民代表大会常务委员会监督法”(不是人大监督法),因此也不可能规定对国家主席的监督。如果没有监督权,那么监督的具体形式当然

---

⑭ 在此,有同学提出重复规定的问题,即第62条第4项和第79条是重复的。

⑮ 但宪法以及相关宪法性法律都没有规定罢免的理由,即在什么情况下全国人民代表大会可以行使罢免权,如其他国家宪法多规定对元首的弹劾前提必须是元首有犯罪或严重违反宪法、法律的行为而不是一般的不称职,如美国、德国、意大利。

也就无从谈起,因此也就没有“报告工作”“质询权”等规定。也有同学认为,从全国人大有对国家主席的“罢免权”中,应该可以推论出人大对国家主席也有“监督权”,因为监督是罢免的前提,没有监督就进行罢免是不太可能的。⑯

三、其他国家机关之间的关系

其他国家机关之间的关系是人民代表大会制度中的第二层关系,在地位上不及第一层关系,在内容上却比第一层关系更复杂,其中大量关系属于宪法性法律的调整范围。由于课时所限,有些关系没有进行讲述和讨论,如军事机关和其他机关的关系、法院和其他机关的关系、检察院和其他机关的关系、国家主席和其他机关的关系,这里讨论的主要是国务院和其他机关的关系、监察委员会和其他机关的关系,而且也往往只是讨论了其中的部分关系。

(一)国务院和其他国家机关的关系

老师首先要求同学们列出国务院和其他机关的关系包括哪些方面?大家很快列出了五个方面,并互相补充了这些关系的若干表现:一是国务院和法院的关系,主要表现为政府不干涉法院审判,政府有司法行政管理权,法院有通过行政诉讼监督政府的权力等;二是国务院和检察院的关系,主要有国务院不干涉检察机关的工作,检察院对公安、监狱等行政部门有监督权等;三是国务院和监察委员会的关系,如监察委员会有权监察所有行政人员,并与行政机关中的执法部门互相配合、互相制约;四是国务院和中央军委的关系;五是国务院和国家主席的关系。这里主要讨论的是第四种、第五种关系。

1. 国务院和国家主席的关系

同学们开始有些疑惑,国务院和国家主席之间有关系吗?一些同学

---

⑯ 关于人大及其常委会是否有必要对国家主席进行监督,与国家主席的实权还是虚权是否有关系等问题,可以安排到后面讲国家主席时再讨论。

在宪法中没有找到有关规定,但也有细心的同学发现《宪法》第62条规定全国人大是根据国家主席的提名来决定总理人选的,即国家主席有对总理的提名权。

那么,提名权本身的寓意是什么呢?

有同学问提名权是否包括免职的提名?大家在宪法中找不到答案,只能从原理上做出推论,如任与免应当统一……在老师的提示下,有同学查到《全国人民代表大会议事规则》第39条:"主席团、三个以上的代表团或者十分之一以上的代表,可以提出对于全国人民代表大会常务委员会的组成人员,中华人民共和国主席、副主席,国务院的组成人员,中央军事委员会的组成人员,最高人民法院院长和最高人民检察院检察长的罢免案,由主席团交各代表团审议后,提请大会全体会议表决;或者依照本规则第六章的规定,由主席团提议,经大会全体会议决定,组织调查委员会,由全国人民代表大会下次会议根据调查委员会的报告审议决定。"全国人大罢免总理时并不是由国家主席提出罢免案,国家主席对总理只有"任"的提名权,没有"免"的提名权。

那么,国家主席有对总理的提名权是否包含监督之意?大家认为从目前的宪法和法律文本中看不到这种意义。老师在此可以介绍一下新中国成立初期的有关规定和实践,如1949年的《中央人民政府组织法》第14条规定,在中央人民政府委员会休会期间,政务院对中央人民政府的主席负责并报告工作;1954年《宪法》第43条规定国家主席有权召开最高国务会议,其中包括召集总理参加最高国务会议,当时的国家主席并非完全不干预行政事务……这些都表明总理对主席负责并报告工作在中华人民共和国的历史上曾有先例。而1982年《宪法》为什么只保留了国家主席对总理的提名权,也可以向同学们介绍其历史背景。

2. 国务院和中央军委的关系

这一关系在宪法中也不太引人注目,以致老师不提醒许多同学都未发现。在此老师要求同学们对《宪法》第93条第1款规定的中央军委"领导全国武装力量"和第89条第10项规定的国务院有权"领导和管理国防建设事业"进行比较。有同学发现这是一种"双领导"体制,并比较快地指出其领导的主体不同，一个是国务院，一个是中央军委；进而有同学补充道，领导的对象也不同，国务院领导的是“国防建设事业”，中央军委领导的是“全国武装力量”，那么“国防建设事业”和“全国武装力量”是什么关系？在老师引导下，同学们查阅了《国防法》，从该法的目录中可以看出，[17]国防建设包括武装力量，在国防建设中，除了武装力量外，还有边防、海防和空防，国防科研生产和军事订货，国防经费和国防资产，国防教育，国防动员和战争状态，公民、组织的国防义务和权利，军人的义务和权益，对外军事关系等众多内容；还有同学指出，“双领导”的领导形式也不同，国务院是“领导和管理”，既可以“领导”又可以“管理”，形式较为多样，中央军委只是“领导”，形式较为单一，等等。

（二）监察机关和其他国家机关的关系

监察委员会作为监察机关有其特殊性，主要表现在它有权监察所有国家机关工作人员，《监察法》第 15 条规定的第一类监察对象就包括了“一府两院”以及监察委员会自己的工作人员：“中国共产党机关、人民代表大会及其常务委员会机关、人民政府、监察委员会、人民法院、人民检察院、中国人民政治协商会议各级委员会机关、民主党派机关和工商业联合会机关的公务员，以及参照《中华人民共和国公务员法》管理的人员。”

有细心的同学发现其中没有军事机关，有人提出可能是因为军事机关有其特殊性，军队中的监察问题由类似军事法院的专门机关来处理，老师让大家查《监察法》，大家找到第68 条：“中国人民解放军和中国人民武装警察部队开展监察工作，由中央军事委员会根据本法制定具体规定。”此外并无条文明确规定有“军事监察委员会”之类的机构；也有同学认为以这几年的实践来看，军中大老虎都是由中纪委调查的，说明不需要成立什么军事监察委员会，中纪委/国家监察委员会可以直接查；也有同学提出对军中的“中”老虎、“小”老虎由谁查呢？总不能都由中纪委/国家监

---

⑰ 《国防法》共有十二章：总则（第一章），国家机构的国防职权（第二章），武装力量（第三章），边防、海防和空防（第四章），国防科研生产和军事订货（第五章），国防经费和国防资产（第六章），国防教育（第七章），国防动员和战争状态（第八章），公民、组织的国防义务和权利（第九章），军人的义务和权益（第十章），对外军事关系（第十一章），附则。

察委员会办吧?对此有同学提出可由地方监察委员会调查,也有同学提出地方不可能介入,还是应由中纪委/国家监察委员会负责——可在其内部成立某个专门机构负责军队系统的反腐问题。

有同学提出监察对象包括法院、检察院的人员,并不局限于“两院”的“管理人员”,这是否包括法官、检察官呢?在得到老师的肯定回答后,又问,这是否会影响司法独立呢?大家七嘴八舌,有人说法官也不能贪污吧,贪污了也要查吧?也有人担心监察委员会过于强势,会干扰法院的正常工作,还有人问老师海外对这类问题是怎么规定的?……老师可以简单介绍一下香港廉政公署的情况:香港历史上从来没有听过法官有贪污腐败的行为,20世纪70年代前香港不是一个廉洁社会,腐败横行,有警察收钱,海关贪污,但即便那个贪污腐败时代,也没有听说过法官有贪污的行为;在法治较为发达的社会,都很少有法官贪污受贿等违法犯罪的情况……但许多法官贪污受贿却是我们面临的大问题。老师可以介绍自己的观点:法官如有贪污受贿嫌疑,监察委员会介入调查是必要的、可以的,但不得干预法官独立行使审判权,而只是对法官个人的贪污受贿等问题进行调查,且这与对党政人员的监察应有所区别:一是不宜主动监察,不能像对党政官员那样进行例行的年度检查,不宜每年定期地对法官进行“监督”,而应以“不告不理”为原则,如在有对法官贪污受贿的举报时才能介入;二是如果对法官的监察结果需要进行政务处分,也应“建议”或“委托”该法官所属的法院依据《法官法》进行处理,当然,对涉嫌职务犯罪的法官、监察官,监察委员会要移送至检察院处理。⑱

---

⑱ 在此需要介绍一下监察委员会的处理权限:“监察机关根据监督、调查结果,依法作出如下处置:(一)对有职务违法行为但情节较轻的公职人员,按照管理权限,直接或者委托有关机关、人员,进行谈话提醒、批评教育、责令检查,或者予以诫勉;(二)对违法的公职人员依照法定程序作出警告、记过、记大过、降级、撤职、开除等政务处分决定;(三)对不履行或者不正确履行职责负有责任的领导人员,按照管理权限对其直接作出问责决定,或者向有权作出问责决定的机关提出问责建议;(四)对涉嫌职务犯罪的,监察机关经调查认为犯罪事实清楚,证据确实、充分的,制作起诉意见书,连同案卷材料、证据一并移送人民检察院依法审查、提起公诉;(五)对监察对象所在单位廉政建设和履行职责存在的问题等提出监察建议。监察机关经调查,对没有证据证明被调查人存在违法犯罪行为的,应当撤销案件,并通知被调查人所在单位。”(《监察法》第45条)

那么,其他国家机关对监察委员会是否可以制约呢?

首先看行政机关。有同学引用《宪法》第127条第1款:“监察委员会依照法律规定独立行使监察权,不受行政机关、社会团体和个人的干涉。”说明监察机关不受行政机关干涉,因此行政机关很难形成对监察委员会的制约。也有同学认为该条第2款规定了例外:“监察机关办理职务违法和职务犯罪案件,应当与审判机关、检察机关、执法部门互相配合,互相制约。”说明其中是存在某种“制衡”关系的,即行政机关中的执法机关(如公安机关、安全机关)在一定条件下也可能对监察委员会形成一定的制约。

其次看司法机关。⑲ 老师在此应简要介绍一下检察院部分职权(反贪局和反渎职侵权局等)转至监察委员会的情况,然后让大家查阅《监察法》……有同学查到第47条:“人民检察院经审查,认为犯罪事实已经查清,证据确实、充分,依法应当追究刑事责任的,应当作出起诉决定。”“人民检察院经审查,认为需要补充核实的,应当退回监察机关补充调查,必要时可以自行补充侦查。对于补充调查的案件,应当在一个月内补充调查完毕。补充调查以二次为限。”“人民检察院对于有《中华人民共和国刑事诉讼法》规定的不起诉的情形的,经上一级人民检察院批准,依法作出不起诉的决定。监察机关认为不起诉的决定有错误的,可以向上一级人民检察院提请复议。”大家都认为这其中包含有制约之意,即案件移送检察院后,检察院有权对其审查,审查后或起诉,或退回补充调查,或不起诉等。⑳ 也有同学注意到,检察机关作为我国的法律监督机关,其监督对象包括公安、法院、监狱等,监察委员会不在检察院法律监督范围之内,其理由是什么,大家也可适当展开讨论。

最后,老师要求大家课后对今天讨论的各国家机关的关系列出表格,可以作为平时成绩,也可以在考试时作为考题出现。

---

⑲ 主要是看检察院,因为法院对监察委员会没有制约作用,当然老师也可以适当介绍一下香港廉政公署的相关制度,如廉署在对调查对象采取强制措施后48小时内要带到裁判官席前,对其采取何种强制措施完全由法官决定;监察专员的搜查行为要事先经法官授权,获得搜查证才能行使搜查权;法官可以就廉政公署的调查工作提出意见和批评。

⑳ 对于法硕班的同学这种规定比较好理解,但对于大学本科的学生来说,在开宪法课的时候往往还没有开诉讼法的课程,因此老师要略做讲解。

On the Class Teaching Method of Constitutional Law-A Discussion on the Connotation of the People's Congress System

Ma Ling

Abstract: On the topic of the connotation of China's People's Congress system, in the classroom, the teacher formed a chain of questions for class discussion prepared in advance. In this way, the teacher guides the students to discuss the components of the People's Congress System step by step. The system's internal relations, such as the relationship between the People's Congress at the first level and other state organs (upper and lower structures), the relationship between the government and the People's Congress and the supervisory committee, the People's Congress and the court, the relationship between the People's Congress and the procuratorate, etc. are also designed to be discussed in the same way. Next, the second level of relations is discussed, such as the relations between government and the supervisory committee, the supervisory committee and the court, the supervisory committee and the procuratorate, the court and the procuratorate. In the teaching method, this kind of discussion does not only help the students to be familiar with the law, to learn to find the articles themselves, but also improves the students' enthusiasm for learning, cultivates their ability to discover problems and analyze problems, and at the same time facilitates the interaction between teachers and students, and eventually established a well-rounded formation and atmosphere of teaching and learning in classroom.

Key Words: People's Congress System　Constitution　People's Congress　other state organs　internal-relations

现象教学法在民法教学中的运用*

吴才毓**

摘　要：芬兰教育中现象教学法的尝试，可以超越案例研习、模拟法庭等部门法实务课程，试图建立学习者的问题意识，以起因、典型事件、类型化等线索，串联形成逆碎片化的体系化思考，横跨理论与实务维度，甚至需要跨越学科界限。本文旨在揭示现象教学法可应用于与市民社会衔接紧密的民法学教育，且具有重要意义。开展现象教学法的前期阶段需要铺垫受训者的阅读能力、基本方法论思考以及法哲学认知教学等，再循序进入典型场景的教学与讨论进程，典型“场景”可包括民刑交叉案件、共享经济监管等主题，以不断拓展基于现象（话题）的教学资源，将教师科研资源融入课堂教学场景，从而具备对于社会现实的回应力。

关键词：现象教学法　民法　法学教育　问题意识　芬兰

---

* 基金项目来源：本文为中国人民公安大学2018年度校级教学研究项目（项目负责人：吴才毓，项目编号：2018JY06）、四川省教育厅人文社会科学重点研究基地基层司法能力研究中心2017年度立项资助的“夫妻共同债务推定规则研究”项目（项目编号：JCSF2017－11）的阶段性成果。

** 吴才毓，中国人民公安大学法学院讲师，研究方向：民商法。

一、现象教学法的教育革新

芬兰教育理念的革新,亮点在于其彻底向历经世纪变迁的分科教育提出挑战。以团队合作为主的场景主题教学方法,即"基于现象(话题)的教学"(以下或简称现象教学法)作为融科教育(multidisciplinary teaching)的典型,在芬兰得以部分取代传统的分科教育课堂,从基础教育阶段全面铺开,渗透影响高等教育的变革。在芬兰《国家课程框架》设定的教学大纲中,①为回应实践,师生可以共同策划学习"场景"。现象教学法借鉴研究型课程的长处,为学习者设定任务目标,令学习者在合作过程中习得各种规划、表达、理解技能。但现象教学法绝不仅仅局限于案例研究、模拟法庭等研究型课程类型,在法学教育的视域中,最基本的要素即教学思维超越部门法樊篱、横跨理论与实务维度,甚至需要跨越学科界限。

(一)现象教学法的历史渊源

芬兰《国家课程框架》提出,"从 2016 年 8 月起,面向 7 ~ 16 岁学生的所有学校必须在课程大纲中留出时间(持续数周)用于跨学科的现象教学,具体时间长短和次数由学校自行决定"。这是首次国家级教育部官方文件中对于现象教学法的明确说明。基于现象的教学法是一种基于问题和探究的课堂结构,学生在课堂、课后设计、规划、实施、扩展项目(主题),以出版物或演示、实物成品等公开展示输出。其缘起于 CLIL 型的教学和学习。欧盟成员国为保持欧洲语言和文化多样性,提出一种"兼顾学科知识和外语学习的具有双重教学目的"的教育模式,标志着欧洲大陆之上 CLIL 教学法的诞生。② CLIL 是 Content and Language Integrated Learning

---

① Jordan Money,Finland to Reduce Role of Academic Subjects Through "Phenomenon" Teaching, see http://blogs. edweek. org/teachers/teaching _ now/2015/03/finland-interdisciplinary-phenomenon-teaching. html. Accessed May 18,2018.

② 盛云岚:《欧洲 CLIL 模式:外语教学法的新视角》,载《山东外语教学》2012 年第 5 期。

的简称，这种教学方法将内容和语言相结合，作为现象教学法的前身，可以帮助学生建立不同文化间的知识和理解、培养不同文化间的交流技巧、提高语言能力和口头交际能力、以不同视角提供更多学习机会。

基于美国教育家约翰·杜威（John Dewey）“学校即社会”的观点——“既然教育是一种社会生活过程，那么学校就是社会生活的一种形式”，学生应当基于真实社会现象展开学习。CLIL 教学法在 20 世纪广受赞誉，并且在 20 世纪 70 年代之后，经由数字技术的发展，③记录、回溯教学过程更加方便，CLIL 教学法更加广为传播，奠定了之后 21 世纪现象教学法在芬兰的兴起和全面应用。

（二）现象教学法的理论基础

现象教学法缘起于以杜威为代表的实用主义教育思想体系，即学习应当发生在一个真实的、整体的语境中，而学习过程是一个完整的针对目标的连续动作。不同于传统的分科教育中，研究的事物通常按照解构主义（decontextualization）被分成相对小的、独立的部分，从而分离了主题，④现象教学法锚定学习实践现象，其中需要讨论学习的问题自然地锁定在真实世界的现象中。

以现象为基础的场景主题教学，其出发点是建构主义和社会文化学习理论，其中学习者被看作积极的知识建构者。基于现象的学习发生在学生需要团队合作的协作环境中，其中“小片段”式的单一学科信息作为基础，构成社会文化学习理论的一部分。学生在进行场景主题教学之前，需要了解基本的文化符号和常识。（如符号系统，如语言、数学计算规则和不同类型的思维工具）⑤

（三）现象教学法的实施过程

第一阶段为选题。基于主题的整体性与真实性，整合传统课程的知识脉络，针对现实世界中的现象，铺垫方法、工具和材料，与应用该知识的

---

③ What is Phenomenon-Based Learning? See https://scaffoldingmagic.com/project-based-learning-primary-secondary/. Accessed June 10,2018.

④ Phenomenon Based Learning Motivational Factors, Accessed June 10, 2018. http://www.phenomenaleducation.info/phenomenon-based-learning.html.

⑤ Ibid.

真实世界相对应。[⑥] 在信息传递和理论应用中,学习者的认知过程(思维过程)中完全针对真实社会现象。现象教学法多选用与社会现象联系紧密的主题,例如,设有包括地理、历史、政治、经济、语言、宗教等知识的"联合国"场景,涉及历史、政治、外语、地理、宗教等知识的"难民"场景,涉及数学、外语、计算机及人际沟通技能的"模拟银行"场景,涉及数学、统计、地理的"交通"场景。[⑦] 学术教育方面的场景则包括"欧盟""第二次世界大战"等。选题必须开放,有多种可能的答案,可引发好奇心,使学生注意力集中,创造力得到激励,并连接到实践世界。

第二阶段为学习过程,应用方法论,进行基于问题的研究性学习。学习和协作知识建构是基于学习者自身的设问。在场景学习中,首先须从不同世界观角度看待同一话题,然后将话题分解为更深入的研究。场景化需要教学方法的实施者超越传统的解构主义分科教学。教师通过设计策划"迷你课"介绍研究所需的背景知识,每个场景主题中通常设置有 3 ~ 4 堂迷你课程,具体的迷你课数量取决于场景主题的宏大程度,与整体主题计划的时间长度。

第三阶段为合作过程。学生通常以 3 ~ 8 人为团队,设计、计划和产出最终报告。在此合作过程中,教师应当帮助建立团队信任,适当参与阶段性讨论进程,拓宽学生的问题视角,起到"脚手架/支架式"(scaffolding)教学的作用,引导学习者感知信息的过程。[⑧] 解决问题时,教师、数据库资源等可辅以跨学科、跨部门法研究,如在法学领域,兼顾实体法与程序法、私法与公法,在此过程中,将碎片化的法条常识融合为具有实用价值的研究脉络,实现"逆碎片化"的学习过程。

第四阶段为评价过程。教师负责充当裁判以及提供基础资源,如总

---

⑥ Phenomenon Based Learning Rubric, see http://nebula.wsimg.com/c58399e5d05e6a656d6e74f40b9e0c09? AccessKeyId = 3209BE92A5393B603C75&disposition = 0&alloworigin = 1. Accessed June 12, 2018.

⑦ 《芬兰基础教育将全面推广"现象教学"》,载 http://www.edu.cn/edu/ji_chu/ji_jiao_news/201503/t20150327_1241478.shtml,最后访问日期:2018 年 6 月 13 日。

⑧ Phenomenon-Based Learning Structure, see https://scaffoldingmagic.com/phenomenon-based-learning-structure/. Accessed June 15, 2018.

主题、以不同线索区分主题,在学习初级阶段帮助学生形成基本问题意识。引导学习者分析场景线索中的起因、重要事件、重要人物、事件发展原因、事件发展后果、类型化的现象等。在具体讨论过程中,需要合作与说服,需要形成具体方案。师生对于日常评估方案很大程度上依赖于连续反馈。除了教师评价外,现象教学法的评价机制还依赖于合作者之间的互评。

二、现象教学法建立的方法论

我国法学教育中尝试的翻转课堂、模拟法庭、法律诊所等方法归根结底均是为了理解法律事实(现象)并做出准确回应,因此,统合适用现象教学法进行融科教育,无疑是培养法治思维的重要手段。现象教学法在芬兰教育中自基础教育,延伸渗透至高等教育阶段,得以成为芬兰在大学环境中树立创业文化、建设"创业型大学"(entrepreneurial university)[⑨]的重要方法。从现象教学法的实施过程观察,现象教学法之中扎根于真实社会实践的选题方法、问题意识、合作研究、整体评价等,与高等教育阶段的法学教育,特别是与真实市民社会衔接紧密的民法学教育相关甚笃。现象教学法的重要意义在于锻造三种法学基础方法,即阅读能力、方法论以及(法)哲学认知。

(一)阅读能力教学

现象教学法的基础能力在于读写中融会贯通各类材料,阅读能力在此教学法中占据基础性地位。法学教育中,民法学是一门体系完备、发展成熟的部门法,现象教学法对于民法学教学而言是高阶阶段,作为基础的是如何获取基础资讯信息的能力以及通过阅读本身提高理解能力。

按照美国学者莫提默·J. 艾德勒、查尔斯·范多伦的观点,通过阅读提高理解能力,包括基于基础阅读与以大纲轮廓为重点的检视阅读,通往

---

⑨ [挪]阿瑞尔德·杰尔德夫:《芬兰高等教育改革:对全球化的回应》,冯典译,载《现代大学教育》2008年第4期。

分析阅读、主题阅读的高阶阅读解读。[⑩] 理解、解读作者的话语本身,在法律工具中呈现为一套系统的法律解释工具,包括文义解释、目的解释、比较法解释、立法者原意解释等解释方法。

分析阅读的进程必然培养问题意识,对于任何值得进行分析阅读的阅读素材,素材所描述的主题是什么、提出的问题是什么、作者如何试图解决这些问题等,从中进行分析、提炼、质疑与判断。在往复的训练过程中,理解什么是真正的议题(issue)、需要解决的难题(problem)以及可以通过碎片资讯得到解决的基础问题(question),并得到从各种不同角度提出问题的能力。在形成思考体系的过程中,通过笔记、书评、论文等方法进行输出,面临较大的信息量、不同流派、差异时,训练严谨的推论过程。

主题阅读过程中,强调的是比较方法,通过主题找寻相关情节、主旨的素材,类似于学术基础训练中的文献收集与初步筛选,并且在比较过程中取得共识或使得文献得到综述,从而其知识发展脉络得到进一步厘清。各种针对同一争议焦点的不同论点存在联系与区别,客观对其进行分析、引用,以形成成熟的论证观念。

(二)方法论教学

1. 预防式问题解决方法

在传统法学院课堂中,民法学预防式法学教育集中体现于两种课程设置:一是合同法实务,通过不同风险防范的基本技巧,来达到初步规避风险的目的;二是继承法实务。在更大的视域中,预防式的方法论是沉浸并体现于整体的法学分析工具的。通过法学的事前(ex ante)分析、事后(ex post)分析,法学规则的拟定可以形成向后的规制效果。特别在民间纠纷处理过程中,在调解或裁判时,在思维进路上,均须持有对既有法条的正确理解,同时向后推理到如此裁断后,对于类似事件可能造成的影响。例如,南京彭宇案中法官的说理,"如果被告是做好事,根据社会情理,在原告的家人到达后,其完全可以在言明事实经过并让原告的家人将

---

⑩ 参见[美]莫提默·J. 艾德勒、查尔斯·范多伦:《如何阅读一本书》,郝明义、朱衣译,商务印书馆 2004 年版。

原告送往医院,然后自行离开,但被告未作此等选择,其行为显然与情理相悖",[11]法官以自身角度出发考察"人性"的期待可能性,对于类似事件中"好心人"的选择造成恶劣影响,向后影响了良好社会风气的形成。在裁判过程中应当衡平注意成本与预期成本,以法经济学等方法确定纠纷的裁定思路,其中贯穿着民法基本原则,侵权法归责原则,民事主体、民事责任、民事法律关系的相关理解。

2. 历史视角

如以"婚姻"为研究场景,方法论的演习可体现为探索史料中家族结构的变化,理解计划生育等政策对于婚姻家庭的影响等。中国历史上小农家庭承担着政治治理(管教孩子的家法)以及类似宗教的祭祀功能。与现代核心家庭仅仅关注生育后代、因此是临时性社会组织不同,[12]农耕家庭承担了长期的政治、经济、社会和宗教功能,是农耕社会中最重要和最基本的"事业单位",是一种稳定的小家族。[13] 历史视角可助于理解《民法总则》中,为何农村承包经营户以户为单位却又放置于自然人篇章中,助于理解为何《关于适用〈中华人民共和国婚姻法〉若干问题的解释(二)》第24条中出现的夫妻共同债务推定规则在若干年的发展脉络中几经更迭,屡授补丁。以生产单位抑或消费单位观察家庭,将在制度上获取完全不同的推理后果。

3. 法教义学

法教义学强调对于实证法规范的既定处置规则,在方法论上关注法律规范条文的效力、功能、内容等,体现在法律适用过程中进行漏洞补充等的法律解释、法律续造活动。对于初学法律的未来执法者而言,理解"熟背法条仍然不是真正的法律人"极其重要。无论是民法抑或刑法等部门法适用,"解释"与"漏洞"的不可避免,是理解与适用法律过程中不可或缺的。实践中的案例事件极少能够通过套用某一具体条文直接得以

---

[11] 徐某某与彭某人身损害赔偿纠纷案,南京市鼓楼区人民法院民事判决书(2007)鼓民一初字第212号。

[12] 费孝通:《乡土中国》,上海世纪出版集团2007年版,第39页。

[13] 王玉波:《中国家庭史研究刍议》,载《历史研究》2000年第2期;苏力:《大国宪制:历史中国的制度构成》,北京大学出版社2018年版,第10页。

解决。

以实案为例,甲出钱用母亲乙的名额,买下公房,把房产证办在母亲乙名下,与乙约定:该房是买给甲的儿子丙的(二级残疾人,时年 14 岁),等房产证办下过户到丙名下,以保障丙的日后生活。乙表示同意。后母亲乙反悔。据此案情,此案中甲乙之约定应当按照代持(借名买房)抑或房产赠与的思路处理?如果适用房产赠与,可能衔接的法条例如《合同法》第 186 条,即遇到需要解释处,该案情中的"赠与"是否属于法条中的"道德义务性质的赠与合同"?如果以借名买房的思路处置,则涉及对于一般商品房借名合同有效,而对于经济适用房等特殊房屋借名合同无效等处理思路,涉及的知识点包括民法总则法律行为(意思表示不真实)、合同法的赠与合同、民法基本原则等。

(三)法哲学认知教学

除了法律工匠艺术上对于法律方法的掌握,归根结底法律终极的价值选择来自于法哲学认知,即结合历史、哲学等形成的世界观来理解法律中的选择。法哲学认知的形成应当结合法律、哲学、历史、社会学等学科知识,在具体认知教学中,区别于法教义学、法社会学、法律史学等。法哲学的思考基于对于法律规则的了解以及法律逻辑、政策的适用,在甚多疑难案件中,归根结底不是法条的适用难题,而是法哲学所指向的价值观的选择问题。例如,《洞穴奇案》中,五名洞穴探险者受困山洞,其中威特摩尔提议,为生存五人约定抽签吃掉一人,以救活其余四人。但抽签开始前威特摩尔反悔认为提议不妥,其余四人坚持继续抽签,威特摩尔抽中被杀。获救后,其余四人被起诉。[14] 各法官分别从尊重法律条文、探究立法精神、法律与道德的两难、维持法治传统、以常识来判断等角度对案件开展分析,展现的实际上是各法官心中指导其判决的法哲学流派。

---

[14] [美]萨伯:《洞穴奇案》,陈福勇、张世泰译,生活·读书·新知三联书店 2009 年版,第 1 页以下。

三、现象教学法的适用主题例证

(一)民刑交叉问题

长期以来,关注民刑交叉问题的专家学者多出身于刑法领域,未来对于民法学者而言,民刑交叉领域可以适用现象教学法发掘场景主题。

1. 行使消费者权利与敲诈勒索罪

该类型典型案件有李海峰与今麦郎纠纷案、哈尔滨冰淇淋线头案等。李海峰购得过期今麦郎方便面,食用后腹泻,检测得到醋包内汞含量超标要求今麦郎公司赔偿450万元。[15] 此类案件中,消费者"激情维权"行为系属于正当行使民事权利,抑或构成刑法上的敲诈勒索,值得应用教学场景进行分组讨论。

2. 合同欺诈与合同诈骗罪

与行使消费者权利、民事胁迫与敲诈勒索罪这一组概念比对相类似,合同欺诈与合同诈骗罪、民事欺诈与诈骗罪之间的概念不清常常是检察院将案件退侦的高频领域。对于刑法典扰乱市场秩序罪项下的合同诈骗罪而言,其于罪名适用上,应当考虑构成犯罪的合同诈骗行为应当足以扰乱市场秩序,而不仅仅是对于合同相对人产生缔约过失。因此,数额较小的侵害财物行为由于不足以扰乱市场秩序,而不在合同诈骗罪的事业范畴之内。从该罪名扰乱市场秩序的本质观察,合同欺诈行为上升为合同诈骗的犯罪行为,需要行为本身破坏市场经济秩序的根本价值,即"信用体系"。信用体系的构建基于身份认证体系。从《刑法》第224条列举的若干情形,亦可以得见,其中,"以虚构的单位或者冒用他人名义签订合同的""以伪造、变造、作废的票据或者其他虚假的产权证明作担保的"无疑从根本上破坏了整个交易市场所赖以维系的基本信用因素,伪造证明、虚构单位等典型诈术手段本身严重破坏市场基础价值。

---

[15] 简爱:《过度维权的罪与罚——兼评李海峰天价索赔今麦郎获刑案》,载《法学》2017年第2期。

(二)共享经济的监管

对于法学教育的面向对象而言,“法律与监管”场景主题的设立,极有裨益。其在一定程度上类似于法学与公共管理的结合,整合目前 MPA、公共管理硕士与法律硕士课程中的实践性内容,此场景中,要求学生具备运用法学、管理学、政治学、经济学等基础知识与问题意识,合作分析解决问题。除了基础方法论外,与监管相关的场景主题应当重视政策研究领域,特别是商业与政府政策、社会与城市政策的互动关系。

1. 共享经济监管概述

共享经济监管中至少包括以下分课题:共享经济的监管模式是套用既定部门路径,还是开辟新的监管渠道?共享经济与传统业态的监管方式可否分为二阶层进行分别处理?法律工具为监管提供“架构交易”与“规制运作”的双重功能。⑯ 反观其他新兴领域,共享经济法、娱乐法、互联网法、网络互助平台与传统保险业的监管等,其监管均是如此。决定监管策略的决策成因,如代孕,其在部分国家合法化的因素之一即为少子化的严重性。在监管框架下可以讨论的主题,如金融机构资产管理业务应当属于委托代理关系(agency relationship)抑或信托关系(trust relationship)?观察资管业务的法律框架,并不由单一部门法构成,而是包括公法与私法法源在内的复合规制结构。

2. 共享住房监管

互联网经济中,部分地区禁止共享短租,而全球视野观察,更多的地域开放共享短租市场。共享短租业态宜采用旅店业管理模式,抑或流动人口租赁管理模式?如果采取旅店业模式,由于旅店业是典型的特种行业,必须满足既有的消防、卫生等许可要求,而非传统酒店旅馆业的 B2C,在此点上无法与酒店旅馆的特种行业监管模式完全适配。如果采用传统意义上的房东租赁模式,则需要符合其他租赁法规规制。

可以进行场景教学的讨论要点。例如,共享经济的优势在于“使用而不占有”,即重使用权、轻占有权。这契合了《民法总则》立定的绿色原

---

⑯ 刘燕:《大资管“上位法”之究问》,载《清华金融评论》2018 年 4 月刊。

则,成就了生产者延伸责任的广义内涵,总体而言提升了社会资源利用效率,符合物权法的物尽其用原则。

四、结论

在大数据、人工智能时代,我们或将迎来第三次技术革命,最重要的资源或许既不是数据,也不是(大)计算,而是“现象”,是基于真实生活的“场景”,最重要的技能既不是知识记忆,也非计算快慢,而是在场景中具体解决问题的能力。在此浪潮中,法学教育的纲领无疑从“工匠学问”导入一种更深层次的方法论思考。作为社会科学的法学学科范式,必然随着社会条件的变化而产生革命性的转变。芬兰教育中现象教学法的尝试,试图建立学习者的问题意识,在具体讨论研究中,形成逆碎片化的体系化思考。其应用于法学教育中,特别是与市民社会衔接紧密的民法学教育,具有重要意义。开展现象教学法的前期阶段需要铺垫受训者的阅读能力、基本方法论思考以及法哲学意识,再循序进入若干选题的教学与讨论进程,这些典型“场景”的筛选需要考虑到这些场景足以联合多类型的知识结构、思维方法,同时解决这些场景主题中的问题足以锻炼研究者对于社会实践的回应力。基于此,本文例举民刑交叉案例类型、共享经济业态监管等主题,尝试梳理在以上设定场景中可以发掘的思考要点,以供课程革新参考。在教学活动中,场景主题可以串联教师的科研思路,使得法教义学研究等方法不仅拘泥于高校法律科研人员的纸上谈兵,而是真正融会贯通于教学活动本身,形成教研合一。

The Application of Phenomenon-Based Learning Method in the Teaching of Civil Law

Wu Caiyu

Abstract: The phenomenon-based learning method in Finland education can surpass the practical courses of departmental laws, such as the case study and the moot court. It can establish the learner's problem consciousness, so that the learners can form the reverse fragmented and systematic thinking in series with the causes of the cases, the typological clues. This method crosses the theory and practice dimension, and even crosses disciplinary boundaries. The purpose of this paper is to reveal that it is significant to apply it to civil law education that closely linked to civil society. The early stage of phenomenon based learning method needs to cultivate the trainees' reading ability first, the thoughts on the essential research methodology and the cognition of jurisprudence and philosophy. In the second stage it should lead students step into the teaching and discussion process of the typical scenes, which include the theme of crossed cases of civil law and criminal law, supervision of sharing economy and so on. In this way, the teaching can expand the teaching resources of phenomenon-based teaching and integrate the teachers' research resources into the classroom teaching scenes, so as to be capable of reflecting the response to the social reality.

Key Words: phenomenon-based learning civil law legal education problem consciousness Finland

财税法研究生联合培养模式：分析、比较及完善*

张　怡　侯　欢**

摘　要：我国财税法治的发展需要大批高素质的应用型财税法治人才，目前我国供求显著失衡的财税法学教育显然不敷新时代财税法治的需要。财税法研究生的输出成为回应上述问题的关键，其培养模式是保障人才输出的基石。综观美国、德国及我国台湾地区部分高校财税法研究生联合培养模式与我国大陆当下财税法研究生联合培养模式的现实差别，进一步结合我国财税法人才结构性失衡的事实样态，探寻财税法研究生联合培养的基本思路与具体方案。

关键词：财税法研究生　供求结构失衡　联合培养模式

---

* 基金项目：2017 年度重庆市高教研究项目"'一带一路'背景下培养'法 + 商 + 税'相结合的应用型人才研究"（项目编号 CQGJ17057B）；2014 年度西南政法大学校级研究生教育教学改革试点项目"协同创新与资源共享：税校合作背景下财税法研究生联合培养机制研究"；央地共建西南政法大学中国财税法治研究院项目。

** 张怡，西南政法大学教授，经济学博士，研究方向：经济法学、财税法学。侯欢，西南政法大学经济法专业 2016 级博士研究生，研究方向：经济法学、财税法学。

中国特色社会主义进入新时代,国家治理体系和治理能力现代化水平明显提高。事实上自新中国成立以来,特别是在我国市场经济向纵深发展,供给侧结构性改革不断深化的当下,财税法人才如何回应市场经济发展的客观需要、实现财税法治的现实要求以及财税职业共同体建构的当然诉求已是箭在弦上。具体到高等教育层面,依法治国、依法治税理念的进一步落实呼唤专业性财税法治人才,法治财税的趋向进一步表明职业性财税法律人才需求的迫切性。财税法学研究生教学作为我国高等教育的重要教学阶段,其培养的高层次人才确实对我国财税法治建设输出高质量的人才功不可没,但是其培养财税法研究生的应用性与实务性有待进一步提高的现实短板也不容忽视。有鉴于此,变革财税法人才培养模式的需求应运而生。这就要求直面传统"经院"式独立培养模式早已不敷我国财税法治人才需求的事实,进一步引入更多财税实务部门参与财税法研究生培养,逐步实现单一学院独立培养模式向理论界和实物界联合培养模式的转型。由此,彰显财税法人才在知识结构、专业思维和操作技能上的特色,为新时代我国财税法治建设输出财税法人才。

一、财税法人才供求结构性矛盾分析

诚如苏力所言,"中国研究生教育质量的提升,数量的增减,就必须放在社会需求的大背景下综合考虑"。① 财税法治改革进程推进的现实呼唤由财税法律专业人才构成的强大社会服务群体,这也进一步凸显财税法人才需求的迫切性。在此大背景下,财税法高层人才的输出成为回应财税法治市场需求的关键,其无论是从学历层次、学科方向以及知识结构方面,相较于本科生和其他部门法的研究生而言,更具竞争性。但我们仍应重视这样一个非常突出的矛盾:当前我国财税法人才供给需求结构失

① 苏力:《数量与质量——中国研究生教育的问题和回应》,载《北京大学学报》(哲学社会科学版)2010年第1期。

衡。即一方面，国家的财税法治建设需要大量财税法人才；另一方面，许多高校的财税法专业人才培养却远不能满足现实需要。具体表现为财税法研究生供给的数量与质量不足以满足我国财税法治的潜在需求。详言之：

一是财税法研究生数量供给不足。伴随我国经济体制改革进程的推进和财税法治进程的加速，面对国内外愈加复杂的财税法改革态势，②社会需要也呼唤由财税法律专业人士构成的强大社会服务群体，这也进一步凸显财税法专业人才需求的迫切性。然而，起步较晚的我国财税法学呈现出学术共同体方具规模，研究生培养方入正轨的样态显然难以回应上述国内外财税法专业人才需求的事实。具言之，目前国内高校中仅北京大学、厦门大学、武汉大学、西南政法大学、中国政法大学、华东政法大学的财税法研究较为成熟。其中，北京大学法学院与厦门大学法学院均设有专门的税法硕士学位，西南政法大学、中国政法大学的法律硕士在经济法专业下设财税法学方向，西北政法大学在经济法学设财税法律制度方向。仅以上述高校 2018 年的招生简章为例，而又以招生人数与师资数量为最的西南政法大学为例，目前经济法学院财税金融法教研室中财税法方向的专职教师包括教授 4 人，副教授 4 人，讲师 3 人，共 11 人，其中有招生硕士研究生资格者为 9 人，人均每年招生 7 人，年均培养财税法研究生 63 人左右。这在某种程度印证了我国财税法研究生数量输出的明显不足。单纯从人数上讲，高数量的需求与低产量的输出对比明显，寥若晨星的高校财税法人才输出显然无法满足稳健发展的财税法实务需求。

---

② 财税法改革的严峻形势，包括营业税全面取消、个税改革箭在弦上、增值税全数字时代到来、《企业所得税法》首次修订、《税收征收管理法》修订在即、《环境保护税法》施行、“金税工程”已至三期、特朗普税改通过、《BEPS 行动计划》出台等。

表 1　2018 年北京大学、西南政法大学、中国政法大学、西北政法大学财税法研究生招生情况③

单位:人

学校	经济法学	法律硕士(法学)	法律硕士(非法学)	财税法学
北京大学法学院	12	80	200	1
西南政法大学	102 ~ 105	340 ~ 380	250 ~ 290	—
中国政法大学	53	15(财税方向)	329	—
西北政法大学	48	150	206	—

二是财税法研究生质量供给偏差。财税法研究生的质量供给明显脱节于社会现实需求。据不完全统计,我国涉税行业范围涵盖高等院校与涉税事务机构、政府部门与市场主体、国内机构与国际机构、线上与线下机构、新兴产业与传统产业。所涉主体包括但不限于高校教师、法官、检察官、财税系统官员、律师、税务师、注册会计师、企业高管等。就理论而言,上述涉税行业的从业者显然应该是兼具法学与经济学双重学科知识的专业性与综合性人才,而非被同质化法学教育输出的法律通才。然而,高校财税法研究生培养过程中偏重理论研究忽视实务教学的样态虽然已引起各大高校的重视,但显然高校天然的理论优势使其在培养的过程中自觉或不自觉地偏向于自身所长。我国财税法研究生的培养模式是以法学院系的单兵作战为主,辅之以经济学院、商学院等关联学院的"友情加盟",④并开始与财税部门、律师事务所等签署战略合作协议。高校试图通过上述方式打通法学与经济学、理论界与实务界的隔阂以培养懂税且懂法、理论与实务兼备的财税法研究生。然而,财税法学天然的税与法分置事实、法学教育传统的授业模式和同质化的培养方式、财税实务纷繁复杂的技术操作形式以及日新月异的国内外形式使得高校的上述希望难免落空,终难逃"懂税不懂法、懂法不懂税"的窠臼。也正是基于此,本属急

③　其中厦门大学仅显示法学院共招生人数 222 人,故未列入表格。选取 2018 年为节点是考虑到各高校的扩招趋势,招生人数的增长趋势。上述 4 高校在经济法学下均有财税法方向,但并未细至具体招生人数。在法律硕士招生中,除中国政法大学在法律硕士(法学)中列明财税法方向 15 人外,其余各高校均不区分研究方向。

④　具体视各高校院系设置而定。

缺型人才的财税法研究生在就业的过程中并不具备天然的竞争力,其薪酬与一般的法律硕士研究生差别不大。

二、财税法研究生联合培养模式考察与借鉴

对于财税法研究生教育起步较晚的中国来说,对域外经验的借鉴则为其提供了一种额外资源。尽管域外财税法研究生的培养管理在语言表述方面不甚相同,但其蕴含的培养精神与理念却是共通的。环顾世界可以发现有很多国家和地区,财税法学研究生教育是走在前列的,其中美国、德国和我国台湾地区⑤已开辟的财税法研究生培养改革之路能为我国未来财税法研究生联合培养模式提供可供参考的各种经验。

对上述国家与地区的比较研究所采取的方式是:在考察课程设计、师资配备、教学平台建设和实践平台搭建四种主要影响因素的基础上,按照共同参数集来分析样本的财税法研究生培养模式。需要特别说明的是,上述要素不可避免地会存在重叠之处。

(一)美国和德国模式观察:以税法硕士项目为核心

尽管税法最先在德国独立,然而美国税法教育为本科及其以上教育的先天优势使其后来居上迅速形成较为完整的高等教育体系。相较世界其他国家与地区,美国和德国的财税法研究生培养模式相似性较高且均突出税法硕士项目。

1. 课程设计

美国已设置专门税法硕士项目的高校开设了非常详尽的包揽税法各环节的税法课程。在美国,财税法是高校法学专业普遍开设的核心或必修课程。其中,公司税法、个人所得税法是 JD 的必修课程,联邦所得税

⑤ 鉴于我国大陆财税法研究生培养多为经济法学下设财税法方向以及开始设置税法硕士学位的现状和设置专业税法硕士、税法博士学位的趋势,故选取税法硕士项目较为成功的美德两国以及只在部分高校研究生招生方向下设财税法组(方向)的我国台湾地区作为借鉴。

法、公司税、合伙企业课税、税收政策等是法学院普遍开设的课程。另外,设有税法硕士项目的法学院校其税法课程就更为翔实,且更有针对性。相较而言,德国税法研究生课程设置呈现由偏重理论课程向注重实务课程转型的倾向。德国税法研究生课程设置因大陆法系法学教学的传统偏好一度呈现偏重于体系性的税法理论课程。但为因应大型会计法律事务所、跨国企业等对于财税法律专业人才的需求,回应全球化下日渐复杂的国际税收问题以及欧盟地区的税收法律问题,实务型课程开始逐渐增加。

2. 师资配备

美国高校财税法的师资实行专职与兼职教师相组合、理论导师与实务导师相结合的形式。美国高校大量聘请实务界的精英参与课堂教学,专业律师、税务师等通常在教学中发挥着中流砥柱的作用。以华盛顿大学法学院为例,其税法专业的教学人员共 27 名,其中 24 名都是来自税务官员、税务法官、税务律师、会计师等实务精英,⑥比例高达 89% 。当然专职教授的作用也不容忽视,如美国纽约大学有 19 位税法教授,波士顿大学有 31 位税法教授,哈佛大学有 10 位税法教授。⑦ 与之相较,德国高校则是精英团队型多元化师资结构。现有财税法研究生的教学队伍是一个囊括大学教授、财政法官、财政部官员、税务局官员、税务咨询公司专家、律师、税务师、会计师等理论界与实务界专家且以税务专家为主导的精英型团队。例如,波鸿大学经济税法硕士中贸易法课程税法(FachanwaltslehrgangSteuerrecht)其最新的授课老师就有来自鲁尔—大学波肯的税法教授、联邦法官、普华永道股份公司税务合伙人。

3. 教学平台建设

美国的教学平台建设具有多样化、专业化和现代化的特征。具体而言,一是在采用案例教学法(case method)和问答式即苏格拉底式教学法

⑥ 施正文:《美国佛罗里达大学税法硕士项目》,载 http://www.chinataxlaw.org/yuwaicaishui/2011550.html.,最后访问日期:2018 年 7 月 4 日。

⑦ 刘剑文:《域外财税法学发展及其对中国的启示》,载《科技与法律》2014 年第 5 期。

(Socratic method)为主导的教学方法外,也引进了讲座式教学。⑧ 二是《纽约大学税法评论》《佛罗里达大学税法评论》《弗吉尼亚税法评论》《加拿大税法评论》《澳大利亚税法论坛》等一系列世界顶级的税法学术刊物相继面世。三是以财税法学习资料、教学课程视频、讲座信息、典型案例、直播交流等互联网资源因多媒体手段和网络技术而实时更新。例如,纽约大学还通过提供在线课程供非全日制的学生学习,开设纽约大学法律税务博客(The NYU Law Tax Blog)提供课程信息。与美国相比,德国教学平台建设的特色体现为体系性的教科书。得益于大陆法系法教义学传统,德国财税法教育的教科书体系较为成熟,包括《税法》(Steuerrecht)《资产负债表和企业税法》(Bilanz-und Unternehmenssteuerrecht)等基础教科书。

4. 实践平台搭建

美国财税法研究生除不断拓展社会实践基地外,还开展专业的职业规划指导。美国高校法学院针对不同的职业需求提供针对性的职业规划,为学生职业生涯提供精准性指导。例如,美国纽约大学就通过学术职业计划(the academic careers program)为学生提供进入学术界的全面课程,截至目前,该项目已经为许多成功的税务学者提供了50多年的职业生涯规划。⑨ 德国税法硕士的实践平台建设与美国相比,一是突出法院的实习基地地位。归因于德国比较发达的税务诉讼,学生实习地点除了传统的涉税机构外,还有联邦税务法院。二是及时更新实习资讯。学生一般可以根据学院网站发布的详细职位空缺信息及时选择合适的实习岗位。例如,波鸿大学法学院的网站就提供实习生、受训人员和研究人员的

⑧ 例如,纽约大学开设的每年秋季由著名国际税务学者进行一次系列讲座"David R. Tillinghast Lecture on International Taxation"已成传统,载 David R. Tillinghast Lecture on International Taxation | NYU School of Lawhttp://www. law. nyu. edu/tax/lecturesandspecialevents/tillinghastlecture/,最后访问日期:2018 年 7 月 4 日。

⑨ Taxation-Overview | NYU School of Law,载 http://www. law. nyu. edu/llmjsd/taxation.,最后访问日期:2018 年 7 月 4 日。

职位空缺信息。⑩

(二)我国台湾地区模式检视:以财税法研究方向为核心

与我国大陆同根同源的我国台湾地区,财税法高等教育虽起步较晚,但其在财税法教学与研究中取得的成果值得关注。由于传统上我国台湾地区并不将财税法学视为是一门独立的学问,因此将财税法学类专业分成财政系、会计系及财经法律系,⑪并且培育出三个独立领域的人才。以下拟选取台湾大学、中正大学、东吴大学⑫这三所典型的高校作为研究对象。

这三所高校中,台湾大学于1990年增设本科财经法学组,2003年设法学研究所硕士班财税法组,并设立财税法学研究中心。中正大学法律系于1999年分设法学组、财经法组与法制组,2000年成立“财经法律学研究所硕士班”及“法律学系博士班”,2002年整合法律学系财经法组与财经法律学研究所硕士班为独立之“财经法律学系暨研究所”。在研究生招生时,设置不同的组别进行招生,其中台湾大学研究生招生分8组,财税法学为戊组;中正大学法学院下设财经法律学系实行单独招生,具体分为硕士在职专班、财经法组硕士班和财税法组硕士班。东吴大学的硕士分为硕士班甄试入学、硕士班考试入学和硕士在职专班其中,其中硕士班甄试入学设财税法组、硕士班考试入学设财经法组、硕士在职专班设财经法律组。规范梳理上述三所高校的财税法研究生联合培养模式显示其整体呈现下述共性:

其一,专业性、国际性与人文性兼备的培养目标。台湾大学法律学院以“接轨国际,在地生根;华人标杆,师资全球”为愿景,以迈向顶尖大学为计划,积极培养专业型、国际型法律人才。中正大学财经法律学系以培育

⑩ www. kompetenzzentrum-steuerrecht. de/v1/ruhr-uni-bochum/weiterbildung/jobboerse/dauerhafte-stellenangebote-fuer-praktikanten-referendare-und-wis/ - Translator, http://www. jura. ruhr-uni-bochum. de/,最后访问日期:2018年7月4日。

⑪ 据统计,我国台湾地区在法学院系下设有财经法律系(组)的高校有台湾大学、东吴大学、成功大学、中正大学、政治大学、中国文化大学、中原大学、辅仁大学、高雄大学、中兴大学、台北大学、政治大学12所高校。

⑫ 该三所高校信息分别梳理于:台湾大学法律学院,载http://www. law. ntu. edu. tw. ;中正大学—财经法律学系,载https://s2. exam. ccu. edu. tw/ccuee_intro/stu/intro_view. ph ;东吴大学法学院暨法律学系,载http://www. scu. edu. tw/law/;最后访问日期:2018年7月4日。

专业财经法律人才、具公平正义与人文关怀之法律人、具社会竞争力人才、具国际观人才为培养目标。东吴大学法学院系以培养多元法律专业人才、落实理论与实务并重、强化高阶法律人才教育、拓展宏观之国际化视野、养成具有人文关怀之法律人为培养目标。

其二，理论与实务相结合的培养形式。依据上述各培养目标，这三所高校在具体培养形式的选择上均注重理论与实务的结合，在依托高校强势财税法基础学科与理论的前提下，主动积极与实务部门进行联合，注重学生专业实务能力的培养。以东吴大学法学院为例，其开设付费选修记账税务申报实务、企业税务实务等实务课程，由专业的会计师、税务师等负责讲授。另外，东吴大学法学系设立参访团，由教师带队对法院、高校、会计师事务所、企业等进行参访交流。

其三，税法为主导的课程设置。整体来讲，这三所高校税法学的课程设置较为详细，财政法学稍显薄弱。台湾大学法律学院硕士班分 7 个班进行授课。中正大学财经法律学系硕士班课程包含必修及选修课程，而课程规划以包含财税法学在内的四大群组为主要之方向。本所毕业学分数为 34 学分，自 2012 起分为财经法组和财税法组，各组所开设之课程，全属财经法律专业领域之专题，分别设计。东吴大学法学院硕士班课程包括必修及选修课程，课程规划以硕士班、法律专业硕士班（硕乙）、硕士在职专班。

其四，背景多元的师资结构。台湾地区高校法学院系的教师由专任教师和兼任教师构成，有的高校还设有客座教授。整体来看教师学历背景多元，留学背景遍及大陆法系的德法、英美普通法系的英美与邻近的日本，研究团队实力坚强，但也呈现专任教师人力不足，优秀的教师往往同时是几个高校的专任（兼任）教师的情况，例如，东吴大学法学院专任教师陈清秀教授为台湾大学法学博士、美国乔治敦大学访问学者。

（三）域外高校财税法研究生联合培养模式发展趋向解读：强实践，重能力

纵览美国、德国和我国台湾地区的典型高等院校财税法研究生培养模式，结合其课程设计、师资配备、教学与实践平台搭建等具体样态，比较

考察可以发现其着重突出财税法人才的实践性,强调实务能力的培养。具体表现为以下两个方面。

1. 高校与实务部门的密切联系渐成常态

上述典型高校在财税法研究生的培养中均注重与实务部门建立稳定的长期联系,共同培养实务界需要的财税法专精人才。其中,高校合作的对象既有财政部、税务局、参议院、法院等政府部门,也有律师事务所、会计师事务所、税务师事务所等代理服务机构,还有大型国企、跨国公司等市场主体。通过互派人员授课(一般是吸收实务界精英讲授实务课程),举办讲座、研讨会,提供实习机会,设置奖学金等方式搭建理论界与实务界沟通的桥梁,共享资源,实现多方共赢。

2. 培养方案与现实需求的回应渐趋契合

上述域外典型高校财税法研究生培养的过程实际是其及时回应现实需要,与现实接轨的过程。财税法学作为新兴领域法的新兴学科,在近代的兴起较晚,其最先在德国独立。随着经济全球化及科技等伴生物的勃兴,法学人才的输出逐渐出现结构性断层——基层法律人才大量输出,中层法律人才供不应求,高层法律人才凤毛麟角,这在财税法领域尤为明显。各国纷纷提升财税法人才的培养层次,财税法方向的硕士、博士教育体系日臻成熟,国外许多高校设有专门的税法硕士项目。为破解财税法人才供应的失衡,各高校纷纷注重税法研究生人才的实践性,强调实务能力的培养。这具体体现为课程设置方面呈现逐步向税法实务侧重的倾向;师资配备方面吸纳更多领域的税法实务专家;授课方式突破讲授法,增加案例法、小组讨论法、模拟法等方式;教学手段上呈现现代化,广泛应用计算机等多媒体教学设备、开发专业财税法网站、广泛利用大数据、云计算、区块链等新技术;实践方面,提供直接进入实务部门实习的机会且安排专门实务导师指导,直面税务实务现实。

三、财税法研究生联合培养模式完善

承前所述,财税法研究生联合培养模式应是回应我国社会现实需求,重视理论和实务有机融合的培养模式。这就要求未来在完善培养模式时首先明确目标定位及指导思想并在该基本思路设计前提下,构想其具体方案。

(一)财税法研究生联合培养模式基本思路

1.财税法研究生联合培养模式的目标定位

《国家中长期教育改革和发展规划纲要(2010~2020)》中指出:"高等教育要适应国家和区域经济社会发展需要,建立动态调整机制,不断优化高等教育结构,重点扩大应用型、复合型、技能型人才培养规模。"⑬《关于实施卓越法律人才教育培养计划的若干意见》中强调:"培养应用型、复合型法律职业人才,是实施卓越法律人才教育培养计划的重点。"⑭同时,习近平总书记强调:"法学学科是实践性很强的学科,法学教育要处理好知识教学和实践教学的关系。"⑮

具体到财税法领域,综观域外国家与地区财税法研究生联合培养模式与我国大陆当下财税法研究生联合培养模式的现实差别,结合我国财税法人才结构性失衡的事实样态,未来我国财税法研究生联合培养应汲取借鉴域内外高校财税法研究生联合培养模式的有益经验,利用财税法的本土资源,明确应用型财税法治人才培养的目标定位,增加财税法研究生培养的实务性,重视理论与实务交融的财税法治人才培养进路。具体而言,财税法是一门应用性学科,学生财税职业技能的培育离不开实务的支持。这无疑也是契合当前我国法学教育与法律人才培养的规模扩张向内涵式发展的转型趋向的。⑯ 财税法研究生的培养应站在研究的制高点,既要高度重视对基础理论的挖掘,又不能空谈理论、脱离实际。换言之,应将经典理论与鲜活实践相结合,关注不断变化着的前沿问题,力求以理

⑬ 《国家中长期教育改革和发展规划纲要(2010~2020)》。

⑭ 《教育部中央政法委员会关于实施卓越法律人才教育培养计划的若干意见(教高〔2011〕10号)》。

⑮ 陈菲等:《习近平总书记在中国政法大学考察时的重要讲话引起热烈反响》,载《人民日报》2017年5月5日,第2版。

⑯ 付子堂:《西南政法大学校长付子堂指出:主动推进法学专业标准化建设》,载《法制资讯》2012年8月6日,第7版。

论指导实践、以实践锤炼理论,从而为我国的财税法治建设贡献出更多的智慧成果。

2.财税法研究生联合培养模式的指导思想

在应用型财税法治人才培养目标定位下,财税法研究生联合培养模式应突破传统"经院"式教育模式,重视质量标准,紧贴财税法实践,体现财税法职业人才在知识结构、专业思维和操作技能上的特色。我们必须转变思维,探索富有特色且能积极回应高层次、复合型、应用型人才需求的联合培养模式以最大限度上整合和优化教育教学与实践资源。

这意味着我们需要及时更新培养理念。财税法学教育理念的转变是法学教育转型中不可回避的话题。首先,树立以人为本的理念。坚持以学生为本的培养理念,把学生的发展放在中心位置,围绕提升学生素质来设计培养目标和过程且培养计划逐步实现因材施教的个性化培养——"以学生自主制定为主导,导师辅助分析培养计划可行性"。⑰ 其次,坚持与时俱进的理念。高校应以时代之需为导向,及时与时代接轨,主动契合实践需要,积极运用互联网,大数据等现代科技手段,重视和加强财税法教育,在服务、服从21世纪的法学发展大局方面寻找生存点和发展点。最后,遵循协同创新理念。多部门联合培养共同致力于拓宽研究生来源渠道,探索研究生分类培养改革,创新财税法学教学模式,丰富教学实践及就业机会,研发教学科研衍生品等内容的创新。但需要说明的是,这种创新不应是漫无目的的随意之举,而是有所遵循、有一定底线与原则的改革行为。

(二)财税法研究生联合培养模式具体方案

遵循上述目标定位和指导思想,拟通过设计科学化课程体系、打造多元化师资团队、制定裁量化考核标准、创新现代化教研平台以及拓展常态化实践教学基地五个内容来进一步完善该培养模式,见图1。

---

⑰ 刘剑文、耿颖:《财税法学科的综合化与多元创新之路——从北京大学财税法学专业的演进展开》,载《中国大学教学》2014年第2期。

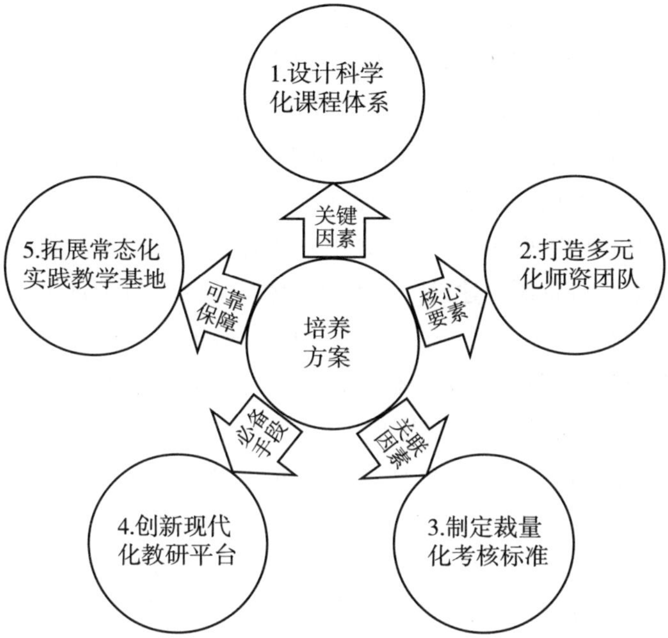

图1　我国财税法研究生联合培养模式方案

1.设计科学化课程体系

科学化的课程体系是完善财税法研究生联合培养模式的关键因素。统合考虑我国研究生的生源条件、财税法学科现状以及财税法学研究生的就业情况，目前大多高等院校财税法方向的硕士课程面向的授课对象是三年制的法学硕士、法律硕士（非法学）和两年制的法律硕士（法学），故应该区分不同的培养对象，实行类别化的培养方案，设置区别的课程体系。具体而言，上述三种类别的税法硕士均应以财政法、税法学、国际税法学等财税法理论学习为基础，以《财税法理论专题研究》《国际税法专题研究》《财税法前言讲座》《财税法实务》《税收筹划专题研究》《审计与审计法》《财税法学研究方法论》等为核心课程，综合税务代理、财政学、财务会计学、审计学、税务会计学等内容，结合实务税收部门的实务讲堂。另外，三年制的法律硕士（非法学）财税法方向应增加法学的课程内容。

2. 打造多元化师资团队

多元化的师资团队是关涉财税法研究生联合培养模式的核心内容。就财税法师资队伍建设而言,目前多数院校都配有专门的财税法教师,不少知名院校已建有高质量、稳定的财税法教育与科研团队。[18] 但是不容否认的现实是现有的财税法师资多是通过各种途径和方式施以"恶补"之后转化而成的。[19] 财税法师资构成要力图"打破高校与社会的体制壁垒",[20] 推动多元化的师资团队建设——授课主体从业机构的多元化、职业的多元化、知识结构的多元化。授课老师的从业机构要广泛兼具高等院校与事务机构、政府部门与市场主体、国内机构与国际机构、线上与线下机构、新兴产业代表与传统产业代表等内容。其应包括但不限于来自法院、检察院、财政部、税务局、国有企业、律师事务所、税务师事务所、会计师事务所、大型跨国公司、知名电子商务企业等理论与实务各有所长的法官、检察官、税务系统官员、财政系统官员、律师、税务师、注册会计师、企业高管等。需要格外注意的是,任职教师的选择要注重任人唯贤,强调专业能力。同时,注意吸收年富力强的青年优秀人才,定期选派一定数量的青年教师"走出去"进入实务部门调研或者到境内外科研院所进行交流访问并逐渐形成常态化。

3. 制定裁量化考核标准

裁量化的考核标准是完善财税法研究生联合培养模式的关联要素。一个合格准予毕业的法律硕士,理应具备扎实的专业知识、较高的论文写作水平和过硬的实践能力。而这三大标准,是渐次递进的关系。在尊重传统期考方式的前提下,制定裁量化的考评标准,逐步实现考核向提升学生专业知识、论文水平和实践能力[21]的实质目标的迈进是当下优化考核标准的优选路径。一是通过优化现有考评机制提升学生专业知识能力。一

---

[18] 中国财税法学研究会:《国家治理与"财税法"课程的定位》,载黄进主编:《中国法学教育研究》(第44卷),中国政法大学出版社2016年版,第20页。

[19] 张怡:《财税法专业课程的特殊性与改革对策》,载《中国大学教学》2007年第8期。

[20] 付子堂:《探索政法高校法治人才培养新机制》,载《中国高校社会科学》2017年第4期。

[21] 如何提高实践能力将在下文中作专门论述,这里就不再论述。

方面改革现有考试题型，以论述与案例分析为主导，佐之以适量的辨析与简答题。另一方面重视学生的平常表现特别是课堂表现，注意在此过程中训练学生的思维能力与应变能力。二是通过“读—讲—写—改—投”系列培训提高学生论文写作水平。其中“读”是指经典书籍的精读、一般书籍的泛读、相关书籍的阅读、论文写作书籍的选读以及优秀论文的评读，在这个过程中培养学生的财税法思维与财税法意识。“讲”是指开设论文写作系列课程与讲座等内容，通过交流获取规范法学论文的写作方式与技巧。“写”是指通过完成课程论文、会议征文等养成多练笔多写作的习惯，学生亲自体验论文写作的过程，寻摸写作中的困难。“改”是指在论文初稿完成后，请老师、同学修改并自己进行不断完善，这个环节进一步训练学生的思维与言辞表达能力。“投”是指论文的投稿，关涉期刊选择、投稿技巧、与编辑交流等内容都是需要进行训练与摸索的，这个环节考验学生的选择与应变能力。当然，在这个过程中课题申报的能力也是不容忽视的。

4. 创新现代化教研平台

创新现代化教学研究平台是完善财税法研究生联合培养模式的不可或缺环节。现代化的教学研究平台主要包括下述三个内容，一是教学内容的现代化。在实行传统课堂教学之外，还应更新完善网络资源，运用微课（Microteaching）、慕课（MOOC）等新兴教学手段，拓展网络课程平台，逐渐走向立体化、开放化、国际化和网络化。二是教学手段的现代化。现代财税法学教育应当综合运用多种教学方法。在教学方法的设计上应本着“教学有法、教无定法、贵在得法、重在启发”的原则，[22]根据教学目标、教材内容、学生的层次选择教学方法。综合运用传统讲授、案例分析、课堂讨论的方法，调动学生的积极性与主动性。三是出版刊物建设。其包括专题教材建设与出版平台建设两个方面。在现有教材的基础上有针对性地出版切实需要的教材，如涉及比较财税法的教学辅助读物。同时，继续出版学术专著，定期出版《中国财税法治状况调研报告》。

---

[22] 施正文：《论中国财税法学教育现代化》，载《山西财经大学学报》（高等教育版）2005 年第 4 期。

5. 拓展常态化实践教学基地

加强常态化的实践教学基地建设是完善财税法研究生联合培养模式的可靠保障。"纸上得来终觉浅,绝知此事要躬行",财税法学研究生的培养绝不是单纯的读万卷书,更是要寻求行万里路的突破。具体可通过加强实践基地建设的常态化以强化实践能力。一是积极拓宽社会实践基地。鼓励学生开展社会实践,使实践基地发展成为促进课堂教学的重要场所,每年组织财税法方向法律研究生深入社会实践,引导和鼓励学生毕业后到西部、到基层就业。二是加强实践基地的软件建设,建立规范的联合管理机制。首先,共同落实人才培养方案。在培养方案的制订、实践课程的设置和法学教材的编写等方面,由联合成立的专家委员会负责,并确立专人负责联络,规范管理。其次,共同探索新型实践教学模式。强化以理论为基础、以实践为重心的教学理念,融实验、实训、实习和社会实践于一体,实现法学理论教学与法律实践教学有机整合的新型法学教学模式。最后,建立实习单位导师名册制度,内附实习指导老师的各类信息,以供学生选择适合自身职业发展方向的指导老师。

四、结语

经济社会高速转型所呈现的财税法人才供求结构性矛盾加剧的事实样态呼唤财税法高层次的专业人才,推动财税法研究生培养模式变革,财税法研究生联合培养模式应运而生。美国、德国和我国台湾地区财税法研究生联合培养模式的实践表明其着重突出财税法人才的实践性,强调实务能力培养的发展趋向,这也为我国未来财税法研究生联合培养模式的完善提供了经验范本。有鉴于此,结合我国财税法研究生培养模式的现实需求,我国财税法研究生培养模式完善应以培养应用型法律人才为目标定位,树立以人为本、与时俱进及协同创新的培养理念。

在明确该目标定位和的培养理念的基本思路设计前提下,重视理论界与实务界有机互动的培养路径。具体应落实在科学化课程体系设计、多元化师资团队打造、裁量化考核标准制定、现代化教研平台创新以及常态化实践教学基地拓展五个面向。我们相信，通过以上的努力与尝试，我们必将能够为培养高层次、专业化和应用型财税法人才提供切实可行的参考模式，进一步彰显法学教育对培育和输出高层次财税法人才所做之贡献。

On the Co-cultivating Model of Postgraduates of Fiscal and Tax Law: The Analysis, Comparison and Improvement

Zhang Yi   Hou Huan

Abstract: The development of the rule of law of fiscal and tax law in China requires a large number of high-quality legal talents in this field. At present, the supply and demand of Chinese legal education of fiscal and tax law is unbalanced, which is obviously not sufficient for the rule of law in the field in the new era. The output of the legal talents of fiscal and tax law becomes the key to tackle the above problems. The improved teaching model is the cornerstone of ensuring the output of talents. Throughout the investigation of the differences of co-cultivating model of fiscal and tax law graduates in the universities among the countries, such as, the United States, Germany, Taiwan region of China, and mainland China, the author further put forward that the necessity to settle the imbalanced situation in the legal education of fiscal and tax law in China and the improvement measures to explore the combination of co-cultivating model.

Key Words: postgraduates of fiscal and tax law   imbalance of the structure of supply and demand   co-cultivating model

论中国法学本科人才实践教学模式的优化

刘　冰*

摘　要:我国法学本科教育的定位正从通识性向专业性、从知识性向技能性的方向变化,法律事务处理能力的培养正成为法学本科教育的主要追求目标。传统的实践教学模式导致在学生培养过程中存在学生部门法结合能力较差、写作能力严重弱化、专业数据库运用能力不足的缺陷。首先,明确培养法律争点的提炼能力、法律信息的检索能力、法律文书的写作能力是实践教学的基本目标。其次,应摒弃以观察者(案外人)视角下的"模拟"法庭,代之第一视角介入的对抗型实践教学方法。最后,在实践教学的内容优化方面,改良课程体系,均衡理论讲授与实践训练;优化师资结构,强化教师法律实践经验在教学中的角色与作用;强化法律技能训练,将法律运用技能作为实践教学的重点方面;调整毕业论文的考核测评体系,引入判例解析的考核方式。

关键词:法学本科教育　实践教学模式　优化路径

---

* 刘冰,西北政法大学国际法学院讲师,西北政法大学博士研究生,研究方向:国际经济法。

一、引言

“培养法律应用型人才,提升学生的实践技能是我国本科法学教育走出发展困境的对策之一,也是提高法学本科教育人才质量工程的标志之一。”①当前法学本科人才教学模式呈现出一种“重理论轻实践”的现象,这与法学本科职业化教育理念相去甚远,违背了法学的实践特性,造成了法学本科人才与职业需求之间的不完全匹配。市场对法律人才的需求不仅体现于人才的“数量”,更重要的是对“质量”的追求。法学本科人才“质量”的表现形式就是“实践能力”。法学本科生的实践能力主要是指对案件的分析能力和解决能力,分析过程反映学生对案件争议焦点的归纳能力,解决过程则表现出智能技能与实务技能的综合运用,如对法律的正确适用、规范的文书制作和严谨的逻辑思维。这些能力的获取必须有体系化的实践教学方法予以保障,应该对现有的教学方式、课程设施、考核内容等方面进行改革,优化各个教学环节的实践培养方式和内容。

二、我国法学本科教育的定位及发展趋势

(一)法学本科教育定位转化

“通观世界当前法学教育的潮流,职业法学教育是法学教育正规化的必然途径。”②职业教育强调技能与动手能力,职业法学教育最鲜明的特点是专业性和技能性,是职业法学教育应用于社会实践的先决条件。

1. 从通识性向专业性变化

自1977年恢复法学专业招生以后,法学本科教育不再以回应政治需求为主,而是转向了回应市场经济发展需要。随着法学专业院校和综合

---

① 房文翠:《法学教育中的法学实践教学原则》,载《中国大学教学》2010年第6期。

② 何志鹏:《我国法学实践教育之反思》,载《当代法学》2010年第4期。

院校法律系的恢复,法学课程体系得到了进一步的完善与充实,法学本科教育的专业性日益凸显。但是至今,中国法学本科教育水平并没有显著的提升,因为法学本科教育模式过于偏重于法学和法律基本知识的学习,形成了一种"法学本科通识教育"的现象。

有学者对法学通识教育的定义是"围绕法学主干课程,进行知识传授或学习的共通性教育方式"。[③] 通识教育(general education)由我国台湾地区的学者在 20 世纪 80 年代翻译而来,其拉丁语词源为 stadium generale,意思是"来自各方的人一起学习"。[④] 从中可以看出,通识教育具有普适性,是面向大众的广泛教育,不具有排他性。法学本科教育的目标是培养法律专业人才,以此区别于一般的普法教育活动,具有很强的专业性、排他性,其中排他性是指法学本科教育不需要"来自各方的人一起学习",而只需要法学院的学生根据专业课程设置进行系统的学习与实践。

法学本科教育理念一直围绕的是法学基础知识与基本法学理论的习得。四十年来,中国法学本科招生数量不断加大,目前有 600 多所高校开设法学专业,每年的法学毕业生人数将近 40 万。[⑤] 如此之多的法学人才依旧不能满足市场需求的原因在于法律人的专业性和职业性不足。司法与执法机关、律师事务所和企业法务部门需要专业的法律人才,而不是懂基础法学知识和理论的法学本科毕业生。法学本科教育应该摒弃单纯的法律概念和规则灌输,区别于通识教育的泛化与表面性,呈现法学本科教育的专业性。因此,法学教育是培养法律人才的特殊教育,具有鲜明的专业属性。而法学本科教育走专业化的道路是由法学知识的系统化和理论化特点决定的。[⑥]

---

③ 陈伟:《从法学通识教育到法学实践教育的转向——兼论法学教学方法的变革》,载《法治研究》2015 年第 1 期。

④ 转引自王洪才、解德渤:《中国通识教育 20 年:进展、困境与出路》,载《厦门大学学报》(哲学社会科学版)2015 年第 6 期。

⑤ 根据中商情报网的统计,2016 年法学专业毕业生的人数为 384060,市场需求岗位为 340511 个,就业难度指数为 1. 13,排名第 43,载 http://www. askci. com/news/life/20160725/15515946204. shtml,最后访问日期:2017 年 10 月 26 日。

⑥ 付子堂、周祖成:《新世纪中国法学教育的转型与趋势》,载《太平洋学报》2006 年第 7 期。

2. 从知识性向技能性变化

教育部高等教育司2012年编写的《普通高等学校本科专业目录和专业介绍》中，对法学专业(03)培养目标的定位可以概括为三点：一是系统掌握法学知识；二是熟悉我国法律和党的相关政策；三是能够从事法律专业工作，最终目的是培养法律高级专门人才。换言之，法学本科人才的培养目标最终落在了“能够做”上面，即法律技能的获得。与该目标相比，传统的以法学知识和理论偏重的教育模式是对法学本科教育实质的不完全解读，而且已经不再适应社会的发展需求，因为法学本科教育的功能是为社会提供未来的法官、检察官、仲裁员、律师等法律实务工作者，而不是培养懂得法律知识的大众或者法学理论研究者。

有学者在分析我国法学教育自改革开放以来的成就与不足时指出，法学教育理念仍停留在理论知识的灌输，原因在于没有将法学看作知识、见识和能力的综合体。⑦ 这里的见识和能力绝不仅仅是指学习法学知识的方法和能力，而是指建立在法学基础知识之上的应用能力，即对法学知识和理论的应用技能。

法学本科教育的技能性是由职业特性决定的，作为培养未来公检法司从业人员和律师的技能性教育，其必然具备了职业针对性。基本的技能主要包括了法律文书的写作能力、资料的检索能力、案件争议焦点的归纳能力、结合部门法学解决争议的能力、书面与口头的表述能力等。

(二)法学本科教育定位的发展趋势

有学者指出，法学教育从一开始就陷入了一种困境，即法学教育应该是职业教育还是通识教育和培养法学理论知识的研究者。⑧ 法学职业教育的指向是培养法官、检察官、律师和法律实务工作者，通识教育则是为了提高国民的法律素质，法学知识研究则是为了继承和发展法学的理论。如果作为通识教育，从经济学的角度来讲，国家大可不必在高校中设置专门的法学学科，成立专门的法学院，作为普通的通识必修课即可。如果法

---

⑦ 转引自何志鹏：《我国法学实践教育之反思》，载《当代法学》2010年第4期。

⑧ 焦富民：《“法治中国”视域下法学教育的定位与人才培养机制的优化》，载《法学杂志》2015年第3期。

学教育是为了单纯地培养理论研究人员,则会导致形而上学的研究目的论。因为法生而以调整社会关系为使命,需要受过专门训练的、具有娴熟法律技能与法律伦理的人所构成的自治性共同体来执行和实施。⑨

因此,法学教育的目的不是法学知识的掌握,不是法学理论的运用,而是法律的应用与实践。从整个法学教育的人才培养来讲,法学人才应该是多元的,应该既包括实践型,又包括理论研究型。从本科阶段的人才培养来看,法学本科教育属于职业教育,更加强调法律的实践性。实践主体主要是法官、检察官和律师。但法律实践的中心是律师团体,原因如下:

第一,法官和检察官属于国家公职人员,岗位编制数量是固定的,且具有较高的门槛性。如在通过司法考试的基础上,还要通过省一级或者国家一级的公务员考试,而且一些岗位不招收法学本科应届生,因此法官和检察官不是法律主要的实践力量。

第二,法官既是法律的应用者、实践者,又是造法者。如英美国家的判例法,我国则以最高院的司法解释和指导性案例为主要表现形式。从这一点来看,法官并非纯粹的法律实践者。

第三,律师的市场需求可能是无限的。我国目前从事律师职业的人数近30万(具体数据为280286,⑩不包括已在律协备案尚处在实习阶段的法学生),也就是说大概每5000人中就有1名律师,而且还会继续增长。⑪ 律师的服务对象是整个社会,业务类型包括诉讼与非诉,而法官与检察官仅仅受理诉讼案件。因此,法学本科教育是律师视角下的实践中心主义。

律师视角下的实践中心主义是基于对法学本科教育与社会实际需求的关系,以及法学本科教育目的的本质分析得出的结论,意在强调"实践教育"在法学本科教育模式中的重要性。律师视角的真正目的是对法律

---

⑨ 李其瑞主编:《法理学》,中国政法大学出版社2011年版,第292页。

⑩ https://www.lawxp.com/Lawyer/,最后访问日期:2018年7月17日。

⑪ 根据《中国律师行业社会责任报告》(2013年)的统计数据,截至2012年年底,中国从业的律师数量为232384名。不到6年的时间,已经新增60000万名,大约每年新增10000名律师。

的正确适用[12]以及对"法官之法"——活法的准确判断。

三、我国法学本科实践教学模式的现状与缺陷

(一)法学本科实践教学模式的现状

法学本科教育模式目前主要由教学、实习和考核三大部分构成,附带一些受众较少的实践课程或者活动,如法律诊所、模拟法庭、辩论赛,实践教学方式仅仅是法学本科教育的一种"点缀"。

1."案例分析为辅"的课堂教学

案例分析是法学教学必不可少的组成部分,它能帮助学生有效理解法学理论和法律条文。著名的"兰代尔案例教学法"之所以能够被普通法系和大陆法系国家的法学院所效仿,主要在于案例教学法能够授予学生以"渔"——方法,而不是"鱼"——知识。当然,兰代尔模式很容易让案例教学陷入单纯的逻辑推理,[13]忽略法的社会性和实践性,而且容易拖延课时。即使案例教学法存在诸多的缺陷,但其仍具有实践教学的魅力,比如哈佛法学院 2006 年就对兰代尔案例教学法进行改革后继续沿用。

我国目前并未形成实质性的案例教学法,案例分析一般用作理论讲授的"调剂品",多为年代久远的经典案例,且主要服务于学生对法学某一知识点的理解,一般由代课教师进行主要讲解,学生参与程度极低。而一般的案例分析过程必须辅助以三点要素:(1)熟悉案情,明确争议所在;(2)能够查阅且已了解相关类似案例;(3)正确适用法律,并能阐释其基本理由。在整个分析的过程中,学生必须进行事前的准备工作,并能够进行书面和口头的观点陈述,才符合案例教学的应有之意。我们的课堂案例分析还不能称为"案例教学",因为案例教学应该是案例中心、理论辅助。而我们目前呈现出一种本末倒置的现象,使得案例分析成为一种辅

---

⑫ 葛云松:《法学教育的理想》,载《中外法学》2014 年第 2 期。

⑬ 汪习根:《美国法学教育的最新改革及其启示——以哈佛大学法学院为样本》,载《法学杂志》2010 年第 1 期。

助理解法学理论知识的方法之一,且处在边缘化的位置。

2.“受众较少”的实践课程设置

课程设置对法学实践性的忽视首先反应在“必修”和“选修”的划分上。我们对法学本科实践教学模式的忽视不仅体现在教学方法上,还表现在课程设置上。我们很少看到带有动词的法学必修课,必修课基本上以某某法、某某法学等命名。法律文书写作应该是所有法学本科生的必备技能,但法学院往往将如此重要的课程安排为选修,学生往往因为学分、时间、人数等因素的限制,无法在本科阶段接受系统的文书写作训练,可能会导致其未来在法律实务技能方面的缺失或者落后。

课程设置对法学实践的忽视还表现为少数派受益的课程安排。法律诊所、模拟法庭、辩论赛等已经是法学院的一种特有的标志性活动,每年都会有一小部分的学生经过考评加入。法律诊所以案件咨询、争议解决(辅助性)和课堂讨论为主(主要以所接待的当前案件为分析对象),以某些经典案例评析为辅助练习,再加上指导老师与学生的集体讨论,从而形成一种从既有法学知识和理论到应用于实际案件,到法学理论深入探讨,再回归案例的模式,其重心是案例的分析、评析与解决。对学生案例分析能力、应变能力、解决争议能力和深化理论学习具有非常显著的效果。而模拟法庭则以角色扮演的方式,在老师的指导下,学生各自从角色出发进行相关的法律实务活动,其特点是围绕一个案件,做事前的文字准备工作,并进行公开的法庭的辩论,具有一定的“仿真”效果。这两种方式的共同缺陷在于:受众太少,不具有普遍性的实践技能培养功能。

3.“理论重心主义”的考核体系

毕业评价体系决定了学生的知识与能力的获取偏好,以及学习成本(时间等要素)的投入安排,毕业评价体系是法学本科生的法律运用能力与法律实践需求的契合度的重要导向。

(1)期末考核多为理论化题型

法学本科的期末考试题型分为名词解释、判断、选择、简单、论述和案例分析。在整个题型的设计中,对理论知识掌握程度的检测占到多一半,而案例分析往往只有一道大题,当然在判断、选择题中可能会涉及案例分析,但都属于客观的"判断性"作答,并不能直观地反映学生对案例的思考和分析过程,甚至在学生没有掌握相关知识点的情况下,客观题型的案例就成了一种结果导向,用猜测的方式来换取25%(选择题)或者50%(判断题)的正确率。所以说,过多的客观题型会诱使学生忽视法律分析的能力,评价结果无法对法律分析过程做出有效的区分与适当评价。

(2)实习考核流于形式主义

一是实践考核在整个法学本科教学阶段的时间占比过少。相比于四年的法学本科教育,4个月[14]的实践能力教学仅占到整个教学期限的1/12,而普通的法官助理培训需要至少1年,实习律师往往需要1~2年才能拿到执业证书。二是实践管理较为松散,且对口实务部门局限。不可否认的是,法学本科的实践环节是形式化的,缺乏目的的明确性和管理的规范性。单从法学专业自身来讲,法学本科生实践的去向包括公检法系统、律师事务所、公司法务部门以及国际组织等。而现实中,很少有法学院能提供如此全面的实习机会。因此,大部分法学本科生的实训单位都是公检法和律师事务所,这在很大程度上局限了学生的选择,而且不利于学生根据就业兴趣进行对口实训。三是实务部门提供的"实践环境"不规范,反馈程序流于形式。高校一般采用"实习介绍信"的方式向单位推荐学生,由实训单位以回执的方式反馈给学校,表示愿意接收,但是对于在实训中应重点训练的技能及其评测体系缺少相应的实践教学方案。

(3)论文考核中的理论创新"幻象"

正如法学本科教学方法和课程设置一样,法学本科毕业论文也是一种理论导向的形而上学主义,试图让没有受过系统写作训练的学生写出专业性较强、布局合理且富有逻辑的法学论文,并试图让本科生以既有的法学知识和理论来创新法学基本理论或者制度。毕业论文作为法学本科学位获取的一项重要考核,其必然要反应法学本科教育的性质,侧重理论与制度创新的论文写作显然与职业教育属性格格不入。因为从法学职业

---

⑭ 按照中国法学院一般的教学传统,各大法学院在本科生的第二学年和第三学年会分别安排学年实习和毕业实训。学年实习一般为期1个月,以实习报告或者论文作为最终考核。毕业实训一般为期3个月,实训结束后需要提交实训日记和实训报告。

教育的本质来讲,法律职业要求毕业生具有一般专业写作能力。⑮ 比如各类法律文书的写作要求具备一定的专业基础知识和良好的表达能力,这一点体现在毕业论文中就是要规范某些法律专业用语的表述,训练并提高学生自身的书面表达能力,因此一篇法学本科的毕业论文应该重视学生书面表达用词的准确性、行文格式的规范性和逻辑布局的严密性。此外,法学本科毕业论文应该考评学生对选题的理解程度,即从论文中观察其是否对选题所涉及的问题已经阐述清楚,并能从其所学专业知识出发,提出实际的解决对策,而不是提出某些"伪创新的观点"。当然,法学本科职业教育的本质并不排斥观点创新,前提是学生已经掌握法律或法学的基本表达范式,并能够清楚明白地阐述一个问题,且有清晰的逻辑和结构。

(二)当前实践教学模式的缺陷

从上述法学本科教学模式的测评体系可以看出,法学专业所需的技能被严重的弱化。法学实践在整个法学本科测评体系中的占比影响了教师和学生对法学实践的关注程度,虽然我国的法学院一般都会借鉴欧美开设法律诊所、举行模拟法庭比赛,但其属于小众受益的活动,学生的法学技能并未得到普遍的提升。法学本科目前主要的培养模式还是教学、实习和考核(期末考试与毕业答辩),教学在整个法学本科培养中占据核心位置,由于受法学教学理念的限制,导致实践教学模式存在诸多问题。

1. 部门法结合能力较差

目前中国高校的法学本科教育仍采用以老师为主导、以理论讲授为主要内容的传统教学方式。法学是一个理论与实践并重的学科,这种"填鸭式"培养导致本科教学严重倾向于"理论灌输",大部分学生依靠纯粹的"背诵"来理解兼具社会科学底蕴和法学逻辑思维的理论知识和数以万计的法条,这一现象在期末考试和法律职业资格考试过程中尤为明显。

在期末评阅试卷过程中,往往会出现这样的一种情况:名词解释、简

---

⑮ 肖晗:《法律文书在我国法学本科教育中的地位应予以提高》,载《时代法学》2014年第2期。

答、论述这些主观题往往得分率较高，而看似简单的案例分析却失分严重。说明法学基础知识记得熟，并不一定具备分析案件、解决实际问题的能力。这与平时的课堂教学方式有关，我国目前虽然在推进法学职业教育，强调实践教学的重要性，但改革力度不够，在课程课时有限、理论课程任务过重的情况下，几乎无法完成与实践教学的结合。结果是，课堂教学成为一种“教师知识”向学生的简单“灌输”，学生缺乏将部门法的规定适用于实际案例的能力，具体表现为不会归纳案件的争议焦点，无法正确适用法律等。

2. 写作技能被严重弱化

有人认为，本科生缺乏创新能力、轻视外语学习、论文写作水平低下并不仅仅与其写作态度有关，而且对选题的把握程度、文献检索能力、熟悉论文格式和解决问题的能力是直接相关的。[16] 在笔者看来，与课程教学、实践教学（输入过程）相比，毕业论文的撰写是一个“输出过程”，“输入过程”及其效果直接决定了输出的结果。因此，毕业论文作为法学教育的实践环节之一，应与课程设置、实践教学关系是各有侧重的互相配合，前者是知识与技能在量上的掌握，后者更为强调焦点的归纳、观点的论证与行文的逻辑能力在质上的整合与归纳。

法律文书旨在训练法律文书行文的逻辑推理能力与形式驾驭能力。所谓推理逻辑的训练，是指恰当组合正式与非正式法律渊源以寻求法律观点的证成过程。所谓行文技巧，是指在模拟法律案件处理过程中，精准的法律措辞、严密的事实表述、简洁的句式与段落安排、规范的格式结构完成论证的书写过程。

尽管部分法学院校开设“法律文书写作”的选修课程，但“法律文书写作”课程的教学内容主要是介绍不同种类的法律文书类型，并未着力强调法律文书的推理逻辑与行文技巧，这就导致通过法学本科训练甚至通过法律职业资格考试的学生仍然无法在实践中很好地完成高质量的法律文书写作。

---

[16] 郑悠然、余若凡、王艺姝：《提升学年论文质量　培养法学创新人才》，载王瀚主编：《法学教育研究》，法律出版社2016年版，第317页。

3. 资料检索能力不足

法律事务处理最重要的环节之一就是"寻法作业"——法律渊源的检索能力。在各大法学院校的本科课程设置中很少会将文献检索作为必修课,甚至都不会列入选修课,而是通过图书馆讲座培训的方式予以介绍。事实上,一方面,随着科技的发展,法律数据库正向国际化、[17]多元化、[18]复杂化[19]方向发展,法律数据检索技能已经远远不能通过图书馆员对数据库功能的介绍即可掌握,其需要专业人员结合法律的实践进行训练。

本科法学实践教学模式主要是对学生法律技能的提升,即运用法律分析案例的能力,这个过程中涉及法学法律知识的储备、逻辑思维构建、法律解释、法律推理、证据运用、法律文书制作、法庭辩论等一系列技能,[20]其中法庭辩论这类实务技能在学校接触的较少,而智能技能与实务技能的有机结合,才能完成从法学知识、法学理论到解决案件争议的转换。[21]而资料的检索能力是为上述技能提供"养料"的管道,能够辅助学生完成各类技能性培养任务。而现状是,资料检索在本科教学阶段被严重的忽视,目前的实践教学模式总体呈现出一种"弱技能强理论"的现象。

四、实践教学模式的优化路径

实践教学的目的是为了训练学生在法律实践过程中对所学知识进行正确运用、恰当组合与优化处理的能力。传统的实践教学模式并未明确实践教学的追求目标,也因此缺乏明确为满足实训效果的教学内容与方法。

---

⑰ 例如,威科(Kluwer)、万律(West Law)、律商(LexisNexis)等外国法律数据库出版商先后为中国法律人推出了专业数据库。

⑱ 例如,威科(Kluwer)公司分别对知识产权、国际仲裁领域推出了专业化数据库;牛津(Oxford)出版社为国际法推出了专门的百科全书数据库。

⑲ 例如,万律(West Law)、律商(LexisNexis)等数据库的使用,需要用逻辑连接字符才能保证检索结果的特定性与有效性。

⑳ 王太芹:《法学本科实践教学改革探索》,载《中国政法大学学报》2014年第3期。

㉑ 雷秋玉:《本科法学教育模式的反思与择定——在现实主义与科学主义之间》,载《汉江学术》2018年第2期。

(一)明确实践教学模式的核心追求目标

从我国的实践教学的现状看,实践教学是服务于、配合于课堂教学的教学内容,缺乏自我独立的教学追求目标。事实上,实践教学是衔接理论与实践的重要教学训练机制,应具有鲜明的独立追求目标。

1. 培养法律争点的提炼能力

任何法律实践均是多种法律规则配合适用的过程。在短时间内舍弃纷繁复杂的法律细节而迅速甄别案件性质、提炼能够决定案件走向焦点的能力,是处理法律事务中最为核心的能力。一方面,法律争点的提炼能力本质上是运用"减法"的能力,这与课堂教学中追求"知识递增"的目标存在一定冲突。另一方面,由于法律争点提炼能力的训练需要以丰富法律事实构成的典型案件作为训练工具,因而其训练在客观上是无法由课堂教学完成,只能由实践教学完成此种训练。

2. 培养法律信息的检索能力

法律检索是指法律研究的检索(search for research)。对法律实践而言,法律信息检索技术与检索能力是相互联系的但又有区别的概念。前者追求对特定数据库的使用熟练性,后者强调检索结果对待解决问题的高度关联与回应性。尽管部分院校通过讲座培训等方式提高学生的法律信息检索技术,但这仍然无法满足法律实践对学生检索能力的要求。具体而言,检索能力是指为针对某一法律争点,通过专业检索技术,对多种正式、非正式法律渊源(部门规章、高等法院的判决、最高人民法院的会议纪要与答复等)对法律争点持有何种法律态度的发现、梳理、总结能力。

3. 法律文书的写作能力

法律文书是法律观点表达的重要载体,合格的文书撰写能力是法律人的基本素养。由于课堂教学体系下的书面写作训练主要是学术论文为主,因此学生对实务法律文书的训练应由实践教学训练完成。法律文书写作能力的训练目标,包括但不限于:(1)行文格式的规范性;(2)行文结构的逻辑性;(3)行文内容的简洁性。

(二)改良实践教学模式的训练方法

目前,无论是模拟法庭还是暑期实习,其实务训练方法主要是让学生以一个旁观者的角度去观察法律的实践过程。除了少数真正参赛性模拟法庭外,多数模拟法庭(对抗或非对抗)更多是事先分工、演练后的模拟,也并非真正第一视角下的对抗。

笔者认为应改良当前的训练方法,摒弃观察者(案外人)视角下的"模拟"法庭,代之以真实案例材料为基础、学生以第一视角介入真实案件的全流程(从起诉——开庭——文书——判决的生成)处理与对抗的教学方法。相关实践课程需以贯彻此教学方法为目的予以设置。

在此种对抗模式下,所有参与学生均以律师身份介入案件。在这一过程中,实践教学指导老师并不直接介入任何一方的准备工作,任何诉讼活动均由学生自己动手完成。实践教学中的案件开庭活动聘请法院法官主持,还原案件的真实审理过程。实践教学教师根据学生不同阶段的完成表现量化打分,进行教学效果评价。

(三)优化实践教学的内容

1. 课程体系的优化

我国法学教学课程过多强调理论内容的讲授,使得学生一方面能对前沿的、深奥的东西如数家珍,滔滔雄辩;另一方面对法律事务处理的基本知识与法律思维却只有单薄的、贫乏的认识。㉒

理论课程和技能课程的比例协调是中国法学本科教育改革需要面对的重要议题,也是法学本科教学改革的难点。提升实践教学的占比,无疑需要压缩理论课程量。但是从教学效果上来讲,必须平衡法学理论和法律实践课程,才能够达到事半功倍的效果。

课程内容应该包括法学基础理论课程、实务操作课程(法律诊所、模拟法庭)和技能课(法律文书写作、资料检索)。课程顺序应该是先理论课后实务课,课程的比重应当均衡。在理论课程的讲授方式上,可以借鉴美国的"科学主义法学教育",即形成知识、智能技能与实务技能三位一体的结构。㉓ 智能技能主要是指学生的案件分析能力,实务技能是指学生的

㉒ 何美欢:《理想的专业法学教育》,载《清华法学》2006 年第 3 期。

㉓ 雷秋玉:《本科法学教育模式的反思与择定——在现实主义与科学主义之间》,载《汉江学术》2018 年第 2 期。

法律文书写作等实际操作技能。智能技能主要从案例教学法中习得,这就促使理论课的教师必须改良教学方法,摒弃从知识到知识的灌输方式,以案例导入法学知识和法律规定。理论课、技能课与实务操作课之间的关系是一种前置的顺序关系,理论课和技能课服务于实务课,同时理论课是技能课和实务课学习的基础。

2. 师资结构的优化

教学是法学本科教育的重要环节,提高教学的实践性是优化现有教学模式的关键。[24] 教师是实践教学的主体,教师配比需要紧跟实践课程的安排。实践教学的师资配给需要从两个方面着手,一方面需要提升在校教师的实践教学水平,另一方面需要引进实务部门的人员在实践课程中进行指导。

教师实践教学能力不等于实务技能,并非要求教师像一位真正的法官或者律师一样指导学生的实践课程,而是通过鼓励和支持教师在实务部门挂职来获取、剪裁、回应法律实践需求的法学教学方法。事实上,现实中很多高校教师有在实务部门挂职、或者在律师事务所工作、或者参与法律实务工作的经验,应吸收、强化此类教师在实践教学中的角色与作用。

此外,可以适当聘请一些公检法人员和律师任教,这种聘请制度应该以实际完成定量的实践指导课程为条件,不能仅仅是一种形式上的挂职。除了担任实践课程的教师,这部分外聘的教师也能在平时的模拟法庭中担任法庭主持的角色。在实践课程的考核中,来自实务部门老师的点评或者意见能更加反映学生实务技能的水平。

3. 考核内容的优化

除增加实践环节考核在本科教育中的比重,增加实践教学环节的学分外,判例解析作为毕业论文一种可选项,也是可以尝试的。既然法学本科教育发展的方向是职业教育,而且是“律师视角下的实践中心主义”,法学本科的毕业论文应该对此做出回应。传统的准命题式论文写作注重的

---

[24] 胡永平、龚战梅:《法学实践教学改革与创新研究——以法律职业能力培养为目标导向》,载《大学教育》2018 年第 1 期。

是对法学某一制度、某个理念、某些问题的探讨,在整个行文中关注的是法学理论的阐释和制度的构建,明显脱离了实践性与技能性,而且法学本科阶段的学习不足以支撑对法学理论或制度创新或完善的能力(如果存在,也是个别学生,不具有普适性)。因此,为了完善法学本科实践教学模式的体系,必须优化毕业论文的考核方式。毕业考核是对实践教学模式的一项关键性测评,在法学本科人才实践教学模式中属于最后一个关口,必须摆脱纯理论探讨的虚无主义。

以案例解析作为毕业论文的考核方式,能够一并检测学生的案件分析能力(归纳争议焦点)、法律适用能力和写作能力(论文整体行文与法律文书写作),也能反映学生的法学逻辑思维及对法学基础知识和理论的掌握情况。一般专业写作能力是对法学本科毕业生的基本要求,㉕因而,以案例解析为重心的论文,除需要评价学生对案件的理解程度和分析能力之外,还要评价书面表达用词的准确性、行文格式的规范性和逻辑布局的严密性。

五、结语

“职业化依然是当前我国法治建设的主要任务。”㉖法学本科职业教育的核心就是要优化现有的实践教学模式,但并非是“法律技工”培训,因此文中在律师视角下的实践中心主义部分强调“对法律的正确适用”是核心所在,不是简单的法律技能培养。实践教学模式只是法学本科教育的一个重要的、必不可少的组成部分,而不是职业教育的全部内容。

法学实践教学模式能够充分开拓学生的法律技能(特别是智能技能),并提升学生对法律的应用能力。同时,法律技能不仅能够满足学生

㉕ 肖晗:《法律文书在我国法学本科教育中的地位应予以提高》,载《时代法学》2014 年第 2 期。

㉖ 焦宝乾:《法律人思维不存在吗?——重申一种建构主义立场》,载《政法论丛》2017 年第 6 期。

从事法律实务的入门要求,也是其他对法学进行深入研究的硕士、博士必不可少的工具和技能。因此,我国法学本科人才培养应该尽快摆脱以知识传输、理论研究为中心的教学模式,转而以知识与实践并重,注重学生智能技能与实务技能的习得,才能将所学的法学基础知识和理论用到实处。正如美国社会学派代表霍姆斯大法官所言:"法律的生命不在于逻辑,而在于经验"一样,我国法学本科教育必须优化现有实践教学模式,以回应法学的实践特性和社会现实需求。

On the Optimization of Practical Teaching Model of Undergraduate Legal Education in China

Liu Bing

Abstract: The orientation of undergraduate legal education in China is transitioning from generalist-orientation to professional-orientation, from knowledge-orientation to skill-orientation. Practical skill has become the main teaching target of legal education. The traditional practical teaching mode leads to students' poor ability to integrate and apply departmental laws, students' seriously weakened writing ability, and students' insufficient professional database retrieval ability. The author contends that first of all, it is the basic goal of practical teaching to cultivate the generalization and summarization ability of legal disputes, the retrieval ability of legal information, and the writing ability of legal documents. Secondly, the author suggests that the perspective of the observer (the outsider) in the moot court should be abandoned and replaced by the "confrontational" practice teaching method with the participants' first person's perspective. Finally, a series of measures should be taken in teaching activities, such as, the content optimization of practical teaching, the improvement of the curriculum system, the balance between theoretical teaching and practical training, the optimizing the structure of teaching faculty, the strengthening the role of teachers' legal practice experience in teaching activities, the strengthening of legal skills training, the the emphasis of legal skills in practice teaching as the essential aspects, the adjusting of the assessment system for graduation thesis, and the introduction of the assessment method of case analysis.

Key Words: undergraduate legal education practical teaching model path to optimization

比较研究

法学院能为法律人的养成贡献什么*

[美]朗·富勒** 著 赵 力 程朝阳*** 译

摘 要:关于法律教育的目标,存在四种相互竞争的观念。它们分别是:为学生提供成为一个法律人所需要的知识;工作分析或技能分析;揭示伟大的思想和传达对法律人所参与的过程的一种理解。但是,这四种观念中的任何一个均不能被视为一种组织开展法律教育的排他性标准。法律教育的目的应当在于传达对司法和立法等两个基本过程的理解。不仅不应忽略了立法过程,还应在课程安排上专注于立法和审判的主要运作方法,并从它们最基本的形式入手。同时,法学院对学生的训练应该指向那

---

* 本文是对1948年4月12日至14日在宾夕法尼亚州巴克山瀑布(Buck Hill Falls)举办的职业责任教育业内会议(Inter-Professions Conference on Education for Professional Responsibility)上所做演讲的修订版。——原文注

** 朗·富勒(Lon L. Fuller),哈佛大学卡特法理学讲席教授(Carter Professor of Jurisprudence)。——原文注

*** 赵力,吉林大学司法文明协同创新中心博士生,研究方向:法理学、司法学。程朝阳,烟台大学法学院副教授,法学博士,研究方向:法哲学、法律语言与逻辑。原文标题为 *What the Law Schools Can Contribute to the Making of Lawyers*,载《法律教育研究》1948~1949年第1期(1 J. Legal Educ. 189 1948 – 1949)。

本文系教育部高校人文社会科学重点研究基地重大项目“以中国实践为基础的法律体系理论研究”(17JJD820003),国家2011计划司法文明协同创新中心资助成果。——译者注

些综合了法律与法律之外各种因素的问题之解决。只有在案例教学法的精神指导下,与学生们一起探索法律人—客户关系的相关要求,才能使学生充分意识到法律职业所应承担的社会责任。

关键词:法律教育　立法过程　司法过程　案例教学法

关于法律教育的目标,存在四种相互竞争的观念。本文的目的在于去一一检视这些观念的优点、局限及危害。这四种观念分别是:

第一种观念,法律教育的目标是给学生提供知识。法学院应该仔细研究哪些法律部门在今天最为重要,并为此安排相应的课程,来传授为现代法律实践最为需要的知识。

第二种观念,法律教育的目标是传授技能。我们应当就现代法律实践所要求的才能与技巧展开调查,并设计出能让学生获得这些才能和技巧的教学方法。用工业管理的话来说就是,我们应当先对法律职业做工作分析或“技能分析”,然后让我们的学生经历一个训练的过程,使那些技能成为他们的本能反应,从而帮助他们成为成功的法律人。

第三种观念,和其他职业一样,真正的法律教育在于向学生揭示伟大的思想。

第四种观念,法律教育的目标应在于使学生理解并深刻洞悉法律人所参与的那些过程。

绝不能迫使我们将上述四种观念中的任何一个,视为一种组织开展法律教育的排他性标准。虽然每一种观念都可被视为对其他观念的补充,但在对教育政策的实际讨论中,这种情况却很少出现。那种由试图界定最终目标所产生的论辩精神,倾向于将每一种观点都推向其他观点的对立面。或许,本文就是要通过提倡上述第四种观念来阐明这一倾向。不管怎样,在接下来的篇幅当中,我们将对上述四种观念一一做出分析,既分析它们是否有能力提供一种排他性标准,同时也分析它们是否有能力为其他观点提供一种纠正方法。

第一种观念 “为学生提供成为一个法律人所需要的知识”

作为组织开展法学课程教学的一种一般性标准,这一观念越来越不受欢迎。造成这种“失宠”现象的原因有很多。现代法律实践的需求风云变幻,使得人们难以预测学生在毕业之后需要知道些什么。那些成功的律师通常认为法学课程的内容不是太重要,声称法学院的真正作用在于教人们像法律人那样思考。一门课程的组织开展如果是为了传达最普遍有用的信息,那么那些经证明极具教育价值的、高度专业化的研讨课程将被排除在外。

当前,偏好方法甚于内容的倾向不应让我们无视以下事实,即那些内容论者常常有一些重要的东西要说。循道宗论,即使是在非宗教的意义上,也可能会被过度夸大。这便有必要回想一下,“我们教人们思考”这一口号,已经成为了包括从拉丁语、希腊语到机械制图、普通法诉讼在内各个濒危学科最后的避难所。

仅仅根据其是否能够向学生灌输方法来挑选教学素材,是一个严重的教学错误。除非教师和学生都认为(或者都误以为)他们所考虑的那些问题在当今之世至关重要,否则就不会有什么有效的方法传授存在。如果任何一方刺破了虚伪的面纱,看到(或承认)他们是在为一些无价值的筹码进行博弈,那么对方法的传授将无法实现其自身刻意制定的目标。

内容之所以重要,在很大程度上不是就其本身而言的,而是就其在实现其他目标方面的意义而言的。

第二种观念 “工作分析或技能分析”

这或许是当今最为流行的一种观念,它的口号是技能、技巧、辩论的艺术,商讨的艺术。

法律教育应以传授技能和技巧为目标,这一观念为重新检视传统的法学课程起到了开辟道路的重要作用。它激起了人们对一些在私法领域中被视为基础课程之真正重要性的适当怀疑。然而,更为有用的是,它挑战了那种传统上将各种法学课程分开设置的学科划分的教育之有效性,那些学科划分一开始其实不是出于教育的考虑,而是出于教材编写者分析上的需要。

然而,尽管这一观念在消除过时的教学结构方面十分重要,但是我认为美国法律教育现在所面临的最大危险在于,人们会太过认真地对待这一观念,并且会太过字面地去应用它。因为一旦人们试图将这一技能—技巧观念作为组织法律教育的排他性标准时,整个教育过程就会迷失方向、身价大跌。

当人们批判性地审视这一观念时,就会清楚地看到,对于应当教给人们什么东西以及应当如何教授,技能—技巧观念并不能提供任何真正的检验。法律人需要所有那些将会影响人们的智识生活和道德生活的技能。他们必须能够展开逻辑推理,排除无关因素,发现暗含的前提,去理解性地阅读与倾听,做出令人信服的论辩,去探寻动机,去写作和表达良好的英文——这一清单可以无限扩展。但是"传授技能"这一宗旨,根本回答不了何者优先这一无法回避的问题,也根本不能给法学课程设置提供形式或指明方向。

技能—技巧观念不仅不能为法律教育的组织和开展提供任何明晰的指导,而且若试图将这一观念付诸实施,还可能会导致美国案例教学法——一种对问题的忘我倾注——这一最具价值的教学特色丧失殆尽。它把对问题不偏不倚的探索转变为一种自我提升的训练,它为了追求某种具有戴尔·卡耐基(Dale Carnegie)或查尔斯·阿特拉斯(Charles Atlas)意味的东西而放弃大学法律训练的传统。

伍德罗·威尔逊(Woodrow Wilson)曾经观察发现,一个决心成就某种"品格"的人,会让自己贻笑大方。品格只是追求其他目标的副产品。同样,技能与技巧也应当只是一种专注于问题而非人自身的教育体制的副产品。

第三种观念 “揭示伟大的思想”

任何课程的安排、任何课程的运作都无法替代良好的教学。如果良好的教学被用于传授琐碎小事,那么它将不具有任何价值。我们必须要有优秀的教师,必须要有那种有好东西可教的优秀教师。除了这两个必要条件之外,其他一切都是次要的。那些谈及应揭示伟大思想的人,让我们想到事实就是如此。

然而,正如经常发生的那样,当他们夸大这一点,以至于声称法学课程的组织形式毫不重要的时候,则会招致不利。的确,当人们提及马克·霍普金斯(Mark Hopkins)的“圆木平衡”(on-a-log)理论的时候,他们暗含的意思是,在一些运作良好的法学院,从来不会对法学课程的组织给予任何有意识的关注。这当然只一种幻想而已。在美国法律教育中,我们已经继承了一种在许多年前经由共同努力合作而形成的课程组织形式。这一组织形式在它设计之初就是作为一种协调性规划而存在。可以想象,如今它依旧是组织和开展法学教育的最佳形式。然而,持此观点的保守者们应当承担与其立场相适的责任。当他们的意思是说“传统的课程设置是对的,应当保持”时,他们就不应该说,“只有小肚鸡肠的人,才会关注课程的组织开展问题”。

考虑到本文下一个标题所要展开的论述,这里我们可能会说,假若具体的知识和特定的技能相对而言并不重要,那么对法律人实际以及可能的社会贡献做出理解也并非如此。法学课程应当以这样一种方式安排,即能够让学生形成一种宽泛的认识,通过这种认识,他们能够将法律人工作的方方面面相互串联起来,放在一起加以理解。这不会自然而然地发生,它必须有计划地去实现。

第四种观念 “法学教育的目标在于传达对法律人所参与的过程的一种理解”

法律人是两个基本社会过程——司法和立法——的参与者,而且通常是最积极、最负责任的参与者。这两个术语在此是在一种比习惯上更为宽泛的意义上使用的。

一方面,司法审判过程与法律人的案件辩论和纠纷解决等方面的工作有关。正如我对这一术语的使用一样,它意指裁决纠纷的所有司法方法,包括除传统的法庭审判程序之外的非正式的仲裁程序和行政裁判所的工作在内。审判展现了法律人作为律师或法官,或者就案件的可能裁决给客户提供意见的法律顾问所发挥的作用。所有这些活动都围绕一个过程展开,通过这一过程,争议得以辩论和裁决。

另一方面,立法过程展现了法律人创立规则、创设结构的作用。这一过程展现了他作为一个规划者、谈判者与起草者的作用。一如我对“立法”这一术语所使用的那样,它不仅意指立法规划与起草,还包括合同和其他私人文件的谈判与起草。因此,在这种意义上,遗嘱的起草即属立法,因为它确立了一种法律框架,据此遗嘱人的财产将在其死后得到管理。

我的主张是,法律教育的目的应当是去传达对这两个基本过程的理解。如果我们将这些过程视为我们的方向,我认为我们将能够对解决下列教育政策问题取得一些进展:

(1)我们目前的法律教育体系是否令人满意?

(2)我们应将哪些法律部门包含在三年的课程之中?

(3)对学生的教学应从何处开始?

(4)我们可以怎样将法律与法律之外的生活和理论联系在一起,而又不会失去对一直以来作为传统法律教育核心优势的特定论题的敏锐关注?

(5)我们可以怎样向我们的学生灌输一种关于对当事人和公众所应担负的职业责任的正确认识?

我将从这些问题中的第一个开始讨论。

1. 我们目前的法律教育体系是否令人满意?

如果通过询问它是否传达了对上述两种基本法律过程的充分认识来检验我们的法律教育体系的话,我认为这一问题的答案显而易见。由于部分与历史有关、部分与教学材料的相对可利用性有关的原因,我们国家的法律教育几乎完全忽略了立法过程,而仅仅涉及审判过程的一个方面,即我们的上诉法院的审判过程。

审判过程的单个阶段与作为整体的审判过程相分离,这种做法不仅使许多事情无法教授,还歪曲、篡改了所教授的东西。例如,在和事实证明有关的复杂问题上,它几乎没有向学生传达任何洞见。上诉法院的报告通常呈现为一份干巴巴的案件事实梗概,与本案相关的法律人有时也难以承认这就是对其数月以来一直努力的案件情形所做出的描述。法律及法庭辩护的永恒问题之一不得不涉及人类活动的最危险的方面:试图将一系列事实原封不动地从一个人的头脑中传送到另一个人的头脑中。上诉案例教学法(appellate-case method)对该问题的存在几乎未给予任何提示,更不用说对为解决这一问题而可能采取的措施提出任何理解了。

几乎完全忽略立法过程,是一个更为严重的缺陷。再一次,这不仅会使许多东西无法教授,而且会歪曲它所教授的东西。因为审判与立法这两个过程本身相互关联,以至于缺少对方,自身都将无法被充分理解。

一方面,从某种程度上来说,立法总是指向审判。审慎的起草者在制定合同条款时,会考虑到纠纷的可能性,并为诉讼发生时如何保护其客户的利益寻求办法。另一方面,大多数的司法审判在一定程度上都会对某人的立法产生影响。对合同谈判和起草赖以展开的那一过程的了解,对合理解释合同中受争议的意思表达来说至关重要。在合同法的教学过程中,我发现那些在通常可谓是“谈判”的方面有实践经验的学生,要比缺少这种经验的学生对解释之问题有更成熟的见解。最近,我进行了一项实验,即从合同谈判、合同起草的训练开始展开我的课程。我的目标在于,经由一种设身处地式的或设想的经验,去传达那种从参与制作一份协议的行为中获得的深刻洞见。虽然这一教学尝试没有完全获得成功,但它证明了立法过程和审判过程之间的紧密关联。在讨论和协议解释有关的司法判决的过程中,学生们事实上确实利用了他们在合同起草方面的经验。他们在认识与判断方面所取得的看得见的进步,常常印证了一种我在一段时间以来所抱持的偏见,即认为任何一个从未亲身参与过合同谈判的法官,都不应就一项合同的解释做出裁决。

许多法学教师断言,被我称作立法过程的东西,是作为普通的案例法教学活动的一种自然而然的副产品而得到教授的。他们自豪地指出,实际上他们自己也经常问学生,某个具体案件所涉及的合同或遗嘱原本可以如何起草以避免引发诉讼之难题,或者某项法规经过一番限定性的司法解释之后,应当做出怎样的修订以继续保持其起草者之目的。

我认为,对该问题做缝缝补补式的处理很不妥当。尽管,如我所述,立法过程与审判过程紧密相关,但是它们各自又都呈现出一系列不同的问题、一系列不同的思维样态,以至于两者都不可作为对方教学的一项意外的副产品予以教授。如果我们能够考虑到上述两个不同的过程看待事实的不同方式,就不难发现它们之间的根本差别。

一方面,审判必然涉及法庭事实。如果我们以上诉法院的判决为内容,那么其所报道的事实已然通过证据规则的过滤,并经由证明责任的规则和推定而降低了其固有的模棱两可性。然而,即使是在大多数非正式的行政听审或仲裁中,经由诉讼语境而提出的事实具备一项新的特征,即那些事实是由自我意识的证人传达的,他们不管可能会多么诚实,对向法庭传达一个生活于那一境况之中的人对该境况的外在情状的全部了解,都会感到绝望。因此,他们常常满足于只说出事实的一部分,只说出那些他们常常错误地而非正确地认为只和案件裁决有关的事实片段。

另一方面,立法并不涉及法庭事实,只涉及所谓的管理性事实。作为规划者、谈判者和起草者的法律人,其任务不是要将这些事实归纳为一种简单的行为模式,而是要整体地去看待它们,看到它们所有的无序、所有的模棱两可。他必须调整他的决定以符合实际的可能性,必须设计一种方案,以充分地预见到和不受干扰地把握这些事实的未来变化。

立法过程与审判过程之间的其他区别,可以经由诸如合同是什么之类的简单询问予以阐明。对和审判过程有关的法律人而言,合同是一项在法律上可强制执行的协议,并由法院在诉讼中赋予其意义。对起草该合同的法律人而言,合同可能主要是一种合作性努力的框架,旨在实现合同的功能,而不考虑其可执行性或法官将会做出的解释。在协议条款的表述方面,法律人常常不得不在两种不同的需求之间做出权衡:(1)让他的当事人能够赢得任何可能因该合同而产生的诉讼;(2)创造一种既能有效运作又不会招致诉讼的协同机制。如果他无法同时实现这样两个目标,那他可能会合理地选择第二个目标而在一定程度上牺牲第一个目标,因为他在此时此刻作为现实立法者的作用,可能比他在某个假设的未来审判中作为辩护律师的作用更为重要。

尽管可以对上述不同的过程之间的根本差别做进一步的分析,但是我认为以上所述足以表明,那种假定教授其中一种过程时另一过程即能自动教授的想法,将是多么的危险。

因此,我认为传统的法律教育不仅在具体细节上,而且在基本定位上都存在缺陷。我们必须承担起向学生传达对他们作为法律人将会面对的上述两个基本过程的了解。

2. 我们应将哪些法律部门包含在三年的课程之中?

刚才最后所做的评论可能意味着,我是在提议一项不可能进行的改革。就大体上仅涉及审判过程一个阶段的课程而言,本来已经是负担过重了。如果再加上法律人工作的整个另外一方面,它将不止是压垮骆驼的那最后一根稻草,而将是压垮骆驼的那一堆稻草。相反,我认为我在此竭力推荐的方案,将会将我们在法学院三年有限时间内的教学任务加以简化。

以法律人参与审判过程的不同方式:作为辩护律师、法官和告知当事人“法律是什么”——告诉他们若被起诉,法官对那些真实的或假设的案件很可能会作出怎样的裁决——的法律顾问为例。从法律职业分析的角度而言,这三种不同的工作任务要求具备完全不同的、几乎可以说是相互对立的技能和技巧。若以技能“分解”法来组织我们的法律教育体系,那么我们的确会面临整个法律课程崩溃的危险。

但是我认为,我们无须把教授辩护技巧,或者把教授如何裁决案件,或者如何就法官将怎样裁决案件而给当事人提供建议,作为法律教育的一项明确目标。相反,我们的任务在于使学生置身于审判的过程中,从而让技能与技巧的养成成为一种附带的结果。

关于审判过程,有许多东西需要学习。我已经谈到了诉讼环境对事实的影响。只有将审判视为一种对人们的思想、态度有其特别要求的过程、一种具备独特属性的社会关系,才能获得对这种影响的全面了解。同样,只有当学生沉浸在审判过程中,以致开始认识到其内在局限之时,才有可能理解一直存在于纸面规则和现实司法之间的张力。所有这些都需要时间,但是与试图就学生将来可能需要完成的每一项具体司法工作而训练学生相比,它花费的时间更少,且对时间的利用也更为有效。

在我看来,立法过程的概念似乎再次提供了一种标准,它将简化我们要教什么的问题。一如我对这一过程的定义所示,它涵盖了大量看似互不相关的活动,从在波士顿道富银行的安静角落里起草遗嘱一直到在加尔维斯敦码头的罢工威胁下就劳动合同展开谈判,这一过程需要那些参与者具备一系列迥然不同的技巧与才能。谈判者必须机智老练,洞悉他人的动机,有良好的时机感,以及可谓是出自本能的决策能力。起草者则必须具备缜密的逻辑分析能力,清楚、有条理的语言表达能力,以及对出自本能的决断深恶痛绝。除非能在这些技能与活动中找到某个共同核心,否则我们一定会对在不到十年的时间内培养出一名法律人这件事感到绝望。

但是我认为存在这样一个共同核心,即它们都要协调对立利益,并将那种协调模式简化为明晰的口头表达。我认为我们甚至可以说,一个人起草遗嘱时就是在学习谈判。他在考虑如何协调遗孀的利益与孩子们的利益,考虑如何使遗嘱人对母校的慷慨捐赠心愿与他对其家庭的义务之间相互协调。此类起草者和单人纸牌游戏者不同,而更像是一个在桥牌游戏中左右手轮流出牌的选手。因此,即便是起草遗嘱的工作,也会传达出一种有益于合同谈判的洞见。同样,合同谈判和合同起草会迫使一个人认识到在起草法规并确保其通过的工作中所包含的那些要求。

我的结论是,我们无须也不应该去试图教给人们作为成功的谈判者、起草者和策划者所要具备的各个技能。我们需要做的是,通过选择一些问题,来传达各种冲突利益得以相互协调的那一过程之核心。如果我们这样做的话,我们可以相信,那些特定的技巧将作为一种计划之外的洞见的副产品,在那些依上帝之意拥有它们的人身上发展起来。

同样,我认为,关注上述两种基本过程,将简化教学主题的优先性问题。对培养学生去掌握一套特定的法律规则,我们不应担心太多。相反,我们应该专注于现代社会中立法与审判的主要运作方法,而让规则的知识成为一种计划之外的副产品。

3. 对学生的教学应从何处开始?

这一问题也许看起来和目前论及的问题处在不同的层面上,可能看似降低为对一些琐碎的课程细节的关注。然而,我认为在触及教育政策之根源的前提下,从何处开始这一问题是一个根本性的问题。

我认为,对于怎样去开设一门课程,我们没有一种站得住脚的哲学,而只存在一些原则。原则之一是从历史的角度陈述法律学说,并且一些较早的案例教科书就是以判决年份为序来陈述案件的。原则之二是将这种历时性的检验应用于所研究的交易活动。比如,在合同法中,你应该首先从要约开始,因为要约是订立合同的第一步。我认为这两种解决办法在合理规划学生的教学进度这一问题面前,完全就是一个错误。

还有一个原则是,从"简单且熟悉"处着手。在侵权法中,你从一些诸如 A 撞了 B 或者 A 打了 B 之类的简单案件开始,所有课程都试图以一些普通案件为出发点。这一观念似乎为一门课程的开设提供了一项合理的原则,但是事实上它却包含着一个严重的错误。一个法律问题的简单性绝不在于该法律问题所及之事实将会完美勾画的情境之简单性上。人们几乎可以断言,情况刚好与此相反。邻里之间的争吵可能看似是一件稀松平常的事情,但是一个人几乎无法想象其背后的心理过程,它和确定因争吵而致纠纷的法律责任相比更加微妙。然而,在法庭上对一份复杂的法律文件做出证明,却可能是一件极其简单且日常的事情。从熟悉之处入手的错误也不只是一个程序法的问题。在合同法课程中,先从一个邮政收据是否是邮寄或收寄的有效凭证这一问题着手的一个理由在于,该问题应该在学生的经验范围之内。但是我还没听说,在对决定该实体规则应当为何这一问题所包含的全部内容都进行过探讨之后,它还会是一个难题。

尽管我所建议的方案并不必然从简单事实入手,但审判过程和立法过程都将从其最简单的形式开始。举例说明如下:一些介绍诉讼程序的课程通常都是以我之前所描述的原则之一或原则的组合为基础展开的。你从学习历史上的普通法诉讼形式开始,或者从学习原告的起诉状开始,之所以如此,乃是因为它是诉讼的第一步。或者,你从邻里之间因栅栏位置的争吵而引发的诉讼或其他一些所谓的“简单”争议开始。

相反,我认为,应当从那种以其最基本形式呈现的审判过程本身开始。我认为在现代社会中那一过程指的是仲裁。在仲裁过程中,几乎不存在任何诉讼规则,通常也不存在任何正式的实体法规则,但是我们还是会有一些问题,一些在整个仲裁过程中普遍存在的问题。

人们可以从当事人都同意将争议提交仲裁,但裁决结果可能会和提交协议的条款略有出入的案件着手。例如,让一位劳动仲裁员裁定五种具体的工作等级,他却列出第六种工作等级,因为他认为它和提请他裁定的那些工作等级密切相关。但由于它会影响到第六种工作,败诉的一方当事人拒绝接受这一裁定。我会和学生讨论,在本案中是否存在程序上的错误。如果该仲裁人——其主要功能是让当事人相互和解——另外发现了某个需要澄清的目的,那么他为何还应接受将该争议提交给他的仲裁协议的严格约束呢?一旦学生认识到这一问题还存在另外一面,他便将获得对诉讼目的的一种根本性洞见。

接下来的一系列案件将涉及这样一些仲裁裁决,即其中仲裁人在听取了各方的理由之后,进行了一番独立的事实调查。一项劳动仲裁和操作某个特定机器的工种的合理工资水平有关,然而当事人双方均未向仲裁人展示这台机器,甚至都没有展示这台机器的任何图片。由于对此类抽象化描述并不满意，仲裁人在没有当事人陪同的情况下参观了工厂、查看了机器，然后作出了自己的裁决。对于这种做法，有任何正当的反对意见吗？如果败诉的一方当事人对这一程序感到不满，那么是否因为该当事人希望案件在无知的情况下获得裁决而应将其视为真相之敌呢？再一次，一旦学生认识到该争议的双方当事人都有些什么可说的，他便将获得对整个对抗制及其优缺点的一种根本性洞见。

所以，我的建议是，讲授这些过程，并从该过程最基本的形式入手。

4. 我们可以怎样将法律与法律之外的生活和理论联系在一起，而又不会失去对一直以来作为传统法律教育核心优势的特定论题的敏锐关注？

这是一个由下面这个时下流行的问题所提出的问题（我认为，其措辞过于狭窄）：我们应当如何使法学和其他相关社会科学诸如经济学、心理学和社会学结合在一起？

对此，存在两种思想流派。一派认为，“坚守法律。因为你不可能在三年内教学生成为一名法律人，所以你显然也无法教他成为一名经济学家、心理学家、会计师、社会学家和人事主管”。

另一派则认为，“由于法律和那些其他学科有关，所以法学课程必须通过某种方式将它们纳入其中。我们将给学生指定心理学和经济学方面的广泛阅读。我们的教师队伍中将增添心理学家和经济学家。我们现在确实不知道该怎样利用他们，但是他们的身影出现在大楼内便是一种激励，而且我们迟早会一起制定出一套方案，来有效地利用他们的特殊才能”。

上述两种观点我都不赞同。对于第一种观点，我们当然不能在三年的时间内把一个人变成法律人。但那并不是我们的任务。我们的任务在于让学生实施一项自我教育的方案，并教授他一些基本的洞见和思考方式，以使他能够从其以后的教育经历中获得最大收益。

如果法学院没有时间去教授经济学，那么你可以非常肯定，忙碌的、成功的法律人也将无暇顾及它。但这并不意味着他不会做出一些经济决策。相反，他毫无疑问会参与许多经济决策的制定。因此，它将仅仅意味着对于他及其同僚正在决定的事项为何,他不会像他所应当的那样有很好的理解。

在第二种观点看来,法学院有时间从事非法学课程的学习,但却无法使它们与法律课程的教学有效地结合在一起。由于找不到利用非法律专家的其他方法,他们只得从事教授学生一些"技能与技巧"的工作。在我看来,这一缺陷的一个突出事例是一门由一位心理学家和一群法律人共同开设的课程。该课程的目的,用其发起者的话来说,是旨在"训练学生去更加有效地运用他们的个性"。① 在该课程中,心理学家(借助声音划线器)的作用在于向学生讲授说服心理学,并训练学生运用能够唤起法官和其他"决策者"之共鸣的言语。带着对构想这一课程的富有才华和想象力的人们的所有尊重,在这方面,我认为学者们似乎是在浪费时间。

约二十年来,美国的法律教授们一致认为,我们应该做一些事情以促进法律与其他社会科学的融合。鉴于这一普遍共识,值得注意的是,事实上仅有很少的现实意义在这一方向上实现。我认为,其原因在于没有确立起一种使得学科融合成为现实的法律教育理念,该理念将通过学科融合的方式去解决那些值得大学法学院去解决的问题。

我认为,我们应该从下述考虑中选定方向:如今法律人不得不参与一些体现了多种因素相结合的决策,法律规则常常只是其中的一个部分,有时甚至是极为次要的一部分。就政府部门中的法律人而言,事实显然如此。尽管私人执业律师在反对制定他们所谓的"商业决策"的战斗中进行了一定程度的负隅顽抗,但却依然败下阵来。现如今,如果不是因为其他原因而是为了保持业务,那么几乎所有的律师都不得不进行"商业决策",因为他们发现这是客户的需求所在。

这些决策并不是由法律人独自做出的,而是在与受过不同训练的人们的磋商中达成的,他们在谈判桌上的不同贡献必须通过某种方式整合

① James, *An Arbitration Laboratory in Law School*, 2 ARB. J. (N. S.) 79, 80 (1947). 这一引证并不是对詹姆斯教授的文章中所描述的课程提出一种无保留的非难。在我看来,将同一未决案件首先作为一种非正式的仲裁,然后作为一种常规的诉讼进行两次审理的想法最为别出心裁,也最值得尝试。但是事实上,我几乎无法要求将这篇论文中我所试图解释的一些观念更好地付诸实际应用。

到最终的解决方案之中。法律人常常是那一整合过程的主持者。那一过程,正是他在法学院必须得到传授并立即开始的过程。他必须认识到,与决策有关的不是在法律上可以做什么或者何种行为在法律上有效,而是在所有观点都考虑过之后,从各方面看应该做什么。

这一关涉人类能力不同领域的整合性思考过程显然是我称为立法的那一更大过程的一个方面。在某种程度上来说,每一个重大决策都会施加模式和结构,创设规则和先例,为未来决策的做出提供一种框架。

因此我认为,我们的目标不在于将法律人训练成为一名经济学家,而在于训练他们去参与一种融合了法律与经济学的决策过程。这意味着他必须充分了解经济学,必须接受那种经济学的学习,以使他能够有效地利用经济学家并明智地评估他们的贡献。

在更具体的教育层面上,这意味着法学院学生训练的一个重要部分,应该指向那些综合了法律与“法律之外”各种因素的问题之解决。除了若干课程之外,适用于这一目的的那些问题不可能直接从报道的上诉案件中获得。像哈佛大学工商管理研究生院所使用的“案例”之类的东西,似乎是合适的。此外,利用整个大学的资源,并尽可能获得训练有素的经济学家、心理学家和法律领域外其他专家的协助,最好是那些有某种实务经验背景的专家的协助,也是合适的。

我自己所在的法学院以及其他法学院的经验表明,要想成功利用法律之外的其他领域的专家,关键在于研究问题的选取,它将为这些专家的贡献提供方向及法律意义。此类研究问题的设计或收集是法学院的主要职责。如果法学院不能履行这一职责,那么可以肯定地说,它将无法从一个经济学家或心理学家在法学院的实际存在中充分受益。

5. 我们可以怎样向我们的学生灌输一种关于对当事人和公众所应担负的职业责任的正确认识?

本次会议的标题表达了人们普遍持有的一种信念,即认为专业教育并未充分地意识到该职业所应承担的社会责任。在所有俗世的职业当中——在法律、工程、医疗和工商管理领域——我们都在培养人们如何让自己生活得好,但是也有人说,我们在教他们如何去促进全人类的美好生活方面做得不够。

尽管我们可能会强烈地赞成这一批评，但是它还是会产生这样一个实际的问题：我们该怎样回应这一批评？社会责任和公共责任问题有其深刻的根源，那些根源直抵一个人可能需要做出的最隐秘的道德判断。

仅仅是时不时地告诉学生们说他们承担着一些无以名状的社会责任，并不会有太大的帮助，缺少内容或方向的道德训诫也只能是徒劳无功。如果深深沉迷于其中，当然会让人恼怒，终会因此难以实现其自身的目的。但是，我们是否应当开始向学生灌输这样一种观念，即他们必须推进某些明确的社会目标。如果是，那么每个老师是否都应当利用课堂时间来推进他个人的政治和思想信念，抑或为了避免如果这样做则可能导致的一种总体上相互抵销，法学院是否应该就某些基本“价值”达成共识，进而设法将这些价值灌输给他们的学生？整个法学院都致力于某一特定思想观念，这一观点在美国教育历史上绝非闻所未闻。② 但是对我们大多数人来说，对这种学界的惺惺相惜，从根本上感觉有些不妥。

我认为，走出这一困境的方法在于回归到苏格拉底的观念之中，即认为人们不是通过信仰或告诫，而是通过理解去发现至善的。在我看来，罗曼诺（Romano）③医生的论文典型地体现了这一观念，因此我认为我们也可以将罗曼诺医生对病人救死扶伤的职责视为我们法律职业的榜样。

罗曼诺医生着手探索医患关系的伦理规范。他发现这种关系有其自身的独特要求，它们无法仅仅通过善意或良好的教养获得满足。在医生能够做出充分的回应之前，这些要求需要获得真正的理解和认识，而传达这种理解和认识则是医学院的任务。

所以我认为，当法律人—客户关系出现在我在本文中所描述的那两

② Centralization And The Law; Scientific Legal Education. 由不同的作者编写，由 Little, Brown and Company 出版的论文集。为了避免误解，我应该说，据我所知，尽管这本书中所概括的思想纲领一度成为一种共同坚持的事情，但是在目前法学院的管理中则丝毫不见贯彻落实的迹象。当今，法学院充斥着各种有益的观点，这就是美国法学院的普遍特征。

③ 约翰·罗马诺罗（John Romano），切斯特大学医学与牙医学院精神病学教授，纽约州罗切斯特市斯特朗（Strong）纪念医院精神病主治医师，曾以《医生——作为一个全面的人类生物学家》为题发表演讲。

种基本过程中的时候,我们法学院的老师应当和学生们一起探索这种关系的相关要求。当然,这其中有许多东西需要学习和了解。成功的谈判者几乎不可避免地会发现,自己偶尔会扮演调解人的角色,这一角色涉及忠诚于客户之类的棘手问题。律师会发现自己常常处于起诉案件的压力之下,而在他的判断看来,那些案件应该在法庭之外解决,因此,他必须凭着自己的良心衡量诉讼之价值,把它看作对所抑制的诉讼浪费和危险的一种释放。

在这一方面,和法学院学生教育的其他方面一样,我会从这些关系或过程的最基本形式入手。这意味着,应首先关注法律人—客户关系的伦理规范。在这一关系当中,客户是单一的个人,并在当事人的利益与对方的利益之间不存在相互竞合的特殊问题。由此出发,我会逐步深入地探讨一些更为复杂的情形,直到法律人把整个公众都视作是他的客户,或者直到他能够心安理得地将自己视为,用布兰代斯的话说就是"那一情况所需要的律师"。让学生置身于这一角色的最有效的方法将在于,将其教育的绝大部分指向立法问题,由此,他的任务将是去设计一种可以充分满足公众需求,抑或可以在一系列相互竞合和相互对立的利益之间实现一种行之有效、最为公正合理的、调和的法律规制方案。

我认为,这种教学方式应在案例教学法的精神指导下进行,把它作为一种对问题的探索、一种对相关因素的分析,而不是把它看作一种为了确保获得一目了然之答案的手段。一旦这一精神得以贯彻,我认为将有利于充分讨论那些否则难以在课堂讨论中有效展开的"政策"问题。

例如,在离婚法或和节育有关的法律的改革问题中,关于法律规则应当如何规定,美国任何一所法学院都很难获得一种令人满意的、客观的讨论。一方面,在这些问题上,人们的价值观念存在根本分歧,这种分歧又为宗教信仰的情感所强化。另一方面,我们可以将这种分歧本身视为一个问题。在一个民主的社会中,我们如何才能对那些基于情感和宗教信念而致人人有不同看法的问题,做出令人满意的、公正的决定?哪些过程或程序是对我们开放的?这是一个可以由具有不同信仰、不同人生哲学的人们共同学习研究并从中受益的问题。换言之,其秘诀在于,专注于那一过程,而不是试图事先确定从那一过程当中应该出现什么样的结果以作为特定的解决办法。

因此在劳动法领域,我们可以讨论下面这样一类问题并从中受益:下述劳动纠纷解决程序——强制协商、调解、仲裁、立法、行政控制以及法院诉讼——各有哪些优点?由此可见,这些问题的结果在某种程度上会受到我们的方法选择的影响,所以一些困扰着该领域的情绪和偏见将不可避免地会对该程序的讨论产生影响。但是,它们不会霸占该讨论,不会像当我们讨论诸如最低工资应是多少,抑或是否应该通过立法限制本可由工会评定之会费金额之类的问题的时候那样。

我并不是说要把对过程和程序的关注仅仅看作一种避免危险的方式。相反,我认为,如果我可以这么说的话,这种关注从形而上的层面看有其合理性。生命本身即是一种过程,通过把过程作为我们关注的中心,我们会越来越接近现实生活中那一最持久的部分。因为这一原因,我认为,建议将重点放在冲突解决的程序上尽管不会完全抑制那些冲突,但却会促进冲突的公正解决。只要我们对事情处理得当,我们就有可能去做正确的事情。

What the Law Schools Can Contribute to the Making of Lawyers

Lon L. Fuller　Zhao Li & Cheng Zhaoyang(translators)

Abstract: There are four competing conceptions of the objectives of legal education. The four conceptions are: the giving to the student the knowledge he needs to be a lawyer, job analysis or skill-breakdown, the exposure to great minds and the conveying of an understanding of the processes in which the lawyer participates. But any of these conceptions could be treat as an exclusive standard for the organization of legal education. The purpose of legal education should be that of conveying an understanding of the basic processes in adjudication and legislation. The legislative process could not be neglected, and its curriculum should concentrate on the major ways in which legislation and adjudication function, and start with the processes in their most elementary form. Moreover, the student's training in law school should be directed toward the solution of problems that involve a synthesis of legal and extra-legal considerations. Only in the spirit of the case method, exploring with our students the demands of the lawyer-client relationship, could make them sufficiently conscious of the social responsibilities of the legal profession.

Key Words: legal education legislative process adjudicative process the case method

法学院应当传授职业责任、职业美德，抑或其他

——评《卡内基律师培育报告》(上)

[美]W. 布拉德利·温德尔* 著 刘熊擎天 译**

摘 要:随着《卡内基报告》的发布,法律职业主义教育之话题再次引起热议。基于法律与道德的二分,法学教育的学徒制只注重传授法律推理之技巧,而缺乏对道德与伦理等议题的关照;这混淆了以合

---

* W. 布拉德利·温德尔(W. Bradly Wendel),美国康奈尔大学法学院教授,研究方向:法律伦理的道德和政治哲学应用。

** 刘熊擎天,中南财经政法大学法学院宪法学与行政法学专业博士研究生,研究方向:中国宪法学原理。

原文为"Should Law Schools Teach Professional Duties, Professional Virtues, or Something Else? —A Critique of the Carnegie Report on Educating Lawyers, *University of St. Thomas Law Journal*, Vol. 9, No. 2, 2011, pp. 497 - 540."同时本译文获得温德尔教授以及《圣托马斯大学法学杂志》的授权,特此致谢!

文中 lawyer 一词常被直译为"律师",但美国法中 lawyer 一词的含义绝非仅指律师一职,其不仅涵盖了法官、法官助理,甚至实质上也囊括了法学院的教授、学生等角色。换言之,即在美国,凡从法学院毕业,通过律师职业资格考试的人均可以被称为 lawyer。因此,对美国法中 lawyer 一词最为准确的译法应为"法律人"。不过,综观全文,lawyer 一词指代接受当事人委托而提供法律咨询、建议等服务的非行政公职人员。故此,本文将 lawyer 一词译为"律师"。由于篇幅较长,为便于阅读与索引,译者为本文相应增写摘要与关键词。

译事之难,有经验者亦时常喟叹。或存纰漏与谬误,但文责不免,亦当自负。——译者注

法方式实现客户之利益以及该行为本身的道德价值，引发了有关法律伦理的争议。故此，报告呼吁法学院增加对律师职业伦理培育的投入。但这并非意味着对当前法学教育进行全面改革，相反，只须在教学之中并举分析方法（抽象的理论性知识）和道德考量（具象的实践性知识）。因为规则并非中立之物，而法律推理之中也业已嵌入了对社会和道德因素的考量。所以，法学教育的当务之急在于培养法科学生批判性认知法律教义的能力，促使其掌握法律实践之技艺，并理解该技艺所追求的品格特征之标准，进而转变为从业者。诚然，将以美国司法部法律顾问办公室律师的刑讯逼供建议为例，进而廓清法律伦理之内涵，并最终揭示法学院为培育律师而应传授之内容。

关键词：《卡内基报告》 法学教育 律师 法律伦理 道德性

一、引言

除了经久不衰的“职业主义”话题外，晚近的诸多法学教育作品还涉及了“职业认同”和“职业构成”。可以说，这或许是反思职业主义教育话题的最佳契机，因为美国律师协会标准评审委员会（American Bar Association Standards Review Committee）已经从其他标准中提出评价法学院的方法，即法学院的毕业生如何证明自己称职于“行使职业判断，而该判断符合法律职业、职业责任的社会价值”，①且符合对各类职业价值的“认知、理解和评价”。② 这些建议基于卡内基基金会的教学促进报告而提出，并对法学院的伦理教学过分强调律师执业（lawyering）规则予以批判，而非“学徒制所习得的职业认同”。③ 对于当前法学教育的成见是，“法律推理具有程序性和形式性特征”，因而将“道德与社会维度的考量”

---

① *Proposed Standard* 302(*b*)(2)(*ii*), 2011 A. B. A. Sec. Legal Educ. & Admissions to the Bar, Standards Rev. Comm.

② *Proposed Standard* 302(*b*)(4).

③ William M. Sullivan et al., Educating Lawyers: Preparation for the Profession of Law 128(2007)［后文称为 Carnegie Report(《卡内基报告》)］。

排除在外。[④] 因此,法学院必须在教学讨论中并举分析方法和道德考量。[⑤]

此次职业教育研讨会中,我所投文章的主张是,法律推理所需的道德与社会维度的考量已经深嵌于其中。技艺一词是对法律实践的最佳理解,即一种独特的行事方法,其中包含了深思熟虑、实践性推理以及行使判断。[⑥]《卡内基报告》指出从业者必须掌握三种不同类型的称职。首先是掌握形式性和理论性知识。对律师而言,法律分析就是“分类并掌握普遍原则和教义方面的特殊事项”。[⑦] 然而,批判地来看,形式性知识并非优先于实践性知识;相反,只有在实际参与客户问题的语境中,方可获取形式性知识的内容并对其理解。[⑧] 从一开始就无法区分理论理解模式与实践理解模式。已故的教育哲学家唐纳德·舍恩(Donald Schön)指出,“知其所以然”而非“知其然”是对大量的职业知识的最佳理解,即专业人士所行诸事包含了大量的隐性知识,而这只能表现于其行为模式之中,但很难加以描述。他认为,“每个有能力的从业者……能够作出无数具有素养的判断,但其无法说明作出判断的适当标准,而且其也无法说明其行使技巧的规则与程序”。[⑨] 因此,法学教育应当注重传授这类实践性知识,且不能削弱对抽象理论性知识的考量。

关注法律伦理的人在阅读《卡内基报告》时,会很乐意地看到报告对“更广泛问题”所给予的重视,因为“其中很多被理解为日常认知或哲学话语中道德或伦理事项”。[⑩] 该报告呼吁法学院应对律师培育所面临的

---

④ Ibid. ,p. 145.

⑤ Ibid. ,p. 142.

⑥ 论证了有伦理的律师执业根本就是一种在实践中深思熟虑的美德,参见 Anthony T. Kronman,The Lost Lawyer(1993)。虽然鲜有人知,但对法律实践美德这一类似概念也有过简要的论述,如 Jack L. Sammons,Jr. ,Lawyer Professionalism(1988)。

⑦ Carnegie Report,p. 13.

⑧ Ibid. ,pp. 117 - 118.

⑨ Donald A. Schön,The Reflective Practitioner:How Professionals Think in Action 49 - 50(1983).

⑩ Carnegie Report,p. 129.

挑战，以“提升服务于公共目的的职业意识”。[11] 虽然难以认同此建议，但重要的是，法学教育者不应该过分强调《卡内基报告》所做出的区分，即对认知专业知识和构成法学教育所需的认同—目的的学徒制所进行的区分。[12] 律师的职业认同仅仅是其在规则的范围内有效地履行代理客户的复杂任务。本文论证的核心目的在于二分所观察到的趋势，从对伦理与社会正义的关注来区分实在法和法律实践。就19世纪誉满全球的德国大学制度，《卡内基报告》提供了一种成因解释，即当时的大学主张成为价值中立的专业技术枢纽。[13] 先前传达亚伯拉罕·林肯式(Abraham Lincoln-style)学徒制的法学教育，为追求大学的声誉因而衍生出其自身“科学”的概念，在克里斯托弗·哥伦布·兰代尔(Christopher Columbus Langdell)后，又永久确立了价值无涉、专业技能化以及人格化。[14] 在历史上，职业声誉以及对一门实践性学科的尊重，可追溯至其认识论基础。[15] 法学院与其被贬低为“中等职业院校”，[16]还不如像大学的其他学院那样在同等条件下的谋求声誉。此外，对趋势的二分也根源于一种基本的法理错误。实在法有时会被误解为道德上的中立，以致在规则的范围内代理客户也会被看作道德上的中立行为。[17] 这种法理上的混淆导致了法律

---

⑪ Ibid., p. 30.

⑫ Ibid., p. 28.

⑬ Ibid., pp. 4 – 5, *see also* Magali Sarfatti Larson, The Rise of Professionalism: A Sociological Analysis 22, pp. 40 – 42(1977).

⑭ 通常可参见 Robert Stevens, Law School: Legal Education in America from the 1850s to the 1980s(1983)(描述了美国法学教育如何从一种非正式的学徒制发展为大学中的一门学科课程的杰出历史)。

⑮ Terence C. Halliday, Beyond Monopoly: Lawyers, State Crises, and Professional Empowerment 40(1987).

⑯ 正如兰代尔曾说：“如果法律不是科学，那么大学何必不会屈尊纡贵地去传授它。如果法律不是科学，而是一种手工技艺，那么习得它的最好途径则是通给那些具有实际经验的人当学徒。”Stevens, *supra* note 14, p. 52。

⑰ 《卡内基报告》犯了一个常识错误，它将强调法律分析分离命题的法律实证主义同一套基于语言、方法和知识的逻辑实证主义相等同。*See* Ibid., p. 5(对二者界限的模糊); John Passmore, *Logical Positivism*, *in* 5 The Encyclopedia of Philosophy 52, pp. 52 – 57(1967)(对逻辑实证主义的描述); Joseph Raz, The Authority of Law: Essays on Law and Morality, pp. 45 – 52(1979)(法律实证主义的立场是，一项规则的内容和存在不需要借助道德论证而确立，并对这一命题予以辩护)。

伦理学领域内的实质性争论,即争论通过合法手段追求客户的利益是否是具有道德价值之行为,对此观点或予以辩护,或予以批判,而该争论所受关注肇始于对规则与道德性是不同之领域的假设。⑱

因此,如果某人对法律的道德性进行不同基础的假设,那么法律伦理中的核心规范问题也将以一种不同的方式呈现,即如果假设法治本身具有某种道德价值,那么律师执业的道德意涵将被衍生地理解为对一个(关联美德与合法性的)法律体系功能的促进。例如,某人可能认为法律推理保证了对原生性权力和正当性权力的区别,而最为重要的是,社会被赋予了多样性、道德多元性以及冲突性的特点。不过,也有很多概念上的错误,例如,认为社会责任问题在某种程度上外在于法律,或者认为无论向善或向恶,法律都仅仅是一种工具,或者认为律师只能为了善的目的而使用法律。尽管我不会像伟大的英国史学家爱德华·帕尔默·汤普森(E. P. Thompson)那样进行深远的研究,并将法治认为是"一种绝对的人类善行",⑲但我坚信专制性权力与合法性权力截然不同,坚信法治建立起了公民同政府的道德关联。⑳ 如果合法地约束推理能够规范并进而更加合理地使用社会中的权力,那么如同律师执业一样的简单行事就会有道德意涵,而此也为律师正确行事提供了范本。

倘若如此,那么法律的伦理实践就应该被理解为使用一种独特的推理方式来处理伦理和政策问题,不仅有别于工程学学科中的技术理性,也区别于在道德哲学课堂上所习得的关于伦理的直接推理。当法科学生在代理客户以及为其提供建议时,或者当一项职业责任工作要求法科学生(最终会是律师)从特殊解释立场来把握规则时,其如何解释规则就是其所学技艺最为重要的面向。㉑ 我认为,《卡内基报告》的可取之处在于,其

---

⑱ W. Bradley Wendel, Lawyers and Fidelity to Law, pp. 17 – 48(2010)(提供了对该争论的概述).

⑲ E. P. Thompson, Whigs and Hunters: The Origin of the Black Act, p. 266(1975).

⑳ David Luban, *Natural Law as Professional Ethics: A Reading of Fuller*, 18 Soc. Phil. & Pol'y 176, pp. 176 – 205(2001),重新收录于 David Luban, Legal Ethics and Human Dignity, p. 99(2007)。

㉑ 我曾另文详尽描述此争论述,可参见 W. Bradley Wendel, Professionalism as Interpretive, p. 99 *Nw. U. L. Rev.* 1167, pp. 1168 – 1169(2005)。

不区分实在法和道德性,而是将参与实践和"超然的客观性"加以区分。[22]法学教育需要摆脱固有的成见,以外在视角将法律教义视为有研究价值之物,对其进行外在且客观分析与批判,并花费更多的时间促使学生转变为从业者。《卡内基报告》虽然没有使用赫伯特·莱昂内尔·阿道弗斯·哈特(H. L. A. Hart)著名的外在、内在视角术语,[23]但却将那些不理解实践却从事实践的人的观点作为职业构成的核心。我曾(追随哈特的观点)认为,律师应将规则理解为创设的真正义务,而非仅当行政官员将对其客户施加制裁时方能预知。因此,成为一名善的律师的理念被植入了独特的内在约束标准之中,该标准既建构了法律实践的技艺,又定义了某人为之奋斗以实现技艺最终目的的卓越品格(excellent)标准。[24]

依我所见,如果约束律师执业技艺实践的标准和更多的普遍道德标准之间存在某种关联,那么为了促进具有社会责任的法律实践,可能并不需要对法学院课程进行全面改革。法学教师仅仅需要继续将其学生培养成为善的律师。不幸的是,由于概念上的杂乱无章,进而造成法律伦理、职业主义、职业责任以及某些相关术语的一般含义混淆,所以《卡内基报告》遮蔽了原本简单的、有效的知识。当我们谈及培育有伦理的律师或者衡量教学过程是否成功时,往往会牵涉诸多不同的概念,但重要的是,保持概念上用词的一致性。因此,本文的第一部分将会思考,像美国律师协会那样的认证机构或像卡内基基金会的那样发布报告的专业评审,为何

---

[22] Carnegie Report, p. 9.

[23] 参见 H. L. A. Hart, The Conception of Law, p. 89(2d ed. 1994). *See also* Raz, *supra* note 17, p. 154(分区法律的内在和外在陈述。法律的内在陈述描述是"关于人的实践和行为,对法律的态度和信念";法律的外在陈述则是"评价、指引和评判行为的标准")。内在陈述具有规范性内容,却并不代表陈述者对该内容所反映的标准的自我承认。而所谓的可分离的规范性陈述包括在认知方面的内在陈述以及对其在意志维度的承认,但并不作为陈述者对意志维度的背书,而是将这作为其个人行为标准。有这样一个关于可分离的规范性陈述的例子,一位肉食主义者布拉德(Brad)对一位素食主义者雪莉(Sherry)说:"你不要吃那盘菜,因为其中有肉。"布拉德不接受"不吃肉"的规范作为自己的行为指导,而这实际上就是的热衷于接受"肉应该多吃"的规范,但尊重与吃肉相对的规范才是雪莉的行为指导。通常可参见 Raz, *supra* note 17, pp. 153 – 157(对于可分离的法律陈述的描述); Neil MacCormick, H. L. A. Hart, pp. 37 – 39(1981)(阐述了哈特的内在视角观点)。

[24] 通常可参见 Alasdair MacIntyre, After Virtue(2d ed. 1984)(批判了当代道德哲学)。

呼吁法学院在律师的职业伦理发展上投入更多的精力和资源。例如,如果有伦理的律师执业要求把律师转变成为有美德的人,那么相较于训练律师从事特定行为以达到崇高的卓越品格标准而言,这种转变将会是一个非比寻常的挑战。

谈论技艺——将一种实践视为具有自身内在的卓越品格,以实现该项活动的最终目的——以及这些技艺的标准同普遍道德性之间的关系,或许有点风马牛不相及。然而,本文的第二部分将以律师执业的技艺以及行使法律建议为例,来展示律师可以区分真正的法律权利以及虚假解释对规则的歪曲或操控。该例子来源于律师为美国司法部的政府官员提供的争议性建议,其涉及在关塔那摩湾或其他地区,凭借对服刑人员未来可能从事恐怖活动的猜测而采取的审讯。民众呼吁这些律师判断此种借故生端的(aggressive)审讯技巧是否是法律上所禁止的刑讯逼供,并要求这些律师说明其未提供该建议。诸多观察者(包括我在内)认为,这些律师所提供的法律建议是一种存在瑕疵的法律建议,更不用说刑讯逼供的非道德性。㉕ 所以,这些律师可能会受到伦理层面的诘难,因为作为律师,其失于注意到律师执业技艺所追求的标准。建议使用刑讯逼供的例子在诸多层面上是有益的。其一,由于律师建议政府采取刑讯逼供的理由被

㉕ 例如,可参见 Harold H. Bruff, Bad Advice: Bush's Lawyers in the War on Terror (2009); Jack Goldsmith, The Terror Presidency: Law and Judgement inside the Bush Administration(2007); David Luban, The Torture Lawyers of Washington, *in David Luban, Legal Ethics and Human Dignity*, p. 162(2007)。关于刑讯逼供的争议史概览以及相关评价的五本书,参见 W. Bradley Wendel, The Torture Memos and the Demands of Legality, 12 *Legal Ethics* 107(2009)。

详尽地表述，所以实际的法律论证可供分析。㉖ 其二，关于刑讯逼供的争论在分析法律与道德性的区别上形成了鲜明的对比。当法学教育观察家——诸如《卡内基报告》研究者——呼吁法学院为了职业发展来对培育律师投入更多时，其可以借助关于刑讯逼供备忘录的案例，来明确质问在伦理或职业主义方面所观察到的不足为何。律师是否愿意辅助政府官员来落实一项严重违背人权的政策，或者律师是否愿意曲解规则来制造虚假的法律许可，以完成实际上不合法的勾当？

有人或许会质问，是否法律与道德性的区别，如法治所主张传统观念一样鲜明。回到刑讯逼供的争议性，布什政府的支持者认为，对政府律师的批评是将法律建议的过程"政治化"，并以法律解释为借口，在有争议的人权规范中进行走私。㉗ 类似的批评是由可称为中立的法律论证所构成，

㉖ 起初所设的政府备忘录是与其他文件一并存放于公务档案之中，但却随着阿布格莱布监狱滥用职权丑闻一同公之于众。参见 The Torture Papers: The Road to Abu Ghraib (Karen J. Greenberg & Joshua L. Dratel eds. ,2005)。在 2009 年，美国司法部解密了四条先前属于机密的备忘录，而这使得法律顾问办公室的律师为刑讯逼供辩护而做出论证也随之曝光。而这些备忘录的公开归功于美国民权同盟(American Civil Liberties Union)的控诉，详见 http://www.aclu.org/accountability/olc.html. 本·拉登(Anwar al-Awlaki)在也门通过无人机空袭造成一名美国公民死亡后，有报道称，美国司法部法律顾问办公室(OLC)的法律专家预制了一项备忘录，授权在海外的美国公民可不经审判直接执行暗杀目标的活动。然而，先前的行政命令却禁止暗杀行为，因为只有总统认定该暗杀目标对美国公民有明显的危害且不能被活捉时方可采取暗杀行为。参见 Charlie Savage, *Secret U. S. Memo Made Legal Case to Kill a Citizen*, N. Y. Times, Oct. 8, 2011, at A1，详见 http://www.nytimes.com/2011/10/09/world/middleeast/secret-us-memo-made-legal-case-to-kill-a-citizen.html? scp = 1&sq = Secret%20U. S. %20Memo%20Made%20Legal%20Case%20to%20Kill%20a%20Citizen&st = cse。该备忘录仍属于机密文件，但其内容却被知悉的人公之于众。毋庸置疑，该备忘录应该被解密，应该被同本文所探讨的刑讯逼供备忘录一样被分析——无论其法律推理是否合理——而且并不需要考虑其是奥巴马(Obama)总统还是布什(Bush)总统治下的司法部法律顾问办公室所预制的。

㉗ 我同米格·埃斯特拉达(Miguel Estrada)一起参加了联邦主义者学会(The Federalist Society)年会，研讨的过程让我大失所望。他继任了先前司法部法律顾问办公室律师约翰·柳(John Yoo)的职位。埃斯特拉达指责了柳对使用法律程序的批评——司法部法律顾问办公室关于职业责任的调查以及处理刑讯逼供受害者的比文斯诉讼(Bivens Action)，认为这种批评在本质上只是一种解决政治问题方式。因为，柳曾指责律师和法官基本上成为了恐怖分子的工具，他们借助宪法权利或其他法律权利作为削弱美国的"法律战争"(lawfare)策略。参见 John Yoo, Terror Suspects are Waging "Lawfare" on U. S. , Phila. *Inquirer*, *Jan.* 16, 2008, p. A15。

诸如对死刑惩罚的挑战或支持生育权。这引起了一种对规则概念的挑战,并将规则视为无涉政治的议题。然而,对伦理教育的争论中未受重视之处在于,其是否承载着一种隐性的意识形态事项,因而其容易遭受来自右派或左派的政治观点而非其他方式的批判。

我在文中从始至终都认为,就对道德价值无所作为而言,规则并非是中立的。即便是同侵权行为中合理的义务,或者商法中的诚信义务、公平交易义务一样通俗易懂的事项,都蕴含着我们应该如何与他人交往(relate)的原则。这些原则在外延上也可能与普遍伦理规范相重叠,并以此保证规则与伦理相一致。不过,在原则上,法律实证主义的核心承诺是,法律规范内容的确定不需要诉诸道德论证。㉘ 也就是说,个人对他人所负有的法律义务,不取决于该法律义务是否应当被个人所负有。基于此,伦理与法律即便不可分离,也需要进行分离分析,这是因为当批评者敦促法律伦理教育改革之时,考量这种可分离性对其而言很有必要。㉙

㉘ 例如,可参见 Jules Coleman, Negative and Positive Positivism, 11 *J. Legal Stud.* 139 (1982),重新收录于 Jules Coleman, Markets, *Morals and the Law*, p. 3, pp. 4 – 5, 16 (1988); Kent Greenawalt, Too Thin and Too Rich: Distinguishing Features of Legal Positivism, *in* The Autonomy of Law: *Essays on Legal Positivism* p. 1, pp. 16 – 19 (Robert P. George ed., 1996)。那些融入法律的道德原则为法律行政官员提供了一种实践习惯,他们将其作为支持法律裁判的理由。可参见 W. J. Waluchow, Inclusive Legal Positivism (1994); Jules Coleman, Incorporationism, Conventionality, and the Practical Difference Thesis, p. 4 Leg. *Theory* 381 (1998); E. Philip Soper, Legal Theory and the Obligation of a Judge: The Hart/Dworkin Dispute, p. 75 *Mich. L. Rev.* 473 (1977)。

㉙ 就方法论而言,本文致力于哲学层面的法学教育与法律实践。这不同于晚近紧跟着《卡内基报告》的学者,因为报告并未从经验层面揭示人们为何遵从伦理规范(或者说失于揭示),也未借助社会心理学的结论,或未遵从理论学家关于促进法学教育的建议。例如,可参见 Neil Hamilton & Verna Monson, The Positive Empirical Relationship of Professionalism to Effectiveness in the Practice of Law, 24 *Geo. J. Legal Ethics* 137 (2011); Neil Hamilton & Verna Monson, Answering the Skeptics on Fostering Ethical Professional Formation (Professionalism), 20 *Prof. Law.* 3 (2011)。相反,本文旨在厘清法律实践中甚至法学教育中,法律与法律中道德性之间的关系。

二、相关术语的界定

(一) 管理律师行为的法律规范

通常情况下，基于《美国律师协会职业行为示范规则》(以下简称《示范规则》)(ABA's Model Rules)，[30]州法院制定并实施约束律师职业行为的规则，以使得律师服从职业纪律。此外，律师的职业行为也会受到代理法、侵权法、合同法、证据法、程序法等普遍规则的约束。这创设了律师对客户、对法院、对第三方当事人的法律义务。这些约束性规范一并构成了管理律师的规则，但却明显更加宽泛于以《示范规则》为范本的州规则。《卡内基报告》讨论的案例选辑是由"有违反《示范规则》嫌疑的案例"所组成，其犯下了一个既平常而又明显的错误。[31] 然而，精心编纂的职业责任案例选辑实际上的主要构成是：律师违反侵权法、代理法和合同法所强加的义务而被客户或非客户起诉的案例；律师基于证据法和程序法而主张权利的案例；律师因无效的援助建议而被客户指控的案例；或是律师进行了不合格的诉讼行为——大多数利益案件的冲突事实上并非涉及对《示范规则》(或者说是州的纪律性规则)的违反，而是涉及了对法院救济方法的违反，因为此种救济是法院基于固有权力为维护诉讼程序完整性而制定的。在大部分的案例选辑中，也有为数不多的案例涉及诉讼程序的纪律性，但只有极少数人期待看到其中的核心案例标准并非应由纪律

---

[30] Model Rules of Prof'l Conduct(2011)[后文称为 Model Rules(《示范规则》)R. xx]。《示范规则》再版时增加了大量用于课堂教学中的规则。美国律师协会充分研究了伦理 2000 委员会(Ethics 2000 Commission)之建议，于 2002 年和 2003 年对此规则进行了大幅度的修改，随后较长时间内鲜有修正。而美国律师协会接纳伦理 20/20 委员会(Commission on Ethics 20/20)之修改建议的考量在于，通过修正规则来反映出技术发展和全球化背景下法律实践对律师的挑战，但与伦理 2000 委员会之建议的不同之处在于，伦理 20\20 委员会所提修改之建议并不全面。

[31] Carnegie Report, p. 148.

性案例所组成。[32]

尽管律师将这部分规则归于“法律伦理”的做法不甚合适,但相较于侵权行为或契约行为而言,这的确或多或少是有关伦理的规定。[33] 有观点认为,合同法最基本的关切点是对承诺行为施以法律强制,或者说合同法可以被看作保障交易经济性和有效性的惯例。[34] 在任何一个案例中,出于制度性和程序性考量,尽管法律原则并不总包含着独立的道德性,但规则在某种程度上却都遵从着普遍道德的考量。然而,并没有人因此将合同法视为“交易伦理”。管理律师的规则充满着与普遍道德性相类似的原则。例如,律师受其客户的委托,这意味着当其代理客户时,必须给予最高程度的注意与忠诚,避免自我交易,保守客户的秘密,并在同客户的交

---

[32] 这为争论标准案例的定义以及何种案例应该予以纳入留下了大量的空间,但我暂时只列举出少量该领域内的教师所熟知的且能够进行细致讨论的案例:Togstad v. Vesely, 291 N. W. 2d 686(Minn. 1980);Jones v. Barnes,463 U. S. 745(1983);*In re* Fordham,668 N. E. 2d 816(Mass. 1996)(违纪案例);Upjohn Co. v. United States,449 U. S. 383(1981);Meyerhofer v. Empire Fire & Marine Ins. Co. ,497 F. 2d 1190(2d Cir. 1974);Nix v. Whiteside, 475 U. S. 157(1986);Greycas, Inc. v. Proud, 826 F. 2d 1560(7th Cir. 1987);Westinghouse Elec. Corp. v. Kerr-McGee Corp. ,580 F. 2d 1311(7th Cir. 1978);Fiandaca v. Cunningham,827 F. 2d 825(1st Cir. 1987);Analytica,Inc. v. NPD Research,Inc. ,708 F. 2d 1263(7th Cir. 1983);Birbrower,Montalbano,Condon & Frank,P. C. v. Super. Ct. of Santa Clara Cnty. ,17 Cal. 4th 119(Cal. 1998);Gentile v. State Bar of Nevada,501 U. S. 1030(1991)(起初是违纪行为,但随后转变为对规则的合宪性异议);Morrell v. State,575 P. 2d 1200(Alaska 1978)(实物证据案件);*In re* Ryder,263 F. Supp. 360(E. D. Va. 1967);Commonwealth v. Stenhach,534 A. 2d 769(Pa. Super. Ct. 1986);People v. Meredith,29 Cal. 3d 682(Cal. 1981);*In re* O. P. M. Leasing Servs. ,Inc. ,769 F. 2d 911(2d Cir. 1985)。这些诉讼都起源于信贷危机,但晚近的发展却波及安然(Enron)、威科(Refco)等大公司。我很乐意接纳关于增加或删除标准案例的建议,但关键在于一名该领域内的教师所提出的任何目录可能受迫于权衡违纪案件,而《卡内基报告》的困境在于其未接纳这一基本观点。

[33] 例如,可参见 Thomas L. Shaffer,The Legal Ethics of Radical Individualism,p. 65 *Tex. L. Rev.* 963(1987)(“大多数美国律师以及法学教师所称的法律伦理并非伦理。这些法律伦理更像是行政机关制定的规则。”)。

[34] 例如,可参见 Seana Valentine Shiffrin,The Divergence of Contract and Promise,120 *Harv. L. Rev.* 708(2007)。

易中不以自身具有优势的专业知识和技能获利。[35] 这些法律原则包含了信任、忠诚、诚实以及照看等道德理想。诚然,穷极一生而成为诚实的代理人、忠诚的朋友、坚定的支持者或拥护者,是律师职业最具吸引力之处。[36] 律师,所期待的律师,甚至类似的非律师,可以从文学作品中找到原

---

[35] 例如,可参见 Model Rules R. 1. 1(称职);Model Rules R. 1. 2(a)(忠于客户的宗旨);Model Rules R. 1. 3(勤勉尽责);Model Rules R. 1. 6(a)(保密);Model Rules R. 1. 8(a)(重点监视与客户之间的商业交易);Model Rules R. 1. 8(b)(不得使用不利于客户的保密信息);通常可参见 Geohrey C. Hazard, Jr. et al. , The Law and Ethics or Lawyering 770 – 858(5th ed. 2010)(再版并总结了大量关于受客户委托的律师所负有的严格责任的案例与规则)。

[36] 丹尼尔·马科维茨(Daniel Markovits)认为,尽管律师的角色设定是公正合理的(或者说是基于代理中立的考量),但从主观的、私人的以及代理关系层面来看,这个设定却是失败的。这可能意味着律师会为了进行代理客户的服务而作出道德上的许诺,即抗辩制度理由中的一个合理论据,但这却并不适用于反驳自认。参见 Daniel Markovits, A Modern Legal Ethics: Adversary Advocacy in A Democratic Age 103 – 117(2008)。为此,他主张在其所呼吁的忠诚价值维度重构律师角色,而这不同于我所强调的律师对法律的忠诚。对马科维茨而言,忠诚是忠于当事人的描述,但这也意味着代理关系的变异,因为在此关系中,律师代理权的行使并不能依据自身予以判断。*Id.* at 164 – 169. 由于在诸多情况下强调律师行使独立于职业判断是正确的且必要的义务,因而在律师执业的规则中呈现的代理问题并非意指忠诚的概念。例如,可参见 Model Rules R. 1. 2(a)(承认律师基于客户诉讼目标而进行决定的权力);Model Rules R. 1. 16(b)(4)(当律师与客户之间有"重大的不同意见"时,允许律师有权撤销代理行为);Model Rules R. 2. 1(要求律师代理行为具有独立的职业判断,并允许律师基于"道德、经济、社会以及政治等因素"来向当事人提供建议)。当马科维茨从某人的私人承认以及原始设计(ground projects)来正视支持个人行为的重要性时,其观点就恰如其分地反对了承认不符合(foreign)既存的律师执业的规则(这是马科维茨所做出的让步)。对此,我认为,无论是缺乏伦理内容还是暗地里呼吁职业判断的特有观念,都是马科维茨的主张所反对的。他认为律师的消极能力"使得(律师)能够为那些含糊其辞的客户称述自我主张,而其诉讼程序技巧使得其能够伪造证据和支持和解,并以此逃脱更多普罗大众的审判"。Daniel Markovits, A Modern Legal Ethics: Adversary Advocacy in A Democratic Age 103 – 117 (2008), at 166. 此时,律师一方面像是一名翻译——含糊其辞者的"代言人",能够保证客户在法律体系所认可的语言中表达自我观点;另一方面基于法律程序的规定,律师又像是充满技巧的中间人,把当事人聚拢于转化性协议(transformative engagement)之中,使当事人(在某种特殊情况下)超越个人利益,并在其他公民所赞同的情况下将律师理解为具有更广泛原则的实例。*See id.* at 188 – 190. 至少在我看来,这种传说中的典范即在客户利益这一空荡的容器中所倾倒注入最为讽刺的律师角色,即该典范只是某人客户的工具,对实现伦理承认目标毫无意义。转化性协议这一典范只是一种极其潜在的呼吁(尽管我认为这将政治程序进行了超认知的浪漫主义表达),但为了转变这种偏好,当事人的律师几乎可以确定需要对客户进行激励、哄骗,甚至操控,来认同预期利益所代表的立场,而此种预期利益在当事人聘请律师解决分歧之前就已经存在。

型,如阿提克斯·芬奇(Atticus Finch)就是集这些美德于一身的人。[37]

由此可见,律师并不必然体现出普遍的道德美德。诚如伯纳德·威廉姆斯(Bernard Williams)在一篇经典文章中所言,"如果没有那些行为,重要的和有价值的政治计划将会失败,在这个意义上,我们可以说那些行为是以为善的政治理由为支撑;但那些行为,至少从表面上看,却是那些值得尊重的和小心审慎之人所不想履行的"。[38] 按照威廉姆斯所使用术语,律师所行诸事中也存在"为善的政治理由",但正派、仁慈之人会很乐于如此为之。在西摩·维西曼(Seymour Wishman)的《一名有罪律师的忏悔》(Confessions of a Crime Lawyer)一书的最后一章中,有这样一则生动的案例。在苏联的一个青年营中,有名律师因在审判中缺乏基本的正当程序而遭受指控。因此,他彻底意识到因指控而引起的程序性(有人也称为政治性)权利的意义,遭受指控的犯罪嫌疑人享有陈述权这一基本原则的用处,面临证人指证时的对质权的必要性、程序公开透明的重要性以及未经公正裁判不得定罪的价值等。

维希曼明显将这个事例与自己在刑事辩护律师职业生涯所体会到的道德成本相并列。他所体会出的道德成本包括无所不在的讽刺、他人的不信任、傲慢自负、"冷漠避事"——远离以正常情绪回应暴力和苦难——以及有能力对情绪反应实施做作的甚至虚假的行为。[39] 维希曼并未怀疑其作为律师所作行为的正当理由。诚如威廉姆斯所言,存在为善的政治理由。该理由是维希曼因为在苏维埃青年营中的经历而体会到的结果,这也对其道德品格有着长久的、侵蚀性的影响。法律的正当理由和普遍的道德美德之间并不总是相一致,恰如阿提克斯·芬奇所体现的品格一样。

---

[37] Tim Dare, The Counsel of Rogues? A Defense of the Standard Conception of the Lawyer's Role 106-122(2009)[可参考哈珀·李(Harper Lee)小说《杀死一只知更鸟》(To Kill a Mockingbird)中男主人公阿提克斯·芬奇是如何变成职业典范的]。

[38] Bernard Williams, *Politics and Moral Character*, Public and Private Morality(1978),重新收录于Bernard William, Moral Luck: Philosophical Papers 1973-1980, pp. 54, 57(1981)。

[39] Seymour Wishman, Confessions of a Criminal Lawyer, pp. 225-229, 238-240(1981).

这是由诸多原因造成的。首先，我认为对即将迈入法律实践的毕业生而言，没有比让其“顾及自身道德指南”更危险的建议。在普遍道德方面，职业责任案例选辑中都是律师尽力完成正当事宜的案例，但尽管如此，这仍然难以符合管理律师规则的标准。例如，一本案例选辑有关于律师与客户交易的原则性案例和注释案例。[40] 在任何一个案例中，都不会出现律师在与客户的受托关系中做出了出格之事或攫取了不当之利。由于律师在交易中的角色，客户并不会更加贫困，反而可能会更加富裕。在“道德指南”方面，律师必须是忠诚的代理人。不过，在律师执业的规则方面，在充分披露后，律师无法获得其客户的知情同意（informed consent）。律师需要接纳以下建议：在与客户的商业交易中认真考虑可适用的法律，以及超越实质公平对待其客户，提供充分披露，建议客户寻求独立顾问意见咨询的机会，并获得客户书面形式的知情同意。[41]

此外，《卡内基报告》的潜在误导性在其所关注的两方面议题上，即律师执业的规则的以及其同普遍伦理规范的关系。其一，即《示范规则》与纪律性案例都表明了职业的伦理价值。[42] 因此，诚如苏珊·科尼亚克（Susan Koniak）在一篇有影响力的论文中所言，晚近代表着司法、立法和行政机关态度的律师执业的规则就是职业与社会冲突的症结所在，该规则同美国律师协会的规则相抵牾，因为美国律师协会的规则致力于更多地保护律师而非客户，而法律体系中其他制度则是确立非律师，甚至非客户权利。[43] 其二，则是律师执业的规则的原则是道德上的中立。《卡内基报告》的起草者们并没有意识到这个问题，因为他们只批判法学院的职业责任课程，并认为该课程未对律师的职责与其他义务（诸如告知他人真相以使其免受伤害的义务）之间的冲突予以充分的关注。冲突只可能存在

---

[40] Geohrey C. Hazard, Jr. et al., The Law and Ethics or Lawyering 770 – 858 (5th ed. 2010), pp. 813 – 816 [重申了 Comm'r on Prof'l Ethics & Conduct of Iowa State Bar Ass'n v. Mershon, 316 N. W. 2d 895 (Iowa 1982)，并讨论了 Passante v. McWilliam 62 Cal. Rptr. 2d 298 (Cal. Ct. App. 1997)].

[41] Model Rules R. 1.8 (a).

[42] Carnegie Report, p. 148.

[43] Susan P. Koniak, The Law Between the Bar and the State, 70 *N. C. L. Rev.* 1389, 1395 – 1402 (1992).

于规则所采取的立场,即要求律师保持客户信心且不伤害他人。无论该义务是善行还是恶行,但可以确信的是,其并非道德上的中立。

(二)管理律师行为的不受法律支配的道德规范

《卡内基报告》对法律伦理予以批判(或曰理论化、哲学化)时,提出这样一个核心问题:“律师是否有责任在个案中追求实体正义,是否有责任去考虑其行为与其代表客户进行辩护之间的冲突所造成的更广泛的影响?”[44]对此问题换而言之,即是否职业角色的道德不同于普遍道德性?有哲学倾向的法律伦理的学者坚持认为,职业伦理中道德能动性(moral agency)必不可少。[45]无论如何,个人必须应然地考量诚实、公平、人的尊严以及真理等价值,因而将日常的道德价值简单地适用于职业伦理引起了个人实践过程中的困境。然而,正如任何一名法科学生即将意识到:律师的角色有时意味着其要求律师的行为与这些普遍价值相悖。而这被我们称为角色分化的道德性问题。[46]例如,当某人拒绝承认作伪证的行为时,即便是其刑辩律师知道其所受犯罪指控属实,也将为其客户开释。即使是在普遍道德方面,大多数律师一点也不会纠结于其为有罪的客户开释的理由,因为这并非真的是缺乏伦理的。捍卫侵犯刑事正义体系者的人格尊严和人身自由;通过要求政府证明案件超出合理怀疑来审视国家权力;阻止律师对其客户的案件的偏见而减少热忱辩护等类似的考量,都倾向于将有罪辩护中的道德看作法律义务。不过,在其他案件中,律师特定角色义务的道德情况则更加难以判断,以致一些学者错误地将所谓

---

[44] Carnegie Report, p. 131. 另外,《卡内基报告》认为法科学生可以从“具有更广阔学术语境的人文学科和自然科学中”获益。Carnegie Report, p. 32. 明确而言,我并不反对法科学生从历史学、哲学、政治学或者经济学中汲取知识,这是因为道德沉思的提升与广泛且自由的人文教育息息相关。不过,法科学生进行道德沉思的前提是其必须通过规则来追求正义与道德性。因此,对法律与道德性之关系的追问在所难免。

[45] 例如,可参见 David Luban, The Inevitability of Conscience: A Response to My Critics, 93 *Cornell L. Rev.* 1437, pp. 1438 – 1442(2008)。

[46] 我认为阿兰·高曼(Alan Goldman)最早将这一术语引入职业伦理领域,随后该术语成为了法律伦理领域内解释问题的重要标准。通常可参见 Alan H. Goldman, The Moral Foundation of Professional Ethics(1980)。

的法律伦理的标准概念附属于实体正义或对客户利益的非客户权利。[47]

显然，某些法学院的教员对于传授不受法律支配的道德原则的角色表示担心，因为他们将其理解为“对教条的灌输”或者“议程安排的事项”。[48] 他们采取批判的外在视角来看待依附于某些法律或实践领域的价值，而我对此反对意见完全无法理解。有位教授援引《卡内基报告》说，“他认为（法科学生）是成年人，他宁愿学生们将自己的价值观念带入法学院，而不是试图将他的价值观念嫁接到学生身上。”[49]然而，至少首先要确定的是，对法律职业的价值进行批判性审视的观点，不是强迫学生去努力达致一种特殊的评价立场。相反，它要求我们认真审视那些论证，即支持职业伦理的概念允许或要求脱离普遍道德性的标准。列举一个在法律伦理学界老生常谈的例子，当债务人指示律师主张诉讼时效作为其违约行为的辩护理由时，债务人实际上已经承认他曾允诺过偿还贷款。[50] 这不需要对教条的灌输，或将个人价值强加于学生，以使得学生认可偿还已经承认的债务是道德义务的观点。取而代之，具有吸引力的道德问题是，债务人是否具有良好的道德理由，允许律师主张程序性抗辩以对抗基于实体权利的主张。大多数法律伦理学者对此予以认可，所以很难发现有人会指责律师在诉讼时效案件中从道德方面所主张的诉讼时效。[51]

---

[47] 例如，可参见 William H. Simon，The Practice of Justice：A Theory of Lawyer' s Ethics，pp. 16 – 18（1998）。

[48] Carnegie Report，pp. 135 – 136；William H. Simon，The Practice of Justice：A Theory of Lawyer' s Ethics，pp. 16 – 18（1998），p. 148（“诸多法学教师会注重将自身道德信念强加于其学生”）.

[49] Ibid. ，p. 136.

[50] Zabella v. Pakel，242 F. 2d 452，453（7th Cir. 1957）.

[51] 威廉·西蒙（William Simon）援引了《卡内基报告》，并提出了自己的可能期望，即敦促律师采取行动以尽可能地促进正义。参见 Carnegie Report，p. 131（转引自 Simon，*supra* note 47，p. 9）。西蒙认为律师应该基于对法令最终旨归的评价来决定是否以诉讼时效为辩护事由，并决定这一特殊案件中辩护是否能够最终证明当事人无罪。例如，就律师的判断而言，如果法令的目的在于阻止提出丧失时效的不可信的证据，那么在该案中，就不必对所提出的可不信的证据予以担心（因为这都是法令明文规定的，或因为所有当事人都认可相关的事实），进而律师以该法令主张的辩护就是不合理的。参见 Simon，*supra* note 47，p. 33。我之所以认为西蒙的期望是“可能的”，原因在于这就如同扎贝拉案（Zabella），他主张伦理决定的做出基于相关语境的调整，而律师被允许主张诉讼时效。

然而,无论某人此案中如何提出论证,对允许主张诉讼时效的论证的批判不再是“对教条进行灌输”的过程,而是一个可能被提及的类似问题,即侵权行为中缺乏救助义务。实际上,任何一堂有吸引力的法学院课程——鼓励学生更为简单地备战美国律师协会的考试,都会采取批判的观点看待依附于法律教义的道德、社会以及经济政策因素。我从未听闻任何人严肃地承认此种观点是不合法的,如同质疑卡拉布雷西(Calabresi)所论证的过失责任规则应将事故以及预防成本总量最小化。这虽然是不受法律支配的政策论证,但却是应予以正确考量的侵权行为的部分议题,且理应是法学院所传授的。对法律伦理的主张进行批判性审视亦是如此,例如,通常认为主张程序性抗辩来对抗实体上合法的主张并没有错。

除了在一般的法律范围内将道德价值作为“政策”论证外,诸多法学院的职业责任课程更加深入地开展,并基于普遍道德性而承认规则之外的批判性视角。许多书都包含有经典的案例,如斯伯丁诉齐默尔曼案(Spaulding v. Zimmermam)[52]以及“快乐湖沉尸案”(Lake Pleasant hidden bodies case),[53]而这些案例都允许教师质疑律师是否在道德上被证明是遵从规则对律师的要求,即要求律师在披露即可减少他人痛苦的情况下仍须保守客户的秘密。再次强调,这并非是对教条的灌输,而是审视论证以判断其是否如此,是否给予了令人厌烦的暗示,或是否主张了相悖的立场。

考虑保密原则,批评者会认为,对保密原则所做的职业承诺并非绝对

---

[52] Spaulding v. Zimmermam, 116 N. W. 2d 704(Minn. 1962).

[53] 关于该案的总结,参见 Richard Zitrin & Carol M. Langford, The Moral Compass of the American Lawyer: Truth, Justice, Power, and Greed 7 - 26(1999)。该案的辩护律师因违反身体治疗的法令而被告发(最终未能成功),参见 People v. Belge, 83 Misc. 2d 186, 372 N. Y. S. 2d 798(Onondaga Cnty. Ct. 1975), *aff' d*, 50 A. D. 2d 1088, 376 N. Y. S. 2d 711(1975), *aff' d*, 41 N. Y. 2d 60, 359 N. E. 2d 371, 390 N. Y. S. 2d 867(1976)。

的，而且律师会因自我辩解和赚取代理费用而十分乐意披露客户的秘密；[54]相较于一般的代理法，美国律师协会更加倾向于主张保密义务；[55]保密义务的本质在于律师的自我服务，而非客户的利益；[56]保密原则并不要求律师忠告客户以遵从规则；[57]由于没有任何义务是绝对的，因而在某些案件中律师会屈从于其他义务，诸如救助他人的性命。[58]《卡内基报告》指出，非研究律师执业的规则的专家认为他们不应被限制，而应在课堂上介绍（法律层面的）伦理问题。[59]

业已观察到的是，即便是让研究律师执业规则的专家从非法律角度来批判道德性，他们也会对处理这一问题感到不合适。一名教师可能关心的是，斯伯丁案的课堂讨论是否会转变为道德哲学中的技巧练习。一

---

[54] 例如，可参见 Deborah L. Rhode, In the Interests of Justice 110 – 111（2000）；参见 Model Rules R. 1.6(b)(5)；Model Rules R. 1.6 cmt. 11（认可异议的现代规则）；Model Code of Prof'l Responsibility DR 4 – 101(C)(4)(2010)（更加明确地认可披露保密信息是一项固有的收费项目）。认可披露保密信息而收取的费用是对《示范规则》注解规则的降级，这使得美国律师协会对于明确承认律师可因披露客户保密信息以获得经济利益而感到不安。

[55] 例如，可参见 Geohrey C. Hazard, Jr. et al., The Law and Ethics or Lawyering 770 – 858(5th ed. 2010), pp. 331 – 332；Fred C. Zacharias, Rethinking Confidentiality, 74 *Iowa L. Rev*. 351, pp. 361 – 362(1989)。

[56] Daniel R. Fischel, Lawyers and Confidentiality, 65 *U. Chi. L. Rev*. 1, 3(1998).

[57] William H. Simon, The Practice of Justice: A Theory of Lawyer's Ethics, (1998), pp. 55 – 57；Geohrey C. Hazard, Jr. et al., The Law and Ethics or Lawyering 770 – 858(5th ed. 2010), pp. 331 – 332；Fred C. Zacharias, Rethinking Confidentiality, 74 *Iowa L. Rev*. 351, pp. 369 – 370.

[58] Deborah L. Rhode, In the Interests of Justice 110 – 111(2000), p. 110（认为对于客户权利的考量并不能"解释客户的权利为何优先于他人权利，特别是当其健康和生命安全处于危险时"）。

[59] Carnegie Report, at 149.《卡内基报告》建议以更具说服力的方式传授更多的伦理观念，这意味着需要对传授职业责任问题的其他课程予以整合。Carnegie Report, pp. 151 – 152. 推广和提倡更具说服力的方式主要归功于黛伯拉·罗德（Deborah Rhode），而这也体现在她的案例教材之中。参见 Deborah L. Rhode, Professional Responsibility: Ethics by the Pervasive Method(2d ed. 1998)。更具说服力的方式的问题不仅在于律师执业的规则真的具有自身的法律议题，而且也在于非研究该问题的专家也并非总是对的（我支持该主张的逸事来源于对同事质疑的当场答复，其在课堂中试图去整合伦理问题）。《卡内基报告》列举了民事诉讼课程中的有说服力的方法，因为它整合了职业责任的重要方法，不过，在查尔斯·西尔维（Charles Silver）看来具有重要意义的是，相较于其他领域的专家，教师才是真正的职业责任学者，Carnegie Report, p. 152。

种看似合理的解释是,斯伯丁案包含了义务的冲突:一是警示年轻的原告存在潜在的伤害生命危险的义务,二是法律所施加的保守信息秘密的保密义务。尽管这种对该案简单看法不仅揭示出潜在的复杂问题,如行为伤害他人与采取行动阻止他人受伤害之间的界限,[60]也揭示出元伦理学的问题,如所讨论的冲突的义务是否完全一致。[61] 就从道德哲学方面进行讨论而言,一名教师对其课堂上探讨该案所会发生的分歧可能并未有所准备。他可能认为,如果任何讨论过于肤浅,那么尽量不要去讨论该问题;他在研讨中可能根本没有充足的时间致力于探讨理论问题,因为理论问题最终无法解释斯伯丁案的裁判结果(就实际的必要性而言,该结果赢得了法院对于未成年人索赔的批准),也无法使律师理解保密的法律义务这一原则。

避免对教条的灌输,避免纠缠于道德哲学领域内的专业问题,批判性评价视角的不同之处在于,其会考虑法律伦理的内在规范建构的主张。[62] 法律的内在主张是,法律教义这一特殊领域是由明确的价值、理念、结论所构成;规则和原则被用以弥补法律领域中需要具体举例说明的情况,或对这些原则予以特殊适用的情形。当开始关注法律规范的内容时,这些论证缩小了实然与应然之间的间隙,但仍须质疑规范应该服务于何种社会价值或目的。借助这些内在价值,法律解释和裁判进而能够证明规则的内容。而在侵权行为中也有类似的内在主张,如波斯纳(Posner)论证的过失标准体现了追求经济效益的理念。[63] 任何人可以以类似方式分析

---

[60] 关于该议题,在道德哲学中有这样一些经典例子,包括电车难题(Trolley Problem)以及吉米与印第安人案(Jim and the Indians)。参见 Philippa Foot, *The Problem of Abortion and the Doctrine of Double Effect*, *in* Virtues and Vices 19, 23 (1978)(电车难题); Bernard Williams, *A Critique of Utilitarianism*, *in* Utilitarianism: For and Against 77, pp. 98 - 99 (J. J. C. Smart & Bernard Williams eds., 1973)(吉米与印第安人案中的难题在于作为游客的吉米必须处死一名俘虏或将全部俘虏都处死方可回国)。

[61] 例如,可参见 Barbara Herman, The Practice of Moral Judgment, pp. 79 - 83 (1993); Thomas Nagel, *The Fragmentation of Value*, *in* Mortal Questions 128 (1979); W. D. Ross, The Right and the Good, pp. 41 - 42 (1930)。

[62] Ernest J. Weinrib, Legal Formalism: On the Immanent Rationality of Law, 97 *Yale L. J.* 949 (1988).

[63] Richard A. Posner, A Theory of Negligence, 1 *J. Legal Stud.* 29 (1972).

管理律师执业的规则,并设法证实对既存的法律框架的最佳理解是其代表了明确的价值或目标。

这在某种程度上是丹尼尔·马科维茨新书的论证策略。[64] 一旦读完其书,就可以发现他的内在论证分为两部分。一方面,考虑到相关规则中"广泛且有机的(organic)伦理规则"[65]以及其"基因结构"(genetic structure)[66]他认为管理律师执业的规则要求律师从事撒谎和欺骗恶行(这是马科维茨所使用的专业术语:他将撒谎定义为对他人信念的提升,以此他人合理地相信虚假和欺骗,并增加了对无资格人的优势)。[67] 这一内在论证经典的原因在于,马科维茨忽略了对撒谎和欺骗(诸如《示范规则》3.3所要求的坦白义务)所施加的明确的法律限制。此种限制将撒谎和欺骗视为"自觉且固有的技巧",[68]但并不足以对抗规则控制撒谎和欺骗的普遍趋势。另一方面,他将对内在论证的批判同(如今对律师执业规则意义和目的的主流理解所要求的)非道德行为相对比,认为律师的伦理义务应被重新定位于那种被压制和已放弃的伦理理想,而这种伦理理想已经被规则内化了。而伦理理想就是律师的消极能力。律师(在善的层面)应当作为客户的代言人,使其在"传述"方面参与民主自治的程序,进而提升规则的正当性。[69] 虽然马科维茨并未明确认定这是内在论证,但他却认为这是"可供选择的惯例",[70]是对已有实践的重新阐释。[71]

我认为将马柯维茨的第一个主张作为对管理律师执业的规则解

---

[64] Daniel Markovits, A Modern Legal Ethics: Adversary Advocacy in A Democratic Age 103 - 117(2008).

[65] Ibid., p. 42.

[66] Ibid., p. 44.

[67] Ibid., pp. 36 - 41.

[68] Ibid., p. 47.

[69] Ibid., pp. 196 - 201.

[70] Ibid., p. 155.

[71] Daniel Markovits, A Modern Legal Ethics: Adversary Advocacy in A Democratic Age 103 - 117(2008), pp. 161 - 163;也参见 Daniel Markovits, A Modern Legal Ethics: Adversary Advocacy in A Democratic Age 103 - 117(2008), p. 165(马科维茨认为可供选择的理想"不是临时建构起来的,也不是像用蜡密封那样的粗制滥造,而是以勇者的姿态面对原本凄苦的生活")。

释,完全是出人意料的,也是不被认可的。我发现其他学者的内在主张则更具说服力,他们认为管理律师执业的规则对撒谎和欺骗,强加了有意义的、人为建构的(structural)、"有机的"或"基因的"等限制。[72] 不过,内在论证的问题在于,必须有人淫浸于该领域之中方能对其进行评价。任何给出的案例都可能被误解为对"技巧的限制"而非规则部分的"基因结构"。总体而言,常识与理性仅仅出现于以下考量:大量具有指导意义的案例、法律教义知识的发展史、参与当代规则的发展。但很难通过"阅读大量案例"来回应此论证,即规则之中的理性与目的为何——它可能是保密,或者是撒谎与欺骗,或者是为客户利益而进行的热忱辩护,又或者提供道德忠告等。而本文更倾向的观点是,内在主张的做出是必须为之的事项,而伦理实践也同样如此。我认为马科维茨的观点缺乏说服力的原因在于,其将两种技艺进行了不同的描述:一是我作为律师所具有的技艺;二是我后续作为教师参与(虽然在某些情况下不直接参与)培育未来律师应具有的技艺。在职业领域内对伦理论证予以批评性评价,需要参与到实践之中,而非脱离实践的观察。基于此,实践及其约束性标准涉及知晓其如何运行,而不关乎知晓其是什么。(待续)

---

[72] 例如,可参见 Susan P. Koniak, When the Hurlyburly' s Done: The Bar' s Struggle with the SEC, 103 Colum. L. Rev. 1236(2003); Geoffrey C. Hazard, Jr., Lawyers and Client Fraud: They Still Don' t Get It, 6 *Geo. J. Legal Ethics* 701(1993)。

Should Law Schools Teach Professional Duties, Professional Virtues, or Something Else —A Critique of the Carnegie Report on Educating Lawyers

W. Bradly Wendel　Liu Xiongqingtian(translator)

Abstract: With the publication of Carnegie Report, legal professionalism, as one of the major topics of legal education, has become hot again. Based on the division of law and morality, the apprenticeship in legal education only focuses on the teaching of legal reasoning, but lacks the concern of issues such as morality and ethics, which confuses the realization of the customer' s interests in a legal way and the moral value of the act itself. Such a phenomenon raises the controversy about legal ethics. Therefore, the report calls for law schools to increase their concern and investment in the cultivation of lawyers' professional ethics. But this does not mean a comprehensive reform of the current legal education. On the contrary, it is only necessary to combine analytical methods (abstract theoretical knowledge) and ethical considerations (specific practical knowledge) in teaching. Because rules are not neutral, and the consideration of social and moral factors has been embedded in legal reasoning. Therefore, it is the urgent task of legal education to cultivate law students' ability to critically recognize legal doctrines, to promote their mastery of legal practice, and to understand the standards of character traits pursued by the art, and then to practice as practitioners. It is true and can be demonstrated the relationship between legal ethics and universal morality, and the constitution of a true practitioner by the example of the suggestions on torture in interrogation by the Office of the Legal Adviser of US Department of Justice.

Key Words: Carnegie Report legal education legal ethics morality legal practice

管理经纬

社会资本进入职业教育的路径*

景安磊　周海涛**

摘　要：办好公平优质教育，职业教育不能缺席。要发展现代职业教育体系，必须要有雄厚的资金基础，完全依赖政府投入是不可能的。充分发挥市场机制在职业教育资源配置中的重要作用，撬动和激活社会资本活力，引导社会力量全面参与办学，是重要改革取向；增强投资信心，深化产教融合，健全融资机制，创新办学模式，培育市场新热点是加快发展现代职业教育的重要路径。

关键词：社会资本　职业教育　民办教育

2018年政府工作报告明确要求支持社会力量举办职业教育。早在2014年，国务院《关于加快发展现代职业教育的决定》明确提出要充分发挥市场机制作用，引导社会力量兴办职业教育。但就目前情况看，国家财政性教育经费投入仍然是职业教育经费来源的主渠道。加快发展现代职业教育需要引导

---

* 本文系国家社科基金教育学青年课题（CIA170273）的研究成果。

** 景安磊，北京师范大学中国教育与社会发展研究院助理研究员、教育学博士，研究方向：教育政策、民办教育。周海涛，北京师范大学教育学部教授，博士生导师，研究方向：教育政策、民办教育。

社会力量全面参与,进一步撬动和激活社会资本活力,充分发挥市场机制在职业教育资源配置中的作用。

尽管政府在鼓励和引导社会力量进入职业教育领域取得了一定成就,但在一些深层问题上尚未取得突破,这些问题包括如何使职业教育行业和市场环境更加稳定、未来可预期;如何转变职业学校封闭办学模式,推动人才培养和使用相衔接、人才供给和需求相适应;如何深化产教融合发展,调动行业企业参与的内生动力,让企业的投资利益得到有效保证;如何落实企业发展职业教育的职责,切实为企业转型升级提供人才支撑;如何创新职业教育模式和提供方式,大幅提高职业学校服务能力。针对这些问题,本文就积极鼓励和引导社会资本进入职业教育提出探索路径。

一、统筹盘活职业教育资源,强化民间投资信心

当前,社会资本进入职业教育的隐形门槛、身份歧视仍然存在,部分地区对社会资本在职业教育领域的市场准入、审批管理上设有门槛,职业教育发展空间受到压抑。国家统计局数据显示,2017年全国固定资产投资中,教育固定资产投资首次突破万亿元大关,达到11084亿元,比2016年同比增长20.2%。其中,民间固定资产投资①教育2759亿元,比2016年同比增长13.2%。② 从上述数据看,民间资金进入教育领域的总体规模有待提高,且增速相对缓慢,民间投资教育的整体意愿需要全面激活。

---

① 民间固定资产投资是指具有集体、私营、个人性质的内资企事业单位以及由其控股(包括绝对控股和相对控股)的企业单位在中华人民共和国境内建造或购置固定资产的投资。

② 国家统计局:《2017年民间固定资产投资增长6.0%》,载http://www.stats.gov.cn/tjsj/zxfb/201801/t20180118_1574945.html,最后访问日期:2018年1月18日。

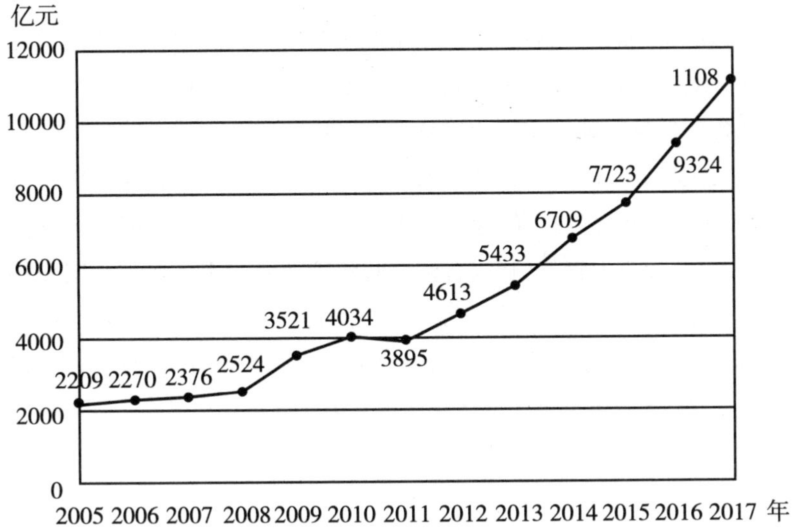

图 1　2005～2017 年教育全社会固定资产投资规模

注：根据国家统计局公布数据整理，http://data. stats. gov. cn/index. htm。

2017 年 9 月 1 日，新施行的《民办教育促进法》通过非营利性和营利性民办学校分类管理的办法对民间投资进行实质性开放，社会资本进入职业教育的渠道正在不断变宽。进一步调动社会力量参与职业学校建设运营，利用社会力量和市场机制把职业教育办好做大，全面增强其服务经济社会发展的能力，需要出台更多务实举措。

第一，加快研究出台配套的引导政策和操作办法，制定社会力量（包括外资）进入职业教育的具体方案，明确工作目标和评估办法，清晰传递国家大力支持职业教育发展的政策信息，稳定社会力量对职业教育未来发展前景的积极预期。鼓励新增职业教育服务和产品由社会力量提供，鼓励社会力量参与境外办学，稳妥推进境外职业教育办学。对接新修订的《民办教育促进法》，加快《职业教育法》修订工作进程，畅通非营利性和营利性民办职业学校的可选轨道。

第二，放宽对民办职业教育办学层次和办学硬件的不合理限制和隐形壁垒，取消对社会资本单独设置的附加条件和歧视性条款，做到同股同权，保障社会资本合法权益。明确分工方案，研究落实《关于深化产教融合的若干意见》和《职业学校校企合作促进办法》,破除社会资本进入职业教育的法律和政策障碍。尽快制定配套政策,落实落细国务院《关于鼓励社会力量兴办教育促进民办教育健康发展的若干意见》,进一步保护和调动社会力量参与和支持职业教育的积极性。

第三,强化省级人民政府统筹和部门协调配合,加强行业部门对本部门、本行业职业教育的指导,建立教育、人力资源社会保障、财政等部门密切配合,有关行业主管部门、国有资产监督管理部门积极参与的工作协调机制。试点加强一批职业学校与对应行业部门或品牌企业的衔接机制,减少部门职责交叉和分散,疏通社会力量参与职业教育发展的堵点,统筹投资、专业建设、招生就业、监督评估等事项。

二、深化产教融合,调动行业企业参与积极性

在产业结构转型升级的新常态下,职业教育与现代产业体系的要求存在较大差距,"就业难"与"技工荒"的问题突出。2016年,全国有中等职业学校1.09万所,在校生将近1600万人,占高中阶段教育在校生总数的41%。全国高职(专科)院校有1359所,在校生(不含分校点)约890万人,约占普通高等教育在校生总数的33%。③ 尽管我国已经建成全世界规模最大的职业教育体系,每年毕业生近1000万人,但从中国人力资源市场信息监测中心的统计数据看,2017年度,全国100余个城市的就业市场中,专业技能人才的岗位空缺与求职人数的比率④大于1,高级技能岗位空缺与求职人数的比率大于2,⑤即市场对专业技能人才,尤其是高

③ 教育部:《2016年全国教育事业发展统计公报》,载 http://www.moe.edu.cn/jyb_sjzl/sjzl_fztjgb/201707/t20170710_309042.html,最后访问日期:2017年7月10日。

④ 注释:岗位空缺与求职人数的比率=需求人数/求职人数,表明市场中每个求职者所对应的岗位空缺数。如0.8表示10个求职者竞争8个岗位。

⑤ 人社部:《2017年第一、二、三季度部分城市公共就业服务机构市场供求状况分析》,载 http://www.mohrss.gov.cn/SYrlzyhshbzb/jiuye/gzdt,最后访问日期:2018年3月15日。

级技能人才的岗位需求要大于其人才供给，且市场对中高级专业技能人才的需求在不断增长。麦肯锡全球研究院甚至预测，到2020年我国企业将需要1.4亿名高级技能人才，而缺口或达2200万人。总之，当前的职业教育还没有挑起培养我国经济转型所需大批高技能人才的重担，产教分离堵住了职业教育发展的"命门"，校企合作"一头热"现象普遍；部分职业学校封闭式办学模式没有根本转变，企业参与人才培养的动力不足，校企合作的实效性有待提高。破解这些职业教育改革发展的关键问题，需要发挥职业学校和行业企业在人才培养中的双主体作用，推动一批深度参与职业教育的"教育型企业"发展。

第一，完善集聚社会资源协同育人的政策，吸引更多的社会资源进入职业教育，打造开放的人才培养体系，建立培养目标、教师队伍、学科专业、资源共建共享的全流程协同育人机制，动态对接行业市场对技能人才的需求，在真刀真枪的企业环境中培养一大批具有专业技能与工匠精神的高素质劳动者和人才。积极鼓励有条件、有意愿的企业举办或者参与举办职业学校，设置学生实习、学徒培养、教师实践岗位。

第二，全面启动实施现代学徒制试点，鼓励各地开展产教融合型企业建设试点，按批次遴选企事业单位探索"招生即招工、入校即入厂、校企联合培养"模式，职业学校把专业课程建在市场产业链上，全面准确掌握产业发展的现状。有技术技能人才培养能力和需求的企事业单位，可以与职业学校合作设立学徒岗位，共同确定培养方案，以工学结合方式进行联合培养。建设一批职业教育产学研联合体，搭建产学研结合的技术推广服务平台，推进科技成果在企业和学校之间同步转化，实现多方共赢，真正让职业学校毕业生有发展"成就感"，让参与企事业单位有"获得感"。

第三，将企业资源带入教学环境，达到规模要求的企业尤其是国有企业应对接职业学校，在不低于企业职工岗位5%基础上，进一步提高学生实习和教师实践岗位比例。推动学校把实习实训基地建在企业，企业把人才培养和培训基地建在学校，对深度参与的企事业单位予以财税用地等政策倾斜。在职业教育相关法律条文中明确界定政府、行业、企业等参与办学的责权利，将各级政府发展职业教育纳入绩效考核，将产教融合、校企合作情况作为职业学校办学业绩和水平评价、工作目标考核的重要内容,将企业开展职业教育的情况纳入企业社会责任报告。

三、健全融资机制,改善社会资本进入职业教育的意愿和能力

尽管我国职业教育市场规模巨大,但职业学校发展却深受经费制约。据教育部统计,2006年至2013年,全国职业教育经费总投入由1141亿元增加到3450亿元,年均增长17%,其中,财政性职业教育经费从525亿元增加到2543亿元,年均增长25%,占职业教育总投入的比例从46%提高到74%,带动地方和社会投入近300亿元。⑥ 职业教育的平均培养成本是同级普通教育的2~3倍,⑦但从投入总量上看,教育国家财政性教育经费中职业教育所占份额仅为10%,明显低于同阶段普通教育。

有社会调查机构预测,到2020年我国职业教育市场规模将突破1万亿元,吸引社会力量进入职业教育,需要进一步对接职业学校、市场、企事业单位的需求,畅通融资渠道。目前,有些民办职业学校主要靠收取学费维持生存,有的还需要缴纳企业所得税,办学负担过重。从客观条件看,公办、民办职业学校在体制机制上存在办学经费融资困境,部分企业深受"不让投""不能投""不愿投"困扰;一些政府和社会资本合作项目(Public-Private Partnership,PPP)的门槛设置过高、审批时限太长,融资难、融资贵等现象普遍存在。因此,健全融资机制需要切实解决职业学校的"钱袋子"问题,推进政府购买服务、财政贴息贷款、PPP模式改革。

第一,搭建职业教育产业融资、担保、信息综合服务平台,完善金融中介服务体系,利用财政性资金提供贴息、补助或奖励。积极探索与银行、证券公司、保险公司、融资租赁公司、资产管理公司等金融机构合作,为有

---

⑥ 教育部财务司:《就职业教育财政投入答记者问》,载http://old.moe.gov.cn//publicfiles/business/htmlfiles/moe/s271/201406/170903.html/,最后访问日期:2014年6月30日。

⑦ 翟志海:《鼓励社会资本办职业教育》,载《经济日报》2016年3月15日,第8版。

融资需求的各类职业教育主体提供系统解决方案。同时,鼓励金融机构拓宽职业教育服务领域,依法依规审慎授信管理,设计符合国家政策与战略的职业教育类金融服务产品,为社会力量进入职业教育提供相关信贷和融资支持。

第二,研究出台职业教育专项债券发行指引,探索教育信托投资,支持社会力量联合学校设立职业教育投资基金,实现保值增值,收益主要用于职业学校发展。鼓励国有资产经营公司、国有投资公司以及其他企业为民办职业学校提供贷款担保服务,探索将非教学设施作抵押,或将未来经营收入、知识产权作质押向金融机构申请贷款的机制。

第三,鼓励各地通过政府和社会资本合作、购买服务等形式引导社会力量进入职业教育,落实好财政奖补政策和职业学校生均拨款制度,改变"政府热、资本冷"的现状,建立动态可调整的收费定价和政府补贴机制,平衡好社会效益与社会资本收益。与此同时,政府需要科学评估财政对 PPP 项目的承受能力,主要包括股权投资、运营补贴、风险承担、配套投入等,将财政支出责任编入中期财政规划,增强社会资本参与融资的可能性和积极性。

四、创新办学模式,拓宽社会力量参与职业教育的领域和深度

产教融合、校企合作培养技术技能人才是国际职业教育成功国家的共同规律。长期的实践表明,我国职业教育校企合作中存在的诸多障碍,如大多企业认为校企合作耗时费力、投入产出比较低,得不到真正的实惠,不如直接招聘熟练技工。从校企合作方式看,大多企业仍以提供实习岗位、共建实习实训基地等传统形式为主,参与形式单一、实际参与度不高,参与效果不好。尽管目前 1400 余个职业教育集团覆盖了全国超过 90 的高职院校和 70% 的中职学校,有 3 万余家企业参与,[⑧]但是许多职业教

---

⑧ 教育部:《职成司负责人就〈职业学校校企合作促进办法〉答记者问》,载 http://www.moe.gov.cn/s78/A07/moe_731/201802/t20180214_327475.html,最后访问日期:2018年2月14日。

育集团还比较松散,参与各方的职责不够明晰,相关配套政策还不够完善,有的工作还停留在面上,还没有将各方面的办学资源真正转化为人才培养优势和行业企业竞争优势。

职业教育资源的重新配置,需要充分调动社会力量的积极性,积极支持各类办学主体通过独资、合资、合作等多种形式举办职业教育,充分发挥市场机制的重要作用,用创新的机制和真正的实惠打动利益相关群体。

第一,积极探索发展股份制、混合所有制职业院校,研究制定试点混合所有制学校的指导意见,允许各类主体以资本、知识、技术、管理等要素参与办学并享有相应权利。建立相应的注册登记、资产管理、收益分配及风险防范等制度,尤其是要建立健全涉及社会各方面出资、投资基本权益保护的产权制度。同时,加强对已有试点调研和经验总结,组织力量系统研究社会资本是否可以控股公办职业学校以及混合所有制学校的决策权力行使方式和内部治理体系,提出不同阶段对公办、民办职业学校分类放开、分类管理的操作规定。

第二,利用公办职业学校的办学优势和民办职业学校的体制机制优势,探索公办、民办职业学校相互委托管理和购买服务的长效机制,各级政府要扮演好“中间人”角色,运用购买服务、财政转移支付和税收减免等方式,促进公办民办职业学校之间的深度合作。同时,针对多方合作中的风险点和风险源,加强事中事后监管,构建立体化风险防范机制。

第三,鼓励学校、行业、企业、科研机构、社会组织等共同组建示范性职业教育集团,明确参与各方的职责,发挥职教集团在促进教育链和产业链有机融合中的重要作用。逐步实现行业性职教集团在省份重点产业全覆盖,区域性职教集团在地级行政区全覆盖。探索通过土地、校舍等要素低租金或者零租金等方式,推广多元化投资、产业化经营、市场化办学的职业教育改革新模式新机制。

五、增加有效供给，培育职业教育市场新热点

2017 年，全国居民在教育文化娱乐领域的人均消费支出为 2086 元，[⑨]若以 13.9 亿人口计算，我国教育文化娱乐领域的全国消费总额约为 2.9 万亿元，市场规模和潜力巨大，其中职业教育消费市场前景值得期待。21 世纪教育研究院发布的《教育蓝皮书 2016》指出，职业教育和技能培训或成“互联网 +”教育的最大市场，市场潜力巨大，有望突破 1000 亿元。我国转型发展的新时期，在“互联网 +”战略的推动下，工业 4.0 正在让车间发生着巨大变化，但多数职业学校的信息化、数据化、智能化观念相对薄弱，对利用信息化技术、产品、平台等存在顾虑，加上资金投入、体制限制等问题，职业教育提供方式和服务模式仍处于相对落后的状态。

“中国智造”取决于高技能人才的有效供给，推动职业教育与“互联网 +”深度融合，探索开发各类“互联网 + 相关行业 + 职业学校”的产业，促进职业教育信息化的均衡发展及优质资源最大化应用，将是深化职业教育供给侧结构性改革的未来趋势。

第一，以“大众创业，万众创新”为契机，鼓励职业教育创业投资，拓宽创客发展空间，创建以“教育包”为核心的创业创新型职业教育产业发展模式，统筹城乡职业教育发展，同时发挥好职业教育的精准扶贫实效。挖掘市场潜力，打造“互联网 + 相关行业 + 职业学校”的资产整合平台，以职业教育和培训为主营业务，提供个性化的定制模式，推动职业教育实现更好发展。

第二，支持校企联合推进虚拟仿真的“云实训”平台开发与应用，推广教学过程与生产过程实时互动的远程教学。完善职业学校学生学籍、学生资助、实习实训等管理信息系统，建立人才预测、就业预警和人才培养创新性公共信息服务平台，提高职业教育关键业务管理的信息化水平。

---

⑨ 国家统计局：《2017 年居民收入和消费支出情况》，载 http://www.stats.gov.cn/tjsj/zxfb/201801/t20180118_1574931.html，最后访问日期：2018 年 1 月 18 日。

第三,利用信息化手段扩大优质教育资源覆盖面,推进职业教育资源跨区域、跨行业共建共享,建立支持个性化、智能化的职教资源公共服务平台,整合在线教育和传统教育,投资慕课、网络学院等线上教育资源,增加职业教育资源的有效供给。

The Paths of Drawing Social Investment into Vocational Education

Jing Anlei　Zhou Haitao

Abstract: In order to ensure fair and quality education, vocational education cannot be absent. We must have a strong financial base to develop a modern vocational education system and it is impossible to rely solely on government investment. Furthermore, it is an important reform orientation to give full play to the important role of market mechanism in the allocation of resources for vocational education, to incite and stimulate the vitality of social capital, and guide social forces to participate in running schools. The authors assert that it is an important way to accelerate the development of modern vocational education by enhancing investment confidence, deepening the integration of industry and education, improving financing mechanisms, innovating school-running models and cultivating new hot spots in the market.

Key Words: social investment　vocational education　private education

互动：研究生专业社会化的秘密

罗　娜　张正峰　张　斌*

摘　要：研究生专业社会化作为研究生培养过程中的关键环节，是在互动的过程中实现的。选取一个理科实验室作为质性研究的场域，探究研究生专业社会化的微观过程。个体在微观的学术生态系统中，借助于共享意义的生成、秩序的习得、学科范式的掌握，进而融入了以师门为纽带的学术网络关系之中，最终发展为学术共同体中的一员。研究生专业社会化不仅是学科的社会化，更是微观学术系统的社会化。

关键词：研究生　专业社会化　互动　学术系统

教育是在师生相互作用的过程中实现的。就研究生群体而言，这种相互作用更多体现在与同门和导师合作进行的科研实践活动过程中。个体在参与中，不断习得专业的价值理念，形成专业角色，具备从事科研的基本素养，毋庸置疑，这就是研究生培养

* 罗娜，淮南师范学院教育学硕士，研究方向：高等教育原理。张正峰，教育学博士，陕西师范大学副教授，研究方向：教育经济与管理。张斌，陕西师范大学副教授，教育学博士，研究方向：高等教育原理。

的主要目的。这一过程就是研究生专业社会化的过程,它是研究生成长为未来学术和科研人才的重要途径。科研活动作为研究生学术成长的现实依托,塞蒂纳发现科研活动具有与境性特征,其中一个表现便是科学家通过交流、竞争与合作而相互联系。① 与此同时,我国研究生培养规模日益扩大,研究生培养中凸显了诸多问题,基于此,本文将探讨以下问题:

(1)个体在与结构的互动中是如何通过称谓、集体记忆等符号生成共享意义?这些共享意义又是如何影响着研究生的专业社会化?

(2)实验室中的秩序都有哪些表现形式,又是如何影响研究生的专业社会化的?

(3)学科是如何通过学术活动对个体产生规训?在学科规训的过程中,不同的学术活动是如何影响研究生的专业社会化?

(4)研究生是如何与导师、同门在互动中形成网络关系?这些关系网络又是如何超越实验室,进而扩展到学科同行之中?这种网络关系又是如何影响其专业社会化的?

为了解决上述问题,本文将研究的视角定位于场域而非单独的个体、研究生整体而非单独的博士群体、社会化的过程而非结果,即将研究生专业社会化置于研究生培养的微观生态系统。基于研究问题的类型,使用质性研究的方法论,依据学科范式的成熟程度,采用"强度抽样"的方式,选取一个优秀的理科实验室作为研究生专业社会化的场域,在其中进行田野研究。本文指涉的实验室不单单是一个地理概念,更是一个关系网络,是动态的、情境性的、不断生成的场域。

在资料收集过程中,融入到实验室日常学习和生活场景,积极参与各种集体活动,深入观察实验室成员之间的非正式交流情况,以及导师与学生互动过程。并结合访谈,以研究生学习和生活中的关键事件(如初次接触实验室成员、第一次组会汇报、首次参加大型学术会议)作为着力点,探究研究生在组织结构和文化中与导师、同门、同行以及学科进行

① [奥]卡林·诺尔-塞蒂纳:《制造知识:建构主义与科学的与境性》,王善博等译,东方出版社2011年版,第15~16页。

互动的过程与方式,及其对硕士研究生专业行为、观念和价值观所产生的意义与影响,访谈男性9名,女性8名。在长达半年的数据收集的过程中,形成访谈录音文本近10万字,以及其他非正式交谈录音、观察记录若干。

资料分析伴随着资料收集的整个过程,对原始资料的反复审读和回味,不断地聚焦研究问题,进行概念化。通过分析,最终形成了四个概念,分别是符号、秩序、范式和学术网络。就研究生专业社会化过程而言,无论是通过交流沟通,或是知识共享,抑或是参与,其根本方式都是在与他人、结构和学科的互动过程中完成的,互动的结果是社会化到学科、到学术职业、到研究生角色。

一、符号:共享意义的生成

符号互动论是社会科学的众多理论之一,该理论的核心观点是"事实是以符号为基础的,这个理论的基础是意义",旨在考察个体在社会环境中与其他个体互动所产生的意义,重点关注"人与人交往中出现哪些符号和意义"的问题。[②]

(一)称谓:群体界限的生成

实验室成员在进入实验室后,就是一个不断建构身份边界和身份意识的过程,而身份边界的一个直接表现形式便是称谓。称谓本身就蕴含着身份的界限,哪些人是"我们",哪些人不是。了解实验室的制度系统,是成为实验室成员的第一步,而对实验室的认同则是建立身份归属的关键。实验室成员表示认同是在潜移默化的过程中完成的,不知不觉便习惯了实验室生活,接受了其话语系统。

实验室成员的心目中存在多个身份群体意识,从与研究生身份关系紧密程度而言,主要存在三种身份边界:

---

② Nilgun Aksan et al., Symbolic interaction theory, *Procedia-Social and Behavioral Sciences*, 1, 2009, p. 902.

一是“新生”和“老生”的边界。在访谈的过程中,低年级学生倾向于用“我们”和“师兄师姐们”,高年级在说明的时候习惯性地用“我们”和“师弟师妹们”。实验室成员的身份边界——“新生”和“老生”的边界意识,并不会导致实验室成员关系的割裂或者分离,恰恰是个体建构自我——将自身作为学习者——身份的关键,“老生”知识的拥有量和能力突出,是“新生”学习和效仿的榜样,“新生”的愿望是有一天能够赶上或者超越他们。

二是两个专攻领域之间的身份边界。受实验室空间布局影响,不同专攻领域的学生分属不同区域,研究发现群体内一致性明显高于群体间。随着知识专业化的发展,大家虽隶属于同一个科研团队,但专攻领域是不同的,有学生表示“如果在组会上不认真听另一个组的汇报,过一段时间你也就听不懂他们在研究什么了”。专攻领域的差异也影响了实验室成员的互动,从事相同专攻领域的成员间学术交流更频繁,而相异者则以事务性交流居多。

三是“我们”和“他们”的边界,即实验室成员和非实验室成员的边界。研究生群体通过对导师、研究方向、实验室文化的对比,建立了新的区隔。借助于各种途径,尤其是通过与专业其他导师以及实验室文化的比较,切实感受到导师的魅力,以及实验室文化的优秀,大家得益于导师与实验室文化,同时也积极地维护和传递着这种制度边界。往届生和在读生的互动,强化了彼此间的同门情谊;同门之间的信息共享,让群体成员的凝聚力得以不断提升。

总之,身份边界的形成是建立在无数的比较之上,“我们”或是新的学习者,或是“凝胶”方向的,或是“同门”,都和“他们”是不同的;“我们”具有较高一致性,与“他们”有较多的相异性,这种对于一致性和相异性的认知,是个体建立身份边界,形成认同重要方式。这个过程是在无意识中完成的,同学们很难从具体的事件中或是思维发展过程中攫取一个关键性的事件或是信念的转折,他们觉得自己在不知不觉间接受了惯有称谓,以及形成了群体认同和归属感。

(二)讲述和书写:集体记忆的作用机制

实验室中的集体记忆作为一种承接符号,以讲述和书写的方式,服务于实验室成员专业身份的构建和集体认同的形成。

实验室中的集体记忆有很大一部分是关乎其发展历史的，尤其是实验室成员积极行动后取得的佳绩，以及导师在实验室创建和发展过程中做出的努力和奉献，这些都成为大家津津乐道的话题。集体记忆的传递主要是由老师、往届毕业生以及高年级同学完成的，老师在与学生交流的面对面情境中，会反复提及优秀成员以及他们做出的骄人成绩；老师在教导学生要克服困难，增强耐挫力的时候，会结合自己的个人经历和人生体验，以此增强话语的说服性和可操作性。毕业生重返实验室，除了传递前沿的和社会性的重要信息外，还会回忆往昔峥嵘岁月，这无疑会加深实验室成员的集体荣誉感。

在交流之中，个体获得了对集体记忆的独特特质的更精确的认识，③群体中的老成员是组织记忆活的载体，担任着集体记忆蕴意的传递。除了大家常用的学科话语和实验室文化外，组织内的奇闻轶事和典型事迹也会成为成员身份建构的必要条件，一位新成员在群体潜移默化的影响下，逐渐地建构起对导师和同门的信任。学生的学术品质也是在听故事和讲故事中不断塑造的，师兄师姐成功或失败的科研经历，也成为老师时常谈及的教育素材。可以说，在日常生活情境中的，实验室发展历史的有意或无意的传递过程以“润物无声”的方式悄然地影响着实验室的每一位成员。

实验记录本是实验室研究历史的物质载体。它是实验室的财产之一，每位实验室成员的研究都会记录在内，当然每个学生都有自己记录的方式，从实验记录本的共性来看，主要包括实验过程、实验现象和实验结果。

实验记录本能够保持实验室研究的连续性，它是在读书了解研究历史的重要载体，尤其是新成员想要在前成员研究的基础上继续推进，就需要阅读他们的实验记录本，以此更好地进行研究设计。实验室制度规定，个人不得将实验记录本带离实验室，更不要说作为私人物品带走，这其中

---

③ Jan Assmann, John Czaplicka, Collective Memory and Cultural Identity, *New German Critique*, 65, 1995, p. 127.

不仅涉及保密原则,同时也是实验室研究承接性的最佳体现。

在实验室内部,成员间生成了共享的意义系统,可以称作意义共同体。一旦意义共同体形成,它就变成一种客观现实,外在于个体的意识,个人的行事方式和认知模式,都是建立在意义系统的基础上。共享的符号系统不仅包含着学术成员共同的专业理论基础,还包括身为化学人应该具备的身份特质。也就是说,是专业知识、技能、思维框架和认知策略的集合体。而专业社会化的一项基本内容便是习得上述的意义系统,而主体间的互动帮助新人生成共享的意义。

二、秩序:实验室的认同策略

每个机构都有维持其运作的制度规则。个体在进入实验室,融入实验室关系的过程,就是对实验室秩序的认可和接受的过程。

(一)赋权:教师权威的行动策略

秩序和权力是相伴而生的。在研究生专业社会化过程中,感受最明显、影响最大的是教师权威,其主要表现形式是学术权威。导师将自身定位为学生学习的引导者,而非权威知识的传递者,导师通过对学生思维的开拓和鼓励,不断强调"方法比知识重要""方法比困难更多",进而鼓励学生不断在"尝试——错误——再尝试"的道路上摸索前进。这种权威从根本上而言是一种策略权威,而非知识权威,强调的是获取知识的方法而非实实在在的知识。正如有一个学生所说的:

> "其实老师也不知道这个方法行不行得通,但就是要不断的尝试,只有尝试了,你才能知道结果如何"。(ST4,女,16级硕士)

策略权威是培育研究生科研品质重要方式。导师主要采用两种策略:一是对学生不断鼓励,当学生遇到困难时,给学生传达一种"方法总比困难多"的思想,鼓励学生勇于尝试,不断创新。二是利用讲话和交流的机会,借助于真实的事例,尤其是伟人的不凡经历,不断地给学生传达一种"生命并非坦途""命运是公平"的人生观。可以说,教师通过教育,给他们传递一种屡战屡败、屡挫屡勇的学术品质。

耐挫力增强了。以前吧,遇到什么困难、挫折就放弃不干了,可是现在你可能做十次,有六次七次都是失败的,一失败然后老板就鼓励你。所以现在你面对挫折更有勇气了,也不像以前那么软弱了。(ST5,女,15级硕士)

教师学术权威的一个表现便是导师在学生的开题过程中拥有最后的决定权,也就是教师权威的赋权过程。个体选题主要来源于三个方面,一是带他/她的师兄师姐给的题目,二是导师给的方向,三是自己的兴趣爱好。在这三者之间,实验室成员要寻求一种平衡,尤其是在自己的兴趣爱好和实验室原有的研究领域要统筹兼顾,只有个人的研究领域在实验室原有的研究之下或者与此相近或相关,个体在实验过程中遇到挫折时受到的专业支持才会最大。下面的论述佐证了以上观点。

就是要阅读一些文献,对哪方面感兴趣,就是在实验室这个大的方向之下,选一个你比较感兴趣的,看文献的过程中,你可以抓住一些线索,给自己确立一些课题。到时候你在组会上给老师讲一讲,如果老师觉得可行,那么你就做。(ST2,男,16级硕士)

教师权威的另一个表现便是导师是实验室的创建者和实验经费的最高管理者。经费决定了实验室平台的高度和发展空间,也直接影响着实验室成员的发展。导师通过经费申请和专利转换的方式,发挥科研领导者的权威。毋庸置疑,导师掌握着对科研经费的分配权和使用权。

教师权威的第三个表现是导师在培养过程中恩威并施。从导师的角度而言,主要采取下述几种措施:第一,在现实情境中,通过设置应变场景,锻炼学生的交际和应变能力;第二,秉持着对每一个学生负责的教育情怀,时常与学生交流,关注学生的身心健康;第三,通过邀请国内外的专家学者来校作报告,扩大学生视野,开拓思维;第四,利用科研经费为学生提供英语培训、软件培训等,让学生能够免费提升自己的短板;第五,根据个体的成就和能力,推荐适合他们的学术会议。总之,导师相信每个学生都是有特长的,坚持因材施教;不把学生分等,公平公正地对待每一个人;创造各种教育契机,促进学生“成人”和“成才”共辅发展。

有些孩子脸皮薄啊,容易害羞,就是得故意给孩子们一些机会,创造一些机会,按照教育话,就是创设一些情境什么的,有时候开开他们的玩笑,要让他们脸皮往皮实地练,社会很复杂,一点重话也听不得,一点压力都顶不住,那怎么能行呢?(X老师)

除了上述的“恩”行外,还有“威”。导师并不是无条件地、盲目地鼓励学生,他还会适时地逼迫和批评学生。也就是说,导师并不是一味地鼓励学生,不时地还会“敲打敲打”学生。敲打并不是盲目的,而是具体指出问题所在,并提供给学生可改进的措施。

在教师权威的作用过程中,导师做到了放权和集权的有效统一,恩威并施。“学生导师制”和实验室的分工负责制就是一种放权的表现,组会便是集权的最直观表现。

(二)仪式:秩序的承接机制

仪式被看作“在特定群体或文化中沟通、过渡、强化秩序及整合社会的方式”,④它对社会具有整合、强固的功能。相应地,实验室中也含有仪式行为和活动,它生产和建构着实验室的秩序,维系着机构的良性运作。

实验室的集体活动或仪式存在于以下场景中:第一,在每次组会时,X老师进入会议室的时候,所有的学生都会起立。在组会中,每一位学生在开始和结束都有一段正式的开场白和结束语,如:

---

④ 郭于华主编:《仪式——社会生活及其变迁的文化人类学视角》,社会科学文献出版社2000年版,第1页。

“尊敬的X老师、S老师、各位师兄师姐、师弟师妹们,大家好,下面我将这两周的工作作一汇报,请大家批评和指正……以上是我汇报的全部内容,感谢X老师的指导、S老师建议,某某在实验中提供的帮助和指导,感谢实验室的其他成员们,谢谢大家。请大家提出宝贵的建议或意见。”

这种表述不再是简单的汇报程序问题,而是带有仪式感的话语系统,它通过郑重的方式,凸显了学术研究的严谨和一丝不苟。在谈及对组会的初印象时,ST2对此感悟颇深,他说:

尽管平时大家生活上嘻嘻哈哈,但是开组会的时候还是很严肃的。我师姐是博士,在组会上的时候,开头就说,“尊敬的X老师,各位老师,各位同学……”工作还没开始呢,官话就来了一大堆。我们本科的时候,就说“各位老师,我现在就把我这两周的一个工作情况做个简单的汇报”,首先这个开场就是一个很官话的一个套路。搞得就像你是毕业答辩似的,就是这么一个感觉,但是我们老师就是喜欢这个。(ST2,男,16级硕士)

第二,组会的座次也是有秩序的。X老师的座位是固定的,在会议桌一侧的中间位置,博士及以上学历的成员围坐在中心的会议桌上,硕士坐在会议桌外围的靠背椅上。经过观察发现,围绕会议桌的老师和博士生们的座次是比较固定的(除非有新的出国留学归来的,会有稍微调整),而外围的座次相对比较灵活,总体上会表现出研二研三稍靠前,研一偏边角位置,两个研究小组之间是相互交错分布的。这个座次本身就可以看出实验室成员们的等级序列,围绕着会议桌的或者外围靠近老师的是核心成员,外围的边角位置相对比较边缘。

第三,每年教师节的师生聚会是师门的集体仪式。毕业了的和未毕业的同门齐聚一堂,工作地点远或者在外出差或交流的学生,都会录制祝福视频。之所以将其看作师门的集体仪式,源于以下三点:其一,与会者都有在实验室求学的经历,这是仪式准入的资格。其二,聚会具有类似于仪式的唤起性体系,⑤尤其是播放师生参加各类学术活动照片,能够唤醒和引导师门集体荣誉感。其三,活动的程序具有较为固定的标准,多次参加师生聚会的老生表示,每年都是这些环节,只是节目和讲话内容存在差别。

由此可见,集体仪式和集体活动在促进实验室成员相互了解、相互沟通,形成群体凝聚力等方面存在重要的现实意义。在这些大家共同参与的集体实践中,本身就存在着秩序,比如老师进来的起立、组会中的坐位。这些集体活动以仪式的方式,将秩序和规则传达给每一个人。

三、范式:学科的规训

研究生专业社会化的核心是学科社会化,学科内部都具有各自的意义参照系统,研究生专业社会化的过程就是潜移默化地接受学科共享的意义参照系统的过程。在实验室中,学科的规训主要通过开题、做实验及组会完成的。

(一)开题:从"边缘"到"核心"的转折

在研一第一学期,新生是通过给高年级打下手来学习实验设备的。这是一种合作研究,虽然只是机械层面上的合作,但是在新生参与合作的过程中,切实感受到科研的程序和操作化。

自研二下学期开始,每个新生群体都需要给自己开题。在此之前,他们都是学术共同体中的"边缘群体",主要以实验室生活的适应、理论知识的强化以及实验仪器的学习为主。从开题起,他们才真正地迈向了学术人,可以说,开题是研究生专业社会化过程中的一个关键事件,开题象征着他们从合作研究正式迈向独立研究。学生们对于开题,抱有一种矛盾心理,既期待又排斥。期待的是,"有了自己的研究,就可以做自己的,而

---

⑤ [苏格兰]维克多·特纳:《仪式过程:结构与反结构》,黄剑波等译,中国人民大学出版社2006年版,第41页。

不是只是给师兄师姐们做实验”。排斥的是,害怕研究时没有想法,实验缺少理念。

开题之后,实验室成员的学习目标更加聚焦,个体开始了以“任务为导向”的学习和研究。开题是个体从“边缘”群体步向“核心”群体的关键环节,最直观的一个表现便是从组会的旁听者成为组会的汇报者。

(二)实验:操作化的学习过程

实验室中的研究以应用性研究为主,这就要求一切的数据皆以实验的方式获得。实验设备的掌握是进行科研的前提,并且实验设备的学习和掌握过程就是一种身体技术的生成过程,这种生成过程受到学科文化、管理机构和学术共同体的强制要求。下面是学生对于实验的看法:

实验不是(重复或模仿的)。我们的分子是我们自己设计的,就像是我们把它造出来,就像我们做一个产品出来,然后去测产品有什么性能……现在(研究生阶段)就是有一些借鉴,比如说看到一些好的文献,好的方向看能不能嫁接到你的实验中来,或者探究一下,某个化合物比较特殊的现象,它为什么有这个特殊的现象,内部深层的机理是什么?(ST2,男,16级硕士)

“实验”二字本身就道出了实验科学的基本操作是建立在不断地“尝试——错误——再尝试”的基础上,实验的操作过程养成了学生严谨、科学的学科意识。

个体对于实验操作方式的掌握,是从合作到独立再到合作的发展过程。早期的合作是为了掌握基本的实验操作过程,整体对科研进行感知;随后的独立研究,则是强化学生的动手能力,训练个体的学术思维,但需要说明的是,独立并不是闭门造车,不与他人交流和分享,而是实验的主要操作是自行完成;后期的合作,更多上升为一种合作的意识和能力,通过指导新生们学会做科研,帮助他们选题,让个体成长为一名既能独立从事科研,又能够与他人开展有效合作的学术人才。

(三)组会:共享的交流平台

在实验室中,组会是定期召开的,要求所有成员按时保质保量进行汇报。在研一第一学期,新生是组会的边缘群体,除了坐位中的边缘化外,还表现在他们是作为一名听众和服务人员参与到组会中。大部分学生表示,在研一的很长一段时间内,组会是完全听不懂的,至于这个时间有多久,这因人而异。新生在掌握老生的研究内容的过程中,明显地表现出一种次序差异,循着学生导师——同组其他成员——整个实验室的脉络发展。这一过程也呈现出一种个体差异,低年级对和自己是同一专攻领域的成员感受深刻,对于其他成员,仅仅是知道他研究的主要内容;高年级(尤其是博士生)更能从宏观上,比如从研究的思路上,把握大家的研究内容。

在培养上,导师对于不同阶段的学生要求是不一致的。对刚开题的新生要求是最低的,让其按照实验设计,合成一种新物质,测验其性能,检验该物质是否具有意欲达到的性能,这一时期的合成实验旨在培养个体独立实验的能力,能够自主控制实验操作过程。研二、研三是挑大梁的时候,此时老师的要求会更严,对研二的学生强调细节的错误不能犯,尤其是汇报PPT上不能出现标点错误、拼写错误;对于研三,更加看重他们的创新性和实验的完整性。可以说,在一定程度上,利用不同阶段的学习任务的划分、明确和实践,让学员时刻具有科研使命的紧迫感和责任心。这也是科研习惯的养成过程,科研任务督促着学生快速进入研究生的角色,适应研究生活。

组会是实验室成员正式互动的平台,每一位学生汇报结束,老师都会就这个学生呈现的内容提问,从数据的采集过程看数据的可靠性和真实性、数据的解释是否科学合理等。汇报者往往作为一名学习者,站着倾听老师的指导,有需要的时候会做记录。组会加强了两个组之间的成员互动,尤其是专业互动。每一个研究方向的学生在同一组会上汇报,作为非汇报组的成员,博士及以上学历的成员专注度要高于硕士研究生,研三专注力又高于研二、研一。

组会作为实验室的一种内设制度,它是任务的计时器,督促学生不断对零散资料进行系统化和逻辑化,提高科研效率。在组会的汇报过程中,共同体成员集思广益,共同寻求解决问题的方式和途径。

四、关系网络：成为学术共同体的一员

学术活动的同行评审制度，决定了成为学术共同体的成员，是学术人员发展的必由之路。成为学术部落中的一员，在关系的层面上而言，就是形成新的关系网络。

（一）同门：学术网络的强关系

实验室在长期的发展过程中，形成了以导师为核心，专攻领域为承接，集体记忆和情感为纽带的意义共同体和利益共同体。这一关系的形成源于实验室成员之间的相处方式以及共同的期待。

首先，实验室的成员之间彼此信任度很高。低年级有困难就会向高年级求助，高年级的实验也会交给低年级操作；低年级缺乏实验的创意，高年级同学会大方地将自己想出的创意告诉他们，让他们操作和实践；共享和协作型的实验室文化，让大家能够坦诚相待，所有人都是倾囊相授，不存在藏着掖着的现象。成员们在生活上也是肝胆相照，实验室有人生病住院，大家会轮流去照看。师生之间也是十分信任，导师秉持着"教育是以心换心"的教育理念，相信每一个学生都在好好学习，都在辛勤地付出着，每个人都是有自己的长处和价值，同时还公平对待每个人，平等地与学生对话，经常与之互动。学生们的表现充分展示了期待效应的力量。老师对教育用心，学生对此深有体会：

> 他（X老师）特别用心。他的用心会感染到大家。所以大家特别自觉。X老师不会压迫你，他只会在后面推动你，迫使你，去朝着一个方向发展。他跟你引领了一个大的方向，给你树立一个正确的方向，让你朝着一个正确的方向去前进。给你的实验提供一个思路，他不会明确告诉你怎么做，而是启发你思考。至于人生方面，在平时的聊天中，都会给你讲一些价值观、人生观的东西。（ST10）

在这样一种相互信任、彼此尽心的网络关系中,“感恩”自然而然就贯穿于实验室成员的行为和道德体系中。每一位研究对象无不对导师和师兄师姐的付出抱有深深的感恩之情。尤其是每个成员在每一次汇报的最后,都会有专门的一页 PPT 是关于致谢的,感谢导师、感谢实验室的师兄师姐、感谢提供帮助的学弟学妹。对于新生群体而言,感恩是不断习得的。正是由于这种感恩型的文化,每个人才能够更加深刻地认识到他人的付出,并由此产生对于他人劳动成果的肯定和尊重。实验室实行“学生导师制”和责任负责制,所以每一个人无形中都具有奉献者与他人付出的承担者的双重身份,进而也就形成了良性循环,在个体的心理上产生一种“我为他人付出,他人也在为我付出”的观念。

这种恩情文化与实验室的共同愿景结合在一起,共同作用于个体。实验室的声誉能够带给个人更好的发展,所以每个人对于实验室的声誉特别维护,也特别感激实验室提供的发展平台。这种恩情不是建立在压迫式的体力剥削的基础上,老师不是将学生作为一个出产成果的工具,而是将学生当作一个有自由意志、正在不断发展、拥有无限可能的个体,在地位上师生之间是平等的,对所有的学生一视同仁,将自己定位为学生发展的助推器。正是老师的这种无私的关怀和真心的付出,让学生们深刻地感受到老师的恩情,更加自觉。

导师作为往届生和应届生的联结纽带,指导着往届生以及在读生之间进行高频度的学术和生活交流,大家彼此之间维系的不仅是一种同门情谊,更是一个以学术亲缘为核心的学术网络。师出同门,拥有着共同的集体记忆,共享一套意义系统,具有相似的科研习惯,此间种种,让同门之间具有一种强烈的认同感,也就构成了学术网络中的“强关系”。在关系网络中,学术交流促进了彼此的发展,互惠性的关系反过来又加固了关系网络。与实验室现有成员保持紧密交流的是继续从事科研活动的往届成员,从事其他工作的成员与实验室的联系相对疏散一些;同时高年级与往届生的关系更熟稔,而低年级相对比较疏远,这反向佐证了共享的情感体验、相似的科研习惯以及学术交流是促成这种“强关系”的关键。

(二)同行:超越实验室的联结

研究生专业社会化的起点是实验室,但是社会化绝不止于实验室。

跨越实验室的学术网络构建主要受到导师的学术圈子、院校提供的学术沙龙，以及学术行会组织的学术会议的影响。

导师的学术圈子是导师学术地位和学术声望的集中体现，是研究生学术成长的平台，实验室的成员无不得益于导师庞大的学术人脉和丰富的学术资源。无论是研究生“走出去”，或是优秀学术人员“引进来”，导师都积极地构建各种平台，鼓励学生多与学术共同体中的人员进行交流。在“引进来”和“走出去”相结合的路子间，扩大了研究生的学术视野，培育了学术敏感性，提升了个体的学术自信。

学术沙龙是比较小型的学术交流活动，通过邀请优秀的学者或者成果突出的研究生讲述自己的科研成果和思路，进而实现思想的交流和观点的碰撞。学术沙龙是学生在同专业同辈群体中面前展示自我，建立学术自信的平台。对于能够被邀请参与分享的学生而言，是一次很好的展示机会，有效提升个体的学术自信；对于参与的听众学生而言，是一次勉励，通过对比，了解自身水准。

学术会议学生们提供学术交流的机会，扩大了个体的学术网络关系。参与学术会议，个体从专家学者的身上习得专业应该具备的精神品质和行为规范；通过关注汇报学者的学术研究，进而认识到科研本身是需要付出艰辛的努力，从研究生成长为一名学术达人，还有漫长的路需要走。同时，从同行研究者身上寻找身份认同，获取化学发展的前沿知识，培养自己的科研敏感性。此外，获准在学术会议上发言，对研究生来说，无疑是一种鞭策和鼓励，释放一种信号，“研究你已入门，只需花费更多精力做好它”。

除了上述谈及的科学共同体的网络关系外，实验室也存在超科学领域的联结。超科学联结是塞蒂纳提出的，主要指涉非科学领域的关系网，比如科学家与企业家、政治家等代理人。他利用超科学联结旨在说明科学研究中基于资源关系而建立的利益融合或利益分裂。⑥ 实验室中的研究生群体或多或少都会和其他领域的人员打交道，比如仪器供应商、院校

⑥ ［奥］卡林·诺尔－塞蒂纳：《制造知识：建构主义与科学的与境性》，王善博等译，东方出版社2011年版，第160～166页。

行政人员、期刊编委,这些非学术性的交流和协商,帮助他们建构专业和其他社会活动的关系。

通过研究发现,研究生专业社会化是在与导师、同门、同行和学科的互动过程中完成的。借助于称谓和集体记忆,不断习得实验室的共享意义;在教师权威的运作过程以及集体仪式中,逐渐掌握了实验室中蕴含的规则和秩序;通过开题、实验和组会等学术活动,接受了学科范式的规训。这一过程不仅是学科的社会化、角色的社会化,还是微观学术系统的社会化,即实验室的社会化,最直接的表现便是形成了以学术亲缘关系为纽带的学术关系网络。研究生个体在参与学术生活的过程中,通过正式与非正式的交流活动,不断建构对实验室的认同。而作为互动情境的实验室,也在不断形塑着新生群体,进而“复制”出一批又一批科研习惯、科研品味以及思维模式相似的个体。

总之,研究生专业社会化是在互动的过程中进行的,对研究生的培养需要不断优化场域结构,构建良性互动情境,促进学生身份的转变和专业角色的形成。具体而言有以下措施:第一,从导师的角度而言,首先,导师应发挥实验室环境建设的主导者,利用导师权威构建良性互动情境,畅通沟通渠道,创设信任、平等、共享、和谐、互助,并与学科文化同构的实验室文化;其次,创新并完善培养方式,制定一套符合不同发展阶段、不同个性学生的学术成长道路,比如导生制、组会制度、学术沙龙;此外,将“做人”和“做事”、“成人”与“成才”有效统合起来,发挥师者和优秀人员的榜样示范作用。第二,从学生角度而言,首先应积极创设具有自我标识的集体记忆,主动参与集体活动;其次对于实验室的制度安排,要从习惯上作出调适,再逐渐地融入并认同;此外,端正科研态度,明确科学研究的反复性和尝试性,培养不怕失败、能吃苦的科研品质。第三,从网络关系角度而言,首先须加强关系网络的建设,强化同门关系,拓宽同行网络关系;其次应为个体提供与同门和同行交流的机会,开阔学生视野,拓展学术思维。

Interaction: The Secret of Postgraduates' Professional Socialization

Luo Na　Zhang Zhengfeng　Zhang Bin

Abstract: As a key link in the postgraduate training process, the professional socialization of postgraduates is achieved in the interactive process. Using qualitative research methodology, a scientific laboratory was selected as the research field to explore the microscopic process of professional socialization of postgraduates. Individuals in the microscopic academic ecosystem rely on the generation of shared meaning, the acquisition of order, the mastery of the discipline paradigm, and then they are integrated into the academic network relationship with the linkage of the same supervisor, and eventually they develop into as the individual members of the academic community. The professional socialization of graduate students is not only the socialization of disciplines, but also the socialization of microscopic academic systems.

Key Words: postgraduate　professional socialization　interaction　academic system

学术工作新需求与我国博士生课程改革*

刘　怡　刘晨光**

摘　要：我国博士生就业的多元化倾向对博士生培养提出了新的要求，"以研究为导向"的博士生课程无法培养出适应当今学术工作新需求的学术职业研究人员。建议我国高校以博士生课程改革为切入点，借鉴美国的师资培训计划，从科学化、系统化构建完备的课程体系、开设教学实践课程、加快课程信息资源共享等方面对博士生课程进行调整与改革。

关键词：学术工作新需求　博士生就业　博士生课程改革

---

* 基金项目来源：2018年陕西省社会科学基金年度项目"'双一流'建设背景下我国西部研究型大学教师教学能力提升研究"（2018Q26），西北工业大学2018年学位与研究生教育研究基金项目"'双一流'建设背景下研究型大学硕士研究生师生关系的非均衡状态研究"（2018AG03）。

** 刘怡，西北工业大学管理学院博士后，西北工业大学教学研究与教师发展中心讲师，研究方向：高等教育管理、院校研究。刘晨光，西北工业大学管理学院教授，研究方向：管理决策、可持续运营管理。

一、问题提出

在1918年至1919年之交的冬季,马克斯·韦伯在慕尼黑为年轻学生做了两次演讲,在演讲中他说:"每位受到召唤、有志从事学术工作的年轻人,都必须清楚地认识到,他所肩负的重任具有双重面貌。他不仅需要具备学者的资格,同时也必须能够做一位好老师;而这两种条件并不一定全然吻合。教学这种艺术,涉及个人天赋,并且绝非与学者研究学问的能力相吻合。依照德国的传统,大学应该同时肩负研究与教学两种责任。至于一个人是否同时兼备这两种能力,完全得靠运气。"①博士生教育培养的正是将"学术作为一种志业"的年轻学者,与韦伯时代相比,在"内部逻辑和外部压力的对抗下",②现代大学早已发生了翻天覆地的变化,年轻学者应具备的"研究"与"教学"这两种能力,不能仅仅"靠运气"来获得,博士阶段的教育也要发挥相应的作用。而在博士生教育的过程中,课程学习占据着十分重要的地位。

1980年,我国正式建立学位制度,其中,博士生培养制度借鉴西方学术型博士的培养模式,着重培养博士生的研究能力。与此相应,在博士生课程的培养目标方面,着重提升博士生的研究水平,相对忽略了对教学能力、服务能力的培养。2004年,我国对《学位条例》进行了修订,但博士生培养目标没有发生太大变化,博士生课程也未进行大规模的调整与改变。在博士生的培养过程中,高校仍然注重科研能力的培养与训练。但随着我国高等教育大众化的持续发展,高校的层次分类日益清晰,不同类型、不同层次的高校对教师的要求与期待也各不相同,博士生科研导向的培养模式与包括高校在内的用人单位的多样化需求之间存在一定的不匹

① [德]马克斯·韦伯:《学术与政治》,钱永祥等译,广西师范大学出版社2010年版,第162~163页。

② [美]克拉克·克尔:《高等教育不能回避历史——21世纪的问题》,王承绪等译,浙江教育出版社2009年版,第185页。

配,很可能出现“博士生教育中,学生目标、培养目标与工作现实之间存在不一致,学术职业人才培养与学术工作现实脱节”③的情况。

课程学习作为博士生教育的重要组成部分,正是解决“学术职业人才培养与学术工作现实脱节”的“雅各的梯子”。因此,改革博士生课程,提高博士生的教学能力,不仅有利于培养出合格的“以学术为业”的年轻学者,还有助于让“高等教育机构的毕业生具备新的技能、广博的知识基础以及在一个复杂而相互依存的世界生存所需要的竞争力”。④ 本文以博士生课程为切入点,关注我国学术职业的新需求与现有的博士生课程之间的关系,在对用人单位的多样化需求和博士生课程开设现状进行分析的基础上,提出博士生课程调整与改革的建议。

二、我国博士生就业的新趋向

(一)博士生就业的学术职业倾向

统计发现,从1995年到2010年的16年间,我国博士毕业总人数达到305531人,资料中的有效数据⑤为268337人,占毕业总人数的87.8%。他们的就业情况如下(见表1):44.1%的博士选择进入高等院校工作,11.2%的博士选择进入科研院所工作,2.7%的博士选择从事博士后工作,总共有近60%的博士(155622人)在毕业后继续从事科研与教学工作。此外,5.1%的博士进入各级政府部门工作,19%的博士进入企事业单位工作,2.4%的博士选择出国深造。

---

③ Golde C M and Dore T M, *At Cross-purposes: What the Experiences of Today's Graduate Students Reveal About Doctoral Education?* A Report for The Pew Charitable Trusts. 2001, p. 5.

④ [美]阿特巴赫:《全球高等教育趋势——追踪学术革命轨迹》,姜有国译,上海交通大学2010年版,第48~49页。

⑤ 有效数据是指除去港澳台学生、外国留学生和信息缺失的数据之外剩下的数据。

表1　1995～2010年博士总体就业情况⑥

就业方向	总人数	所占比例
高等院校	118349	44.1%
科研院所	29935	11.2%
政府部门	13773	5.1%
事业单位	34582	12.9%
企业	16464	6.2%
博士后研究人员	7338	2.7%
出国人员	6820	2.5%
其他	41076	15.3%

2000～2010年，从博士就业的总体趋势来看，选择从事学术职业的依然占据绝大多数（见表2）。⑦

表2　2000～2010年博士就业情况详细信息

年份		2000	2001	2002	2003	2004	2005	2006	2007	2008	2009	2010
高等院校	人数	5154	5435	5516	6887	8945	10951	12774	11299	10346	18972	22206
	百分比	47.1	41.3	39.2	42.7	40.5	40.92	38.8	44.6	46.1	43.7	44.2
科研院所	人数	1457	2007	1475	1136	2139	2489	2823	2469	1853	4581	6431
	百分比	13.3	15.3	10.5	7.0	9.7	9.1	8.6	9.7	8.3	10.9	12.8

从选择高等院校就业的博士生比例来看，在进入21世纪以来的第一个十年中，其比例一直保持在45%左右，这说明毕业后继续从事学术职业是近半数博士生的首要选择。从绝对人数看，2000年至2007年，选择进入高校工作的博士人数逐年上升，从2000年的5154人增加为2007年的11299人，2008年总人数略有下降，其后显著上升，2010年选择进入高校工作的博士达到最高值，为22206人。从选择科研院所就业的博士生的

---

⑥　数据来源：综合国务院学位办提供的博士信息数据库以及《中国学位与研究生教育发展年度报告2010》《中国学位与研究所教育发展年度报告2011》的相关数据。

⑦　数据来源：综合国务院学位办提供的博士信息数据库以及《中国学位与研究生教育发展年度报告2010》《中国学位与研究所教育发展年度报告2011》的相关数据。

比例来看,进入21世纪以来,其比例年均保持在10%左右,2001年后出现明显的下降,其比例从2001年的15.3%降为2008年的8.3%。从绝对人数看,选择进入科研院所工作的总人数经历了多次调整,总体呈上升趋势,从2000年的1457人增加为2010年的6431人。

通过对2000年至2010年博士生就业情况的总体分析,可以看出我国博士培养的总量持续增加,就业类型日益丰富。在就业方向方面,选择高等院校、科研院所以及继续攻读博士后的博士毕业生占了绝大部分,这说明我国博士培养的主要是学术型人才,学术职业是近六成博士的首要选择。因此可以说,博士教育在事实上承担了为我国学术职业培养后备人才和生力军的主要任务,但我国现行的博士培养体系与课程教学中存在重"学"轻"术"、重科研轻教学、重论文发表轻教学实践的趋势,使大部分博士生无法通过课程学习掌握相应的教学技能与服务能力,造成了课程学习过程与学术工作需求脱节的问题。

(二)学术工作的新需求

美国学者欧内斯特·博耶在他1990年出版的《学术水平的反思》中提出,学术水平包括"发现的(discovery)、整合的(integration)、应用的(application)、教学的(teaching)"水平,这种界定已经在世界范围内获得广泛认可。随着我国高校规模的扩招以及高等教育从外延式发展逐步转变为内涵式发展,学术水平的内涵也日益丰富,由之前注重"发现的学术"拓展为更为全面的"博耶式"的学术,将"整合的学术""应用的学术""教学的学术"都包含在内。但与此同时,在我国博士培养过程中,高校依然重视博士生科研能力的培养,课程学习中仍然强调研究能力的训练,相对忽略了对"整合的学术""应用的学术""教学的学术"的培养与训练,这种培养模式难以适应博士生就业多元化的需求。具体而言,我国大多数有志于从事学术职业的博士生,均是根据研究型大学的培养要求和学术规范完成其社会化进程,课程目标以培养博士生的科研能力为主,授课方式注重探究式与启发式的学习,课程的知识面不够宽广,课程内容的丰富性有待提升。但这些博士毕业后将去往不同类型、不同层次的高校工作,其中,大部分高校是应用型和教学型大学,他们在博士生课程中学习的知识和技能，难以达到上述高校对新教师的期望。

首先，高校希望新入职教师在具备一定科研能力的基础上，掌握基本的教学方法与授课技能，能够在入职后尽快承担起为本科生授课的工作任务。值得一提的是，教师教学能力的提升既需要教师本人对教学理论与教学实践进行反思与体悟，更需要教师在入职前有针对性地学习与教学相关的课程与理论。随着大学教师入职门槛从硕士向博士的改变，没有教学经历、从课堂直接走上讲台的教师人数不断增加，这要求高校加强博士生教师教育课程的学习与教学技能的培养，以使其掌握一定的教学能力，在毕业后顺利地走上讲台。再加上社会各方对本科教学质量的关注以及高校教育理念从“以教师为中心”转变为“以学生为中心”，教学型大学和应用型大学对新入职教师的教学能力提出了更高的要求，这使改革博士生课程、提升博士生教学能力的需求更加迫切。

其次，高校希望新入职教师具有从事交叉学科与跨学科研究的协作、沟通能力。

进入 21 世纪以来，知识更新的速度更加迅速，知识发展的分化与综合趋势愈加明显，高校内部不同学科的知识领域之间综合与交叉的趋势日益显现，这要求新入职教师能够在沟通、协调的基础上，尽快适应相关的交叉学科或跨学科研究，与不同学科领域的教师共同协作、形成共识，推动学科的发展与进步。但新入职教师在博士学习阶段，其课程学习主要聚焦于本专业的学习，很少涉猎跨学科的综合性课程，这不利于培养他们的跨学科研究能力。

最后，高校希望新入职教师能力所能及地为所在学院和学校提供服务，服务的职责包括教师对所在学院、大学和社会的责任。服务的主要形式包括参与学校组织的公益活动、为本科生做班主任或辅导员、指导本科生毕业论文或毕业设计等。这主要是因为新入职教师通常被视为可以对学校和社会做出贡献的人，但上述教师在博士阶段的学习过程中，很少接触与社会服务、公共责任相关的课程，他们对如何服务学院与学校、如何地履行服务职责知之甚少，难以达到所在高校和学院的期望。

由此可见，处于发展之中的学术职业对其从业人员的要求与期待也在悄然发生改变。

因此,为学术职业培养后备人才和生力军的博士生教育也应随之做出相应的改变与调整。而在博士生教育系统中,当前最迫切的是对单一的以提升科研能力为导向的博士生课程进行改革,有针对性地培养博士生的教学能力、跨学科研究能力与服务能力。因为学术职业的持续健康发展既需要高校从博士生群体中吸纳优秀人才,更需要这些"准"学术研究人员掌握教学、研究、服务等多重能力,更好地承担起学术职业所赋予的责任。

三、国际比较经验:美国未来师资培训计划

20 世纪 90 年代初期,美国大学同样面临着和今天中国大学类似的学术职业代际转换的压力以及博士生培养过程与现实需求脱节的问题。为解决上述问题,美国在 1993 年至 2002 年,分四个阶段实施了"未来师资培训计划"(Preparing Future Faculty),旨在让那些有志于进入学术职业的博士生为全面的学术工作做准备。"未来师资培训计划"由教会慈善托管会(The Pew Charitable Trusts)、国家科学基金会(The National Science Foundation)和大西洋慈善基金会(The Atlantic Philanthropies)共同资助,由美国学院与大学联合会(AAUP)和研究生协会(CGS)共同实施。从中可找到有利于我国博士生课程改革的有益借鉴。

在"未来师资培训计划"的实施过程中,高校在重视博士生科研能力的培养与训练的同时,更关注如何将博士生培养成为"准"学术职业人员,帮助博士生为全面承担高校教师的职责做准备,并且将上述理念转化为"未来师资培训计划"的各种项目,即通过开设教学理论课程、组织教学实践、提供实习等途径,落实未来大学教师的培养工作。随着"未来师资培训计划"的持续进行,美国政府、社会、高校、学术研究人员普遍认识到传统博士培养模式的局限性:其一,传统模式培养的博士通常缺少教学理论的学习与教学实践的体验,通常需要一段时间的历练才可以胜任教学工

作;其二,传统模式培养出来的博士通常难以胜任如虚拟大学、企业大学等非传统的学术工作。“未来师资培训计划”在一定程度上缓解了美国学术职业人才培养过程与现实需求的矛盾,其课程开设极具特色,主要体现在以下三个方面:

首先,将主题课程作为吸引博士生参与、融入“未来师资培训计划”的重要载体。大部分未来师资培训计划的项目一开始都是作为传统博士生课程学习的“附加产品”而呈现的。在项目实施初期,鼓励博士生选择感兴趣的课程、参加相关研讨、体验教学实践。因此,虽然“未来师资培训计划”的主题课程并没有直接帮助博士生获得博士学位,但形式多样的主题课程依然受到博士生的欢迎。

其次,在“未来师资培训计划”的实施过程中,学校和学院分工协作、默契配合,有计划、有步骤地开展各类博士生课程。一方面,学校积极开设跨学科、跨院系课程、教学理论课程、教师教育课程,举办学术职业发展讲座、教学名师讲坛,帮助博士生全面了解学术职业的现状与要求,同时为博士生本人总结其在教学、科研和服务等方面的能力与特长提供各种资源支持。另一方面,学院通过开设与专业相关的教学课程、提供持续的教学技能指导、邀请本专业的老师和已毕业的博士分享其从事学术职业的体会与感悟,帮助博士生了解教学实践的现状、确立学术职业发展的目标、树立从事学术职业的信心。

最后,“未来师资培训计划”的项目主办方会为参与该项目的每位博士生都配备一位专门的教学导师,由教学导师来为博士生提供全面的课程学习引导与生活实践指导。教学导师是博士生求学生涯中的“引路人”,他不仅可以在教育教学、课程学习、社会服务等方面给予博士生一对一的指导,而且可以通过自身的学术经历与教学实践,帮助博士生了解学术职业发展的情况,坚定从事学术研究的信心。调查显示,在培养博士生的教学能力方面,与学习教学视频、进行微课录像等技术支持手段相比,与教学导师建立的良好互动关系以及获得来自教学导师的及时指导,更有助于促进博士生的全面发展。

综上所述,美国“未来师资培训计划”的主要特点有:将满足博士生的兴趣和需要作为课程设置的最高原则,将为博士生提供系统的学术职业入职前指导作为课程安排的主要内容,将团队协作能力、跨学科研究能力、组织能力作为课程实施的培养目标,将校际间的合作作为课程开展的主要方式。[⑧] 使博士生在参与该计划的过程中,全面掌握和理解课程教学、科学研究和社会服务的实质与内涵,为顺利成为"准"学术职业研究人员做好准备。

四、我国博士生课程的现状与改革建议

(一)我国博士生课程的开设现状

总体而言,目前我国博士生课程的开设现状不尽如人意:在课程设置方面,注重整齐划一的课程安排与课程计划,很少因人而异地制定富有个性特色的课程计划;在课程内容方面,注重专业课程的理论学习,相对忽略了对交叉学科与跨学科综合性课程的学习;在课程体验方面,注重知识学习,缺少实践体验。具体而言,目前我国博士生课程主要存在以下问题:

首先,课程设置聚焦于专业理论学习,缺少教学技能课程和教学实践课程。目前我国博士生的课程体系中,"重学轻术"的倾向非常明显,高校普遍重视对博士生科研能力的训练以及对专业知识的课程学习,教学技能和教学实践类课程开设偏少。但这不符合学术工作的发展趋势的要求。如前所述,我国有近60%的博士在毕业后继续从事科研与教学工作,因此,在课程设置方面,针对即将成为新入职教师的教学类课程有着广阔的适应性。正如美国"未来师资培训计划"的指导思想所言:"学生们的兴趣应该成为指导课程设置的最重要参考因素,因为课程是为他们的职业选择做准备的。"[⑨]既然我国近六成的博士生选择成为一名学术研究人

---

⑧ Jerry G. Gaff, et al., *Building the Faculty We Need-Colleges and Universities Working Together*. Washington DC, Association of American Colleges and Universities, 2000, pp. 70 – 73.

⑨ Jerry G. Gaff, et al., *Building the Faculty We Need-Colleges and Universities Working Together*. Washington DC, Association of American Colleges and Universities, 2000, p. 69.

员,那么,“学者”和“教师”这两种身份所要求的能力与技能,都应在博士生课程中有所学习。特别是随着我国高等教育大众化的持续发展以及高校数量的增加,绝大多数的博士生毕业后将进入应用型和教学型大学工作,在这些非研究型大学中,对新入职的老师而言,“教师”的身份比“学者”的身份更为“显著”,他们对教学技能、教学方法等课程学习的需求也更为迫切。

其次,课程内容过于陈旧,前沿性课程和交叉学科课程偏少,无法体现学科发展的最新趋势和学科交叉的发展趋势。正如马克斯·韦伯所言,“以适当方式呈现学术问题,而使一个未曾学而能学的心灵,对这些问题有所了解,这在我们看来是唯一重要的——对这些问题作独立的思考,或许是教育使命里最艰巨的一项工作”。⑩ 课程学习既是以恰当方式呈现学术问题的重要载体,也是培养博士生教学、科研与服务能力的重要途径。特别是随着知识的不断发展,各种边缘学科和前沿学科不断涌现,仅学习本专业的课程无法培养出具有独立思考精神与教学研究能力的博士,因此,改革课程内容,增设前沿课程和交叉课程迫在眉睫。

最后,课程资源共享的机会偏小,缺乏合作课程。面对着学科评估与学科竞争的压力,我国各大学和学院之间开展了激烈的竞争,同类课程基本处于“隔绝”状态,很少在课程资料与课程学习方面进行交流,课程资源共享的机会很小,鲜有校际合作课程。美国“未来师资培训计划”成功的经验之一是发现了校际合作课程不仅可行,而且拥有着广阔的市场。综合性大学、四年制大学、文理学院、社区学院等不同类型与层次的高等教育机构,可以突破以前各自为政的状态,相互交流,协作开展校际合作课程、组建合作学习小组,对有志于从事学术职业的博士生进行有针对性的培训。从实施效果来看,博士生非常享受被作为一名“准”学术职业人员来对待,他们通过校际合作课程与相关高校建立起了非常紧密的关系。

(二)我国博士生课程改革的建议

博士教育是培养拔尖创新人才的重要途径,博士培养质量对国家科

---

⑩ [德]马克斯·韦伯:《学术与政治》,钱永祥等译,广西师范大学出版社2010年版,第163页。

学发展和科技进步起着至关重要的作用。博士生课程则是博士教育过程中的关键环节,为提高博士培养质量,同时适应学术工作的新需求、新变化,高校应加强博士生课程体系建设,改革陈旧的课程内容与课程体系,努力打破课程开设方面的学科与校际壁垒。根据我国学术工作的新需求以及博士生就业的新趋势,结合博士生课程开设的现状,建议从以下几个方面对博士生课程进行改革与调整。

其一,根据现实需要,构建完备的博士生课程体系。在课程培养目标方面,将博士生作为未来优秀的师资和研究者来看待;在课程教学方式方面,加快国际化课程的开设力度,提升博士生的国际化水平,使"准"学术研究人员有一个更全面的知识基础和更开阔的眼界;在课程交流方面,加强校际合作、院系合作课程的开设,实施校际课程的学分互认;在培养方案制定方面,高校研究生教育主管部门应充分考虑本校博士的现实状况与就业期待,突出不同学科门类课程设置的特点,甚至可以根据博士生就业的实际需求,构建"个性化"的课程方案。例如,让那些有志于从事学术职业的博士生在学习研究类课程的同时,接受提升教学能力的训练,学习教学技能、教学方法等课程。

其二,积极开设教学实践课程,鼓励博士生通过实践课程的学习提升教学能力。实践是检验真理的唯一标准,教学实践课程的学习不仅有助于博士生形成对教学的全面认识,而且有助于博士生将所学的理论知识与实践需要结合,更好地利用理论指导实践,同时根据实践的反馈加深对理论知识的理解。建议将教学实践课程作为我国高校博士课程改革的战略性举措,从著名师范类研究型大学或拥有大量国家级教学名师的高校开始试点,在总结教学实践课程试点经验的基础上,分阶段、有步骤地推广实施。

其三,加强课程信息资源共享,提升课程资源使用的效率和实际效益。课程资源是课程内容的主要来源,为课程的顺利实施提供各种条件保障,对课程品质及实施效果产生直接的影响。加快课程信息资源共享,不仅有助于丰富课程建设,而且可以有效改善我国高校博士教育中"课程孤岛"的现状。与本科生和硕士生的招生数量相比,高校博士生的培养规模普遍偏小，依靠单一的高校资源难以开设兼具系统性与丰富性的博士生课程。因此，同一个专业在同区域内拥有多个博士授予权的高校可以进行博士课程共享的尝试，由区域内的多个高校共同建设一门课程，在师资、教材、实践环节、课程交流等方面进行资源共享，以提高课程资源的使用效率，丰富博士生课程体系。

New Demands for Academic Work and the Reform of Doctoral Curriculum in China

Liu Yi　Liu Chenguang

Abstract: The diversified trend of doctors' employment in China puts forward new requirements for the cultivation of doctoral students. The current "research-oriented" doctoral curriculum cannot cultivate well-rounded academic researchers who are capable enough to meet the new demands of today's academic work. It is suggested that Chinese universities should carry out the reform of doctoral curriculum as the starting point, and use the teacher training programs of the United States as the reference, and adjust the curriculum of Chinese doctoral students from three aspects, including scientific and systematic construction of a complete course system, practical teaching practice program, and the acceleration of the sharing of course information resources.

Key Words: new demands for academic work　doctors' employment　reform of doctoral curriculum

研究生学习性投入及其影响因素分析

——基于美、英、澳、中四国比较

李　丰*

摘　要：近年来，伴随着研究生教育规模的迅速扩大，研究生教育质量令人担忧。受社会对于高层次人才标准严苛要求的影响，依靠外延扩张路径发展的研究生教育陷入无以为继的困境之中。为此，构建以学生为中心的培养模式来引导高校研究生教育改革，从而进一步提升教育的质量已成为各国研究生教育发展的趋势。美国、英国、澳大利亚等发达国家构建了一套以研究生自评为模式的质量评估体系，为研究生教育质量改革提供了数据参考，数据分析结果被广泛应用于研究生教育的改革中，对改善研究生教育质量问题起到了一定的积极作用。本文通过美、英、澳、中四国学习性投入问卷比较分析，总结研究生学习性投入的核心影响因素，力图为我国研究生教育质量的研究提供些许参考和借鉴。

关键词：研究生教育　学习性投入　教育质量

---

* 李丰，华东师范大学高等教育研究所 2018 级博士研究生，研究方向：高等教育管理。

一、引言

我国研究生教育制度自1978年恢复以来,在本世纪初期研究生教育迎来了发展的高峰期。然而,研究生人数持续增加却导致研究生教育的质量备受质疑,为此近些年我国研究生教育致力于质量提升和内涵发展,学者们围绕着研究生教育如何培养高质量的人才展开了一系列研究,从研究生教育的本质属性的思考到人才培养模式的探寻,再到研究生教育质量文化的构建,无不彰显出研究生教育学界对于高质量、高水平、高层次研究生教育的追求。21世纪初期,我国效仿美国、澳大利亚以及英国等国家研究生教育改革的手段,开始关注研究生的学习性投入情况,重视研究生在人才培养环节的主体地位。以清华大学为首的部分高校牵头引入国外的问卷量表,并在国内选取部分院校作为试点组织了一定规模的调研。即使如此,我国研究生教育存在的问题依然层出不穷,这也迫使我们不得不思考研究生教育应该如何培养高质量的人才以缓解质量危机?引入国外研究方法是否具有实践上的指导意义?国外量表的指标体系是否能作为我们获取研究生学习性投入的数据来源?围绕以上这些问题,本文基于美国、英国、澳大利亚以及中国的研究生学习性投入问卷比较分析,试图总结影响研究生学习性投入的因素,希望能够为本土化的量表设计提供参考。

二、学习性投入调查的缘起与发展

(一)学习性投入调查的缘起

一方面,20世纪90年代,受全球化进程加快的影响,在全世界范围内引发了高等教育市场的争夺战,各国为了在全球化进程中争取有利地位,力争在国际教育市场上获得更多的“份额”,纷纷推行高等教育国际化发展战略。另一方面,高等教育大众化时代的到来加速了高等教育规模的不断扩张,伴随而来的是公众对高等教育质量的诘问。以美国高等教育为例,20 世纪末也出现了前所未有的质量危机,尤其是本科教育质量呈现出明显下滑的趋势。面对这一问题,凭借传统教育质量评价方式来缓解本科教育危机的效果似乎不太理想。有学者就指出,传统教育质量测量方法主要在学校的资源和声誉基础上进行的,侧重评价学校的资源、师资力量、科研成果等指标,忽略了对于学生在校学习投入程度和学习质量的考察。①

1998 年 2 月,皮尤慈善信托基金(Pew Charitable Trusts)负责出资,全美高等教育管理系统中心(National Center for Higher Education Management Systems)负责召集高等教育领域的专家学者来探索本科教育质量评价的新模式。经过专家们全面而又深入的讨论,最后确定开展一项本科教育质量的调查,希望能够获取真正可以反映教育质量信息的数据。在皮尤慈善信托基金的资助下,全美高等教育管理系统中心组织了大量的人力,制定了针对于本科教育质量测量的问卷"大学生经验问卷"(CSEQ)和"全美大学生学习性投入调查"(NSSE)。问卷考察的视角集中于学生在校学习投入程度和学习质量两大方面。随着 NSSE 项目的开展,围绕着不同类型院校也相继开发出来不同的问卷,具有代表性的有"研究型大学本科生学习经历调查"(SERU)、"大学生学习投入量表"(UWES-S)等。NSSE 项目为美国高校本科教育改革提供了丰富的数据资料,人才培养内部存在的问题也相继"浮出水面"。随后 NSSE 作为评价教育质量的一种工具被世界其他国家所引入。我国于 2009 年由清华大学牵头引入美国的 NSSE 项目,原始问卷被做了相应的汉化处理,部分题项也被修正和改编,最终形成了"大学生学习性投入—汉化版"(NSSE-China)问卷。

(二)学习性投入调查的发展

20 世纪 80 年代初期,英国政府出台了《以学生为高等教育系统的核

① Pascarella E T, Identifying Excellence in Undergraduate Education: Are We Even Close? *Change*, 33, 2001, pp. 18 - 23.

心》(Students at the Heart of the System),率先以教育消费者的视角重新定位学生的角色,并倡导学校更多地关注学生的需求。② 不过这一倡议并未立即付诸实践,反而被其他国家"捷足先登"。1987 年 12 月,澳大利亚政府发布名为《高等教育:一份政策讨论书》的绿皮书,建议引用市场手段对高等教育进行改革。1988 年 7 月,联邦政府又发布了名为《高等教育政策陈述》的白皮书,明确了高等教育改革的方向和目标,提出高等教育的改革目标为及时回应社会对于高等教育的需求。紧接着在 1999 年澳大利亚教育委员会便在全国范围内发起了一项针对于研究生在校期间科研情况的调查即澳大利亚"研究生学习投入调查"(PSEQ),目的是收集研究生个人对于院校培养的评价数据,以判断研究生教育人才培养过程中总预期与实际效果之间的差距,这些数据在很大程度上为教育改革提供了支持。③ 随着研究的不断深入,研究生人才培养环节存在的问题也在研究生群体的"评价"中逐渐暴露出来。研究生作为"消费者",开始提出对于教育产品"体验情况"的评价诉求。而澳大利亚教育委员会发起的调查既迎合了质量改革的需要,也满足了研究生作为"消费者"的心理需求。基于实证调研而来的问卷数据被应用至研究生教育改革之中,并取得了一定的成效。学生在学体验也开始受到重视,基于研究生个体评价的调查逐渐流行起来。在英国学者的推动之下,英国高等教育研究院于 2005 年也开展了以学生为中心的在学体验的调查。其中最具代表性的当属英国"研究生科研体验调查"(PRES)和"研究生课程体验调查"(PTES)。问卷主要结合了本国研究生教育发展的实际情况,部分题项和指标也做了相应修正,以牛津大学作为试点院校展开调查。④ 我国关于研究生学习投入的研究起步较晚,2009 年,中国研究生院院长联席会发布了"全国研

---

② Office T S, Higher Education: Students at the Heart of the System, *Stationery Office*, 2011, p. 7.

③ Daniel, E. &C. Hamish, *Postgraduate Research Experience* 2009: *the Report of Postgraduate Research Questionnaire*, Melbourne: Graduate Careers Australia Ltd., 2010, p. 8.

④ Trigwell, K. &H. Dunbar-Goddet, *The Research Experience of Postgraduate Research Students at the University of Oxford*, *Oxford*: *Institute for the Advancement of University Learning*, University of Oxford, 2005, p. 65.

究生学习体验调查问卷”（NSGE），标志着我国开始关注研究生对教育服务的评价。除此之外，还有美国“在读研究生调查问卷”（EGSS）也是比较具有代表性的问卷。

三、学习性投入的理论基础

学习性投入调查最初是在本科教育展开的，问卷的设计其实融合了国外多位专家和学者的教育理念和思想。其中包括泰勒（Tyler）的“任务时间理论”、佩斯（Pace）的“努力质量理论”、阿斯汀（Astin）的“学生参与理论”、齐克林和甘姆森（Chikering&Gamson）的“本科教育七原则”、帕斯卡雷拉（Pascarella）的“变化评定模型”、汀托（Tinto）的“社会与学术整合”以及建构主义学习理论等，这些都是学习性投入问卷的理论来源。本文将学习性投入的理论基础做如下梳理，见表1。

表1 “学习性投入”相关理论及内容

相关理论	理论相关内容
泰勒“任务时间理论”	泰勒研究学生对于学业活动的投入是否对学业成就产生影响，研究表明：学生的学业成就同学习投入之间成正比关系，学习投入越多，取得的学业成就也就越大⑤
佩斯“努力质量理论”	佩斯研究认为学生学业的成功不仅取决于学习投入的时间量，还受学习环境的影响，教育投入与教育收获之间成正比的关系，学生对于教育活动的投入越多，对应的教育收获就会越多。教育活动除基本的学习活动外，学生与老师之间的互动、学生与学生之间的互动以及学生参与学校各项活动的程度都对学生的学习投入有显著影响⑥

⑤ Alexander C. McCormick, Jillian Kinzie, and Robert M. Gonyea, Student Engagement: Bridging Research and Practice to Improve the Quality of Undergraduate Education, *The Theory and Research*, 2013, pp. 49 – 60.

⑥ Moffit, T. E., Adolescence-limited And Life-course-persistent Antisocial Behaviour: A developmental taxonomy, *Psychological Review*, 4, 2009, pp. 675 – 700.

续表

相关理论	理论相关内容
阿斯汀"学生参与理论"	"学生参与理论"即是"输入—环境—输出"(IEO 模型),强调学生在学习过程中的参与程度。课外与教职员工、同学的互动也被视为除学习之外,影响其学习效果的因素之一。阿斯汀通过实证研究证明了学生学习效果同学业活动的投入数量、质量之间成正向相关关系⑦
齐克林和甘姆森"本科教育七原则"	"本科教育七原则"包括鼓励生师互动、鼓励生生合作、鼓励学生自主学习、教师给予学生的反馈、强调学术学习任务的时间性、对学生抱有较高的期望、尊重差异⑧
帕斯卡雷拉"变化评定模型"	"学生变化评定模型"认为影响教育质量的关键在于学生在学习中的参与程度。教育结果受多方面因素影响,其中学生的背景,生师、生生互动的程度,学生努力的程度直接影响学生的发展,而学校的组织结构、环境等其他因素则间接影响学生的学习效果⑨
汀托"社会与学术整合理论"	学生在校期间要注重"转型",一方面是学生遵循学校组织要求的学术规范、学术价值观以及与之相匹配的行为规范的学术整合转型;另一方面是学生与校园环境的融合度的社会整合转型⑩
建构主义学习理论	建构主义融合了社会学、教育学以及政治学等观点和理论知识,强调"以学生为中心"的教育理念,重视培养学生在学习过程中的积极性、主动性和建构性。当代建构主义理论主要包括建构主义知识观、建构主义学生观以及建构主义教师观三个方面⑪

⑦ Alexander W. Astin, *Achieving Educational Excellence*, San Franciso: Jossey-Bass, 1985, pp. 135 – 138.

⑧ Offord, D. R. and Bennett, K, Conduct disorder: Long-term outcomes and intervention effectiveness, *Journal of the American Academy of Child Adolescent Psychiatry*, 8, 2003, pp. 70 – 77.

⑨ Pascarella, E. T., Tenrenzini. P. T, *How College Affects Students*, San Francisico, CA: Jossey Bass, 2005, pp. 120 – 135.

⑩ Rumberge, R. W, Dropping out of middle school: A multi-level analysis of students and schools, *American Educational Research Journal*, 3, 2005, pp. 585 – 600.

⑪ 高文、徐斌艳、吴刚主编:《建构主义教育研究》,教育科学出版社 2008 年版,第 5 ~ 10 页。

学习性投入是一个测量学生个体在自己学业与有效教育活动中所投入的时间和精力,以及学生如何看待学校对其学习支持程度的概念,它不单是学生自身的学习行为,还强调外在环境对其学习效果的影响。因此,学习性投入的理论也会涉及学生学习之外的其他方面,包括导师、师资力量、校园环境、资源、社会支持等。通过较为系统的理论梳理,可以看出,学习性投入是基于"以学生为中心"的教育理念而来的,由理念发展为理论,不仅要建构学理层次的知识体系,也需要借助大量的实践来验证理论的可指导性。从梳理中,笔者发现不同理论之间也有一些共同的关注点。

第一,关注学习动机。阿斯汀的"学生参与理论"和齐克林和甘姆森的"本科教育七原则"中都提到了学生发挥主动自觉性才能真正取得学习性投入效果。虽然表述方式有所不同,但是都强调了学生参与其中的重要性,同样也都重点关注了学生的学习动机,认为不同的学习动机会引发不同的学习行为。不过,学习动机因学生个体而异,不同的个体行为,其学习动机方面也存在差异。

第二,关注学习环境。在汀托的"社会与学术整合理论"中强调了学习环境对学生在校期间"转型"的重要性。"学生参与理论"强调了学生个体对于学习环境的利用在其学习和发展过程中发挥的重要作用。帕斯卡雷拉的"变化评定模型"中也提到了学校的环境会间接影响学生的学习结果。三大理论都阐释了学习环境对于学习投入的影响,认为学校提供的软件、硬件支持以及良好的学习环境都可以激发学生的学习热情,为学生追求学术自由,取得优异的成绩提供便利。

第三,关注学习投入。佩斯将研究的重点集中在学生对于学习投入的时间量和学习质量这两大方面,对此他提出了努力质量理论;阿斯汀提出的"学生参与理论"也强调学生学习效果同学业活动的投入数量、质量密切相关。学习投入是首要条件,不过他们都认为投入也有"质"的要求,高质量的学习投入才能保证取得良好的学业成绩。

四、研究生学习性投入调查问卷比较

研究生的学习性投入是一个多维性的复杂概念，涉及研究生、导师、培养单位等不同利益主体，多元而又复杂的利益主体也意味着研究生的学习性投入调查可以从不同的视角切入，既可以从研究生自身的学习入手，也可以从导师指导、培养单位制定的规章制度考察。目前存在针对不同类型的院校和不同专业的研究生而设计的学习性投入问卷。本文试图通过问卷核心指标的对比，梳理出研究生学习投入的核心维度，为相关研究制定更加科学与合理的问卷指标体系提供参考。

（一）研究生学习性投入问卷范围与类型比较

从问卷题项来看，澳、英、美、中四个国家的问卷题项与澳大利亚最原始的问卷相比，都做了不同程度的更改，反映出不同国家对于研究生学习性投入考察的侧重点也存在差别。从调研开展的范围来看，澳大利亚和英国的研究生学习性投入调查都是面向全国研究生群体。不同之处是澳大利亚的调研是政府强制要求高校参与的，英国则是在院校自愿参与的前提下进行的。美国和中国的学习投入调查则是在国内部分院校范围内开展的。从问卷类型来看，澳大利亚研究生学习投入调查侧重于研究生的课程。英国从本国人才培养的实际情况出发，制定了分别针对于研究型硕士和授课型硕士的两种问卷。中美两国的相关问卷既包含课程类型的研究生又有科研类型的研究生，涵盖范围更加广泛。四国研究生学习性投入问卷的共性和差异具体梳理如表2所示。

表2　澳、英、美、中四国研究生学习性投入问卷类型比较

国家	调查范围	问卷名称	类型			调查对象
			科研	课程	综合	
澳大利亚	全国范围	研究生学习投入调查(PSEQ)		√		在读研究生
英国	全国范围	研究生科研体验调查(PRES)	√			学术型研究生
英国	全国范围	研究生课程体验调查(PTES)		√		课程研究生
美国	院校层面	在读研究生调查(EGSS)			√	在读研究生
中国	院校层面	全国研究生学习体验调查问卷(NSGE)			√	在读研究生

(二)研究生学习性投入调查关注的指标比较

研究生的学习性投入不单是个体的一种主观行为,在很大程度上也要依赖导师、培养单位、社会其他利益主体等提供的支持。从澳、英、美、中四国的问卷也能看出,导师、学习环境、课堂教学等都是研究生学习性投入问卷的关键指标。不同国家的问卷虽然具体题项存在差别,但是大的维度和指标项也不乏存在共性。具体梳理见表3。

表3　澳、英、美、中四国研究生学习投入问卷指标比较

维度	指标题项	涉及问卷
导师指导	导师在研究生的学习阶段提供了有用的建议和指导	英PTES
	导师提供及时有效地反馈指导研究生科研	英PRES
	导师专业水平高,能够为研究生提供相应的指导	英PRES、PTES
	导师对研究生职业选择提供建议和意见	美EGSS、中NSGE

续表

维度	指标题项	涉及问卷
课堂教学	教师教学方式、教学技能、教学水平等	澳 PSEQ、英 PTES
	师生互动、教学反馈等	澳 PSEQ、英 PTES、中 NSGE
	研究生在课内外对于学习的参与程度	澳 PSEQ
研究环境	研究氛围(尊重学生主体地位、鼓励交流、建设学术共同体等)	英 PRES、美 EGSS、中 NSGE
	研究设施与资源(学习场地、学习设备、图书资源、研究资助等)	澳 PSEQ、美 EGSS、英 PRES、PTES
研究技能与专业发展	一般技能(沟通、写作、解决问题、团队合作等)	澳 PSEQ、美 EGSS、英 PRES、PTES
	研究能力(创新、科研、论文发表等)	澳 PSEQ、美 EGSS、英 PRES、PTES、中 NSGE
论文答辩	学位论文答辩相关程序及标准的认知与评价	英 PRES、PTES
总体满意度	研究生就读期间总体满意度(培养方式、导师指导、校园资源和环境等)	澳 PSEQ、美 EGSS、英 PRES、PTES、中 NSGE

注:(1)本表格参考了中国学位与研究生教育学会 2015 年重点课题“基于学生问卷调查的农林高校研究生课程质量评价机制研究”的项目成果。(2)根据四国相关调查问卷做了系统的梳理和统计。

五、研究生学习性投入调查问卷指标体系评价

纵观四国研究生学习投入问卷维度设计可以发现,澳、英、美三国的问卷指标体系和具体题项具有一定的相似性。不过具体至问卷的题项,仍然存在很大的差别。澳、英、美三国问卷主要维度包括导师指导、课堂教学、研究环境、研究技能与专业发展、论文答辩以及总体满意度六个维度。从具体题项上来看,如在研究技能与专业发展维度,英国 PRES/PPTES 设置的相关题项是“就学期间,科研经历使我形成了新的思维方式”“就学期间,我的沟通能力得到了发展”“就学期间,我规划职业生涯

的意识提高了"。澳大利亚 PSEQ 设置的相关题项则是"就读期间,你的科研经历使你有信心解决不熟悉的问题""就读期间,你能够将自己的观点和陈述用文字表达出来"。表面来看,澳、英两国研究生学习投入问卷都涉及研究技能与专业发展这一维度,但是从题项的设置来看,两国调查的侧重点并不一样。英国关注的焦点在于研究生的思维方式、学习意识是否得到改变,澳大利亚关注的则是研究生就读期间学习产出的能力是否提升。虽然英国最初的问卷源自澳大利亚"研究生学习投入问卷",但是经过多年的实践,英国基于本国研究生培养的模式和发展理念,针对不同培养类型的研究生群体,制定了独具特色的 PRES/PTES 问卷。2013 年,问卷在原有基础上新增了"研究技能""职业发展"两个维度。⑫

我国研究生学习投入问卷维度包括学习动机、学习态度、学习环境、学习投入、学习收获以及总体体验六个方面。同其他三国问卷相比,我国研究生学习投入问卷在学习环境、学习收获以及总体体验三个指标同国外问卷中的研究环境、研究技能与专业发展、总体满意度之间存在相似性。具体梳理见表 4。

表 4　国内外"学习性投入维度"比较

国外学习投入问卷主要维度	主题	国内学习投入问卷主要维度
技能与专业发展	研究生个体投入	学习动机
论文答辩		学习态度
		学习投入
导师指导	与导师互动	学习氛围
课程教学		
环境与资源	校园环境	学习环境
总体满意度	研究生总体满意度	总体体验

(一)关于研究生个体学习投入

在国内学习性投入问卷(NSGE 问卷)的六个维度中,学习动机作为

⑫ 袁本涛、王传毅、赵琳:《解码研究生科研体验调查:基于澳、英的比较分析》,载《现代大学教育》2015 年第 3 期。

问卷的第一维度，具体通过“减轻经济负担”“获得尊重”“提升学术素养”“增强职业竞争力”“满足专业兴趣”五个题项来考察。第二个维度是学习态度，NSGE问卷通过“应付各门课程的学习任务”“积极参与课题讨论”“在学习上投入时间和精力”“主动和同学老师讨论问题”四个题项来考察研究生的学习态度。对于被试者——研究生群体而言，问卷所设置的题项是为了调查研究生在学习、培养、科研等方面的情况，既然是面向研究生群体，他们同本科生之间理应存在一定的区分。然而，单从学习动机和学习态度这两个维度以及维度之下具体的题项来看，本科生与研究生似乎都能作为被试者，两种不同层次的教育之间差别并未得到体现。

澳、英、美三国问卷中的第一维度均是导师指导，可以看出这一题项的设置在三个国家是可以达成共识的。相比之下，我国NSGE问卷中对于导师指导维度的设计存在明显的缺失，少有题项考察导师在研究生学习性投入中发挥的作用。另外，澳、英、美三国的问卷中还考察课堂教学和论文答辩等具体培养环节的学习性投入情况，单列有以课堂教学和论文答辩为一级指标的题项，这两个题项在我国NSGE问卷中也未得到体现。

(二)关于师生互动

NSGE问卷的第四、五维度分别是学习投入与学习收获。从题项具体内容看，第四维度考察的是研究生个人学习投入的时间和精力的情况，第五维度考察的是投入的产出情况。问卷中关于学习投入涉及“参与学术活动”“参与课题”“参与实践活动”等，关于学习收获涉及“书面表达能力提高”“理解能力提高”“合作能力提高”。无论是学习投入还是学习收获完全没有体现出与研究生学习生活相关的具体内容。由于研究生的培养模式区别于其他层次教育的培养模式，研究生的学习性投入活动同教师、校园环境等联系都更为密切，研究生学习性投入的影响因素涉及教师、校园环境、师资力量、人际关系等指标。研究生的学习收获除了基本的沟通、写作、团队协作能力等一般技能发展之外，还应该包括创新能力、钻研能力、科研创作能力等科研能力，这也是衡量一个研究生学习收获的重要标准。国外问卷通常将此类题项归在技能与专业发展的维度。

(三)关于校园环境

NSGE问卷中的第三个维度是学习环境或学习氛围,题项具体内容主要包括“学业考核办法”“学校提供的学习资源”“教师的教学方法”“科研机会”等方面。从题项的设计来看,NSEG问卷主要目的可能是为了调查研究生就读期间对于学校提供的硬件资源的满意度,考察的多是院校提供的硬件资源。而校园文化、教育理念、学术共同体等方面也属于校园环境的一部分,但是在问卷中并未涉及对于这些方面的考察。相比之下,国外问卷中关于校园环境涉及的面就比较宽泛,既包括如科学研究所需的设备、图书、实验器材、经费等物质资源环境,也有课题、信息、文化等非物质资源环境的题项。

(四)关于总体体验

四国学习性投入的问卷最后都涉及对研究生总体体验的调查,NSGE问卷设置了三个题项,分别是“我对自己的学习状况和收获感到满意”“我对导师的学术指导感到满意”“今后会利用一切机会向朋友推荐母校”。而国外相关问卷的题项不仅包括对教师教学、师资力量、校园环境、人际关系、自我发展等校园内部的满意度调查,还包括教育政策、经费、社会第三方支持度等外部条件方面的满意度调查。较国外问卷的总体体验题项而言,NSGE问卷在总体体验这一项似乎有些笼统,并未考察与研究生的学习性投入相关的导师指导、教学、校园环境、人际关系等方面的具体体验。

六、启示与思考

从目前的研究进展来看,重视研究生的主体地位,尊重研究生的利益诉求是研究生教育质量评估中的一个重要方面。已有研究分别从导师、培养单位以及社会等各个利益主体视角出发,找寻提升研究生教育质量的方法,也涌现出大量的研究成果,在一定程度上为我国研究生教育的改革也提供了参考。反过来看,研究生教育改革的持续推进也进一步催生了一批研究生教育质量领域研究的热潮。但是这么多年过去,我国研究生教育质量的质疑声却依然存在。坊间似乎还存在这样的说法,"研究生不如本科生,博士生不如研究生",也有"一流的本科、二流的硕士、三流的博士"之说。我们尚且不论这些说法是否合乎逻辑,毕竟不同层次的教育在招生、人才培养、课程体系等方面都存在很大差异,并没有太大的可比性。但是仔细品味这些话语,看似是对"唯学历论"的调侃,实际上折射出公众对研究生教育质量的控诉。学界不乏大量学者运用大数据的手段来挖掘研究生教育在招生、培养等方面存在的问题,利用汉化后的问卷来进行调研也成为研究生教育方面研究的一个通行做法,"用问卷找数据,用数据找问题,用问题找对策"似乎也成了应对研究生教育质量危机的"解决之策",然而取得的成效却微乎其微,距离解决研究生教育的质量问题仍有很长的一段距离。既然问题依然没有很好地解决,那么我们是否可以转换一个角度来思考问题。基于国外量表研究我国在人才培养方面存在的问题是否可行?如果可行,那么为何问题没有得到有效解决。如果不可行,那么为何我们不尝试来构建本土的评价体系和量表呢?不言而喻,研究方法和研究结果固然重要,但是即便是国外成熟的研究体系,引入至我国也终究是"舶来品",其问卷的科学性、有效性和指导性该如何考量应是一个关键点,也是一个难点。面对研究生教育质量带来的复杂问题我们需要有科学的研究来指导,也需要有准确的研究结果来呈现问题,我们也不能忽视指标本身所代表的含义,因为唯有有价值的指标才能帮助我们发现问题和解决问题。如若国外汉化后的量表不能真正反映研究生人才培养背后存在的问题,那么相关的研究可能就会失去实践指导意义。

另外,我们也不能忽视研究生教育其内在的复杂性,它并非是为社会培养人才或者是从事科学研究工作那么简单。位居高等教育系统的最高层,不仅要培养人才,进行科学研究,还要服务于社会,传承优秀的文化。可以想象研究生教育面对的压力也是最大的。一者,"人才培养、科学研究、社会服务、文化传承"作为研究生教育的基本职能,看似清晰明了,但是真正付诸实践其困难程度也是无法想象的,况且暂不论其职能发挥的效果到底如何。二者,研究生教育作为一种社会活动,它与政治、经济、文化等方方面面都存在联系,在社会庞杂的系统之内发展,它也面临着在复杂环境中求生存和求发展的问题。因此,研究生教育所面临的质量问题的解决也绝非一朝一夕就能实现的,它有其自身的复杂性和特殊性。面对这些问题,目前仍然难以给出答案。但是不可否认的是,至少在当下,引入西方的研究方法或是理论体系,采取"他山之石,可以攻玉"的做法有其现实的必要性的。长久来看,我们必然是要开发出一套独具我国研究生教育特点的理论体系和研究方法,并以此来指导研究生教育的实践活动。本文基于英、美、澳、中四国研究生学习性投入问卷的比较分析,期望以此梳理和分析出研究生学习性投入的影响因素,为我国相关研究的问卷制定提供参考。

Postgraduates' Learning Input and Analysis of Its Influencing Factors—A Comparison Study Based on United States, Britain, Australia and China

Li Feng

Abstract: In recent years, with the rapid expansion of the scale of postgraduate education, the quality of postgraduate education in China has aroused the wide concern in society. Influenced by the society's strict requirements for high-level talent standards, postgraduate education that relies on the simplified expansion has fallen into an unsustainable predicament. To solve this problem, it has been the widely accepted trend that the construction of a student-centered cultivation model can guide the reform of postgraduate education in colleges and universities, and thereby further improve the quality of education. Developed countries such as the United States, the United Kingdom, and Australia have established a education quality assessment system based on the self-assessment of graduate students. The system provides a data reference for the quality reform of graduate education. The results of data analysis are widely used in the reform of graduate education to improve graduate education. This paper compares and analyzes the learning input questionnaires of the United States, the United Kingdom, Australia and China, summarizes the key influencing factors of postgraduates' learning input, and tries to provide some reference for the study of the improvement of the quality of postgraduate education in China.

Key Words: postgraduate education　learning input　quality of education

教育法制

弱化与补强：校园欺凌治理中的学生参与*

王德政**

摘　要：国家接连出台的一系列规范性文件从法治角度对防范、惩治校园欺凌提供了科学、详尽的制度依据，但在学生参与的环节上，却显得有些弱化，存在可以改进的余地。根据校园欺凌治理于不同阶段的具体特点，可在思想和制度设计上有针对性地增强学生参与，通过各种细节化的举措形成“严防死守”之势，以切实增强现行规范性文件的治理效果，最终为我国在校青少年儿童的学习、成长环境提供一个和谐、良好的长效性制度保障。

关键词：校园欺凌　学生参与　综合治理

一、问题的提出

校园欺凌并非我国当前突发的新现象，而是一个

* 本文系国家社科基金项目重点课题2012年度“刑法解释原理与实证问题研究”（项目编号：12AFX009）的阶段性研究成果。

** 王德政，四川师范大学法学院讲师、四川大学刑事政策研究中心研究员，法学博士，研究方向：教育法学、刑法学。

经久不衰、中外皆有的痼疾。[①] 很多人(包括笔者本人)都切身体会过幼时被同学欺凌时的所遭受的屈辱、痛苦和无奈。校园欺凌的对象是就读中小学的青少年,他们正处于身心成长阶段,人生观、世界观、价值观的形成和身体的发育都处于应受特殊保护的特定时期,此时受到的伤害尤其是精神伤害很可能延续到他们后来的人生中,[②]从而带来不限一时、不可估量的损害。尤其是在网络发达、信息畅通的今天,有不法分子将青少年遭遇欺凌的过程制作成视频或图片并发送到网络传播,[③]不仅让受欺凌者遭受二次精神伤痛,还让他们的亲友蒙羞,伤害了民众的善良情感,甚至给其他学生或社会上的不稳定者带来一定的模仿效果。[④] 由此可见,校园欺凌所造成的辐射性危害,不仅包括受欺凌者当前和今后的人生,还包括其家庭和全社会,甚至欺凌者本人也会形成心理障碍。[⑤] 因此,为了最大限度治理这个痼疾,保障我国在校青少年的身心健康成长,应从综合治理的角度,动员全社会以各种细节性举措对校园欺凌进行"严防死守"式的

---

① 冯帮:《法国中小学反校园欺凌政策探析》,载《比较教育研究》2017年第10期;向广宇、闻志强:《日本校园欺凌现状、防治经验与启示——〈以校园欺凌防止对策推进法为主视角〉》,载《大连理工大学学报》(社会科学版)2017年第1期;顾彬彬、黄向阳:《校园欺凌的真相——基于学龄儿童健康行为国际调查报告的分析》,载《教育发展研究》2017年第20期。

② 张素雅、马早明:《菲律宾预防校园欺凌政策内容分析——基于教育部〈儿童保护政策〉的解读》,载《比较教育研究》2016年第11期;刘艳丽、陆桂芝:《校园欺凌行为中受欺凌者的心理适应与问题行为及干预策略》,载《教育科学研究》2017年第5期。

③ 冯帮、何淑娟:《澳大利亚中小学反校园欺凌政策研究——基于〈国家安全学校框架〉解读》,载《外国中小学教育》2017年第11期;李祥、艾浩、韦卫:《论我国反校园欺凌的实践困惑与立法构想》,载《基础教育》2017年第1期。

④ 章恩友、陈胜:《中小学校园欺凌现象的心理学思考》,载《中国教育学刊》2016年第11期。

⑤ 许锋华、徐洁、黄道主:《论校园欺凌的法制化治理》,载《教育研究与实验》2016年第6期;许明:《英国中小学校园欺凌现象及其解决对策》,载《青年研究》2008年第11期。还有学者指出,校园欺凌甚至对旁观者也会造成心理影响。参见胡春光:《校园欺凌行为:意涵、成因及其防治策略》,载《教育研究与实验》2017年第1期;李芳霞:《校园欺凌行为状况调查及干预策略研究》,载《宁夏社会科学》2017年第3期;张小华、项宗友:《浙江中学生校园欺凌的实证调查及影响因素分析——以生活方式理论和日常活动理论为视角》,载《晋阳学刊》2016年第5期。

防范、惩治。[⑥] 然而,当前的规范性文件中是否彻底形成了"严防死守"的局面,还是出现了松懈之处,极其值得研究。笔者拟先考察现行规范性文件的特点,再据以分析其中可能存在的弱化之处,并从综合治理的角度提出相应的具体解决方案。[⑦]

二、规范现状及其特点

层出不穷的校园欺凌事件经由媒体尤其是网络曝光后,已引起有关机关的注意并出台了相关规范性文件,如 2016 年 4 月 28 日,国务院教育督导委员会办公室印发了《关于开展校园欺凌专项治理的通知》,2016 年 11 月 1 日,教育部等九部门印发了《关于防治中小学生欺凌和暴力的指导意见》,2016 年 11 月 30 日,国务院教育督导委员会办公室印发了《中小学(幼儿园)安全工作专项督导暂行办法》,2017 年 12 月,教育部等十一部门印发了《加强中小学生欺凌综合治理方案》。

观察以上规范性文件的出台时间、制定机关和具体内容,可发现以下特点:其一,出台的密集性和国家的重视性。从 2016 年 4 月至今约两年时间内已出台四个规范性文件,说明国家对校园欺凌已引起高度重视。其二,制定机关的多样化。从第一个规范性文件的制定机关——国务院教育督导委员会办公室到第四个规范性文件的制定机关——教育部等十一部门,可发现规范性文件的制定机关在数量上呈现扩展、增加的趋势。其三,以长效机制替代运动化治理。例如,《关于开展校园欺凌专项治理的通知》是以开展专项运动的方式来防范、惩治校园欺凌,而《关于防治中

---

⑥ 有学者认为:"增强被欺凌者的自强,才能从本源上遏制欺凌现象的发生。"参见孙时进、施泽艺:《校园欺凌的心理因素和治理方法:心理学的视角》,载《华东师范大学学报》(教育科学版)2017 年第 2 期。然而,这只是遏制校园欺凌的方式之一,不可以其替代"严防死守"的制度设计,否则治理效果会打折扣。类似的论断还有"培育血气"。参见李长伟:《血气教育的消逝与校园欺凌的发生》,载《西北师范大学学报》(社会科学版)2018 年第 1 期。

⑦ 至于诸如"消除官本位和特权"这类不具备可操作性的解决方案,不在讨论之列。参见储朝辉:《校园欺凌的中国问题与求解》,载《中国教育学刊》2017 年第 12 期。

小学生欺凌和暴力的指导意见》中11项具体、细节性的举措[⑧]则明显克服了运动化治理的局限,[⑨]初具长效机制的雏形。其四,以综合治理拓展单纯防控。《中小学(幼儿园)安全工作专项督导暂行办法》中,已出现“相关职能部门各司其职、齐抓共管”的举措,[⑩]这说明针对校园欺凌的防范和惩治,有关机关在制度设计上不再单纯以学校为治理主体,而是以超越学校的视角将其他部门也纳入进来,以进行综合性治理。其五,以举措的细节化取代其宏观性。例如,同为国务院教育督导委员会办公室印发的规范性文件,《中小学(幼儿园)安全工作专项督导暂行办法》比《关于开展校园欺凌专项治理的通知》更显得细节化,《加强中小学生欺凌综合治理方案》比《关于防治中小学生欺凌和暴力的指导意见》规定了更细致的举措。

当然,就最新出台的《加强中小学生欺凌综合治理方案》而言,可以说是迄今为止规范性文件中的“集大成者”,值得重点考察。该方案具备以下特点:其一,内容的全面性。如果说,之前的规范性文件存在某种遗漏和缺失,此方案则从指导思想、基本原则、治理内容及措施、职责分工、工作要求五个方面,[⑪]对校园欺凌的治理体系化、全面性作出了规定。其二,措施的细节性。该方案的内容未拘泥于宏观要求,而是规定了操作性和执行性都极强的细节性措施。例如,在“治理内容及措施中”,有“加快推进将校园视频监控系统、紧急报警装置等接入公安机关、教育部门监控和报警平台”的要求,这不可谓不细致。其三,内容的严谨性。该方案之前的三个规范性文件均未对“校园欺凌”一词作出明确界定,这会引发一些疑问,例如,社会青年进入小学校园欺凌在读学生是否属于校园欺凌,初

---

⑧ 教育部、中央综治办、最高人民法院、最高人民检察院、公安部、民政部、司法部、共青团中央、全国妇联:《关于防治中小学生欺凌和暴力的指导意见》。

⑨ 尹力:《我国校园欺凌治理的制度缺失与完善》,载《清华大学教育研究》2017年第4期;安杨:《校园欺凌中的学校侵权责任探究》,载《中国青年社会科学》2017年第5期。

⑩ 国务院教育督导委员会办公室:《中小学(幼儿园)安全工作专项督导暂行办法》。

⑪ 教育部、中央综治办、最高人民法院、最高人民检察院、公安部、民政部、司法部、人力资源和社会保障部、共青团中央、全国妇联、中国残联:《加强中小学生欺凌综合治理方案》。

中生在校园外欺凌同学是否属于校园欺凌?该方案将校园欺凌[12]界定为"发生在校园(包括中小学校和中等职业学校)内外、学生之间,一方(个体或群体)单次或多次蓄意或恶意通过肢体、语言及网络等手段实施欺负、侮辱,造成另一方(个体或群体)身体伤害、财产损失或精神损害等的事件",这就从实施主体的身份、数量及其心理状态,实施对象的身份、数量,实施地点,实施方式和次数,后果这五个方面作出了细节化、合理的界定,是严谨而科学的。其四,制定主体的权威性。该方案是由教育部、中央综治办、最高人民法院、最高人民检察院、公安部、民政部、司法部、人力资源和社会保障部、共青团中央、全国妇联、中国残联十一个部门联合制定,涵括了党群机关、行政机关、政法机关、人民团体,制定主体的级别较高、范围较广,由此具备较大的权威性。

观察现行规范性文件呈现出的上述特点,可发现我国有关机关针对校园欺凌的防范、惩治,逐渐形成了一种"严防死守"的态度和策略。具体而言,该态度和策略是由三个关键词组成的:一是细节。这是指从具体、可操作的层面,将防范、惩治校园欺凌的各种举措细化,防止模糊、抽象的规定造成执行力和有效性的减损。二是全面。这是指从全方位、无死角的角度,将上述举措全面地规定、列举,不造成遗漏。三是综合。这是指对校园欺凌的治理,不仅注重学校的参与,还重视家长、相关机关乃至全社会的参与,以形成社会综合治理之势。[13] 正如刑罚的目的主要在于预防犯罪,[14]惩治校园欺凌行为的主要目的则是防范其再次发生,《加强中小学生欺凌综合治理方案》无论是从预防还是惩治的角度,相比之前的三个规范性文件,都具备更强的科学性。

---

[12] 严格地讲,该方案运用的是"学生欺凌"一词,但由于"校园欺凌"的提法最为常见,笔者在本文中采取后者提法。关于校园欺凌的概念界定,已有不少文献予以涉猎。参见任海涛:《校园欺凌的概念界定及其法律责任》,载《华东师范大学学报》(教育科学版)2017年第2期。

[13] 颜湘颖、姚建龙:《"宽容而不纵容"的校园欺凌治理机制研究——中小学校园欺凌现象的法学思考》,载《中国教育学刊》2017年第1期。

[14] Claus Roxin, *Strafrecht Allgemeiner Teil Band* Ⅰ *Grundlagen. Der Aufbau der Verbrechenslehre*, Berlin, Verlag C. H. Beck, 2006, p. 73.

三、学生参与弱化的表现和成因

尽管如此,考察上述现行规范性文件中防范和惩治校园欺凌的规定,发现虽然它们日趋完善,但在综合性上依旧存在一个不可忽视的漏洞——学生参与的弱化。这里的“学生”包含两层意思:一是校园欺凌行为的见证学生,二是群体性意义的广大学生。以《加强中小学生欺凌综合治理方案》这个较为完善的规范性文件为例,可发现学生参与的弱化体现在以下方面。

(一)学生欺凌治理委员会的组建

该方案规定:“学校根据实际成立由校长负责,教师、少先队大中队辅导员、教职工、社区工作者和家长代表、校外专家等人员组成的学生欺凌治理委员会(高中阶段学校还应吸纳学生代表)。”由此可见,在小学、初中阶段,学生欺凌治理委员会中是没有学生代表的,这可能意味着,规范制定者推定小学生、初中生由于年龄较小、心智较为不成熟而无法成为学生欺凌治理委员会的成员。这是值得商榷的。因为随着我国现在经济、社会建设的飞速发展和信息时代、网络时代、知识时代的催化,我国青少年的成熟化愈渐增强,初中生一般具备了起码的认识、控制能力,对于事实的查知和规范的理解相比过去都有了较大的提升,因此,不宜一改将初中生排除在学生欺凌治理委员会的成员之外,否则将不利于学生欺凌治理委员会对校园欺凌事实的认定和处理的做出。

(二)举报阶段

该方案规定:“教职工发现、学生或者家长向学校举报的,应当按照学校的学生欺凌事件应急处置预案和处理流程对事件及时进行调查处理,由学校学生欺凌治理委员会对事件是否属于学生欺凌行为进行认定。”这涉及举报阶段中的学生参与。此条规定只是粗略地采用了“学生”一词,却未具体区分学生的不同类型，存在问题。[15] 因为在一般情况中，受欺凌者遭遇欺凌以后，由于害怕被报复、羞于启齿等各种原因，不敢或不愿向家长或教师报告被欺凌的事实，但他们有时会告诉其同学，或者其他学生见证了欺凌过程。另外，具备群体意义的广大学生也可以积极充当举报角色。故此，如果不通过制度设计去鼓励校园欺凌的见证学生和广大学生积极参与到举报阶段，会导致举报主体事实上大幅限定为教职工和家长，从而明显降低举报的效果。

（三）复查阶段

该方案规定："确需复查的，由县级防治学生欺凌工作部门组织学校代表、家长代表和校外专家等组成调查小组启动复查。"这里存在的问题是，高中阶段的学生欺凌治理委员会成员中已纳入学生代表，而复查阶段的调查小组未将学生代表纳入，这也明显弱化了学生在此阶段的参与。规范制定者可能认为，复查阶段级别较高，在功能上就像法庭审判的二审阶段，对一审的事实和规范认定起着监督、纠正的作用，因为不能将学生纳入。这也是值得讨论的。因为既然作为学生欺凌治理委员会成员的学生只能是"学生代表"，[16]即具备较强的心智、认识和控制能力、组织和沟通能力的学生（一般为学生干部），那么，调查小组的成员也可以由具备同等能力的学生代表来参与，这样才能充分发挥学生在复查阶段的作用——进一步厘清初查认定的事实。

（四）做出处理阶段

方案规定："对经调查认定实施欺凌的学生，学校学生欺凌治理委员会要根据实际情况，制定一定学时的专门教育方案并监督实施欺凌学生按要求接受教育，同时针对欺凌事件的不同情形予以相应惩戒。"关于"欺凌事件的不同情形"，方案特别指出："屡教不改或者情节恶劣的严重欺凌事件，必要时可将实施欺凌学生转送专门（工读）学校进行教育。"诚然，

---

⑮ 对校园欺凌的参与者进行分类，日本已有先例，如森田洋司的"四层构造"理论。参见高晓霞：《日本校园欺凌的社会问题化：成因、治理及其启示》，载《南京师范大学学报》（社会科学版）2017年第4期。

⑯ 周冰馨、唐智彬：《防治校园欺凌的国际经验及其启示》，载《外国中小学教育》2017年第3期。

实践中,某些实施欺凌的学生并非偶犯、初犯,而往往具备长期、恶劣的欺凌习惯且恶习难改,对这种“惯犯”学生,应当进行严厉的惩戒,而实施欺凌的学生是否为“惯犯”,其身边的同学因长期相处一般最为了解。如果不让其他学生参与其中,学生欺凌治理委员会不一定能准确判定实施欺凌的学生是否为“惯犯”,从而无助于做出轻重程度与其人身危险性相适应的处罚决定。有学者认为,欺凌行为的特征之一是反复性与持久性。[17]但“反复性”不好界定,这究竟指的是针对同一被害学生反复实施欺凌,还是针对不同的被害学生实施欺凌。此外,将校园欺凌的外延限缩为反复的欺凌行为,不仅欠缺规范依据,还无助于对校园欺凌的零容忍、全方位治理。因此,反复性不宜成为校园欺凌的内在要素。

(五)教育惩戒实施阶段

该方案规定:“对经调查认定实施欺凌的学生,学校学生欺凌治理委员会要根据实际情况,制定一定学时的专门教育方案并监督实施欺凌学生按要求接受教育,同时针对欺凌事件的不同情形予以相应惩戒。”这也存在学生参与的弱化。经过调查程序认定校园欺凌的事实存在并做出处理决定之后,无论是根据情形对实施欺凌的学生进行批评、教育还是纪律处分,或者决定实施欺凌的学生对被害学生进行书面道歉,都不应在制度设计上将广大学生排除在外,而是应当积极让其他学生参与其中,这样才能将教育惩戒的威慑性、感化性和教育性发挥出最大的作用,以免使教育惩戒的效力受到减损甚至沦为空谈。

学生参与在现行规范性文件中的弱化,原因主要在于:(1)思想方面,规范制定者可能较为看重和强调学校、相关部门等管理者的作用,而对作为被管理对象——学生的作用不大重视。[18] (2)制度方面,缺乏与学生参

---

[17] 刘礼兰、肖登辉、孟凡磊:《美国校园欺凌的法律规制》,载《教育科学研究》2017年第7期;李伟清、孙炜、徐金坪:《我国校园欺凌调查与中美治理对策研究》,载《教育科学研究》2017年第11期。

[18] 我国大多数文献都没有将学生纳入防止校园欺凌的主体。参见余雅风:《防止校园欺凌和暴力,要抓住哪些关键点》,载《人民论坛》2017年第1期。对此,澳大利亚将学生纳入到治理校园欺凌的“安全共同体”理论值得借鉴。参见董轩、张先毓:《打造安全共同体:澳大利亚校园欺凌预防机制研究》,载《教育发展研究》2017年第20期。

与紧密相关的配套细则,例如,针对积极举报校园欺凌或提供相关线索的学生,当前我国学校一般没有相应的奖励制度。

四、强化学生参与的意义和方式

既然《加强中小学生欺凌综合治理方案》在制度设计上并未完全实现对校园欺凌治理的“严防死守”,而是在学生参与环节呈现弱化的状态。那么,应对学生参与进行针对性的强化。

(一)意义

强化学生参与治理校园欺凌的意义非常重大,具体而言,包括以下方面:(1)有利于发挥所有参与主体的作用。正如有学者所言:“学生不是防治的对象,而是主体。”⑲既然校园欺凌至少涉及学校管理层、学生、家长、全社会四种参与主体,就没有理由将广大学生排除在外,否则他们的力量就无法发挥到校园欺凌的治理实践中来。(2)有利于发动群体性力量以最大限度获取举报线索。广大学生之间的耳闻目睹、口耳相传和日常观察所形成的举报效果,往往是家长和学校被动发现、被害学生主动举报这两种方式所无法企及和无法替代的。(3)有助于查清欺凌事实是否存在及其相关细节。见证校园欺凌的学生由于不是实施欺凌和被欺凌的当事人,往往具备超然、中立的地位,在欺凌事实是否存在、如果存在又有怎样的细节上,一般会给出客观的描述,而不会为自己开脱而隐瞒事实,或者为惩治对方而夸大事实。(4)有利于实现惩戒轻重的合理化。学生欺凌治理委员会判断实施欺凌的学生是否为欺凌“惯犯”时,参与到此阶段的其他学生根据了解的事实情况,可为学生欺凌治理委员会提供关于该学生素来的品行、是否有“前科”等有用的信息,从而有助于学生欺凌委员会准确判定该学生是否为欺凌“惯犯”并做出相应的处罚决定,防止出

---

⑲ 姚建龙:《防治学生欺凌的中国路径——对近期治理校园欺凌政策之评析》,载《中国青年社会科学》2017年第1期;石艳:《基于身份认同的校园欺凌的表现形态与发生机制研究》,载《教育科学研究》2017年第10期。

现处罚失衡的后果。(5)有利于发挥教育、惩戒的一般预防功能。刑罚的一般预防理论认为,刑罚的目的不仅在于通过作用于社会大众去遏制犯罪,还在于通过对行为人施加刑罚去威慑具备可罚性的行为。⑳ 类似地,如果在教育、惩戒实施欺凌的学生时,让广大学生参与,对其他潜在的、具备欺凌倾向的学生而言,无疑是一种极具威慑性的现实教育。(6)有利于发挥广大学生的长期监督效果。承上,广大学生参与了教育、惩戒实施欺凌的学生之后,会对被教育惩戒学生形成印象,在此后的学习、生活中,可能会更加注目这些学生的言行,当其再犯或实施打击报复时可能会及时举报,由此形成长期监督的效果。

(二)方式

就强化学生参与的方式而言,无论是立基于既定规范或将来制定新的规范性文件,都应在治理的各个阶段和环节,以及思想、制度、财政等各方面进行周详设计,这才能获取更好的治理效果。具体而言,对学生参与进行强化包括三个方面。

1.思想重视

涉及校园欺凌防范、治理的各方参与人,都可在思想上提高学生参与必要性和效果的重视,包括有关部门(教育管理部门、规范制定部门、其他部门)、学校(管理部门、教师、行政人员、工勤人员)、学生自身(受欺凌学生、见证校园欺凌的学生、其他学生)、家长、社会各阶层㉑都可将学生参与提上议事日程,从各自的角度重视学生参与并以具体行动鼓励、帮助学生参与,在全社会形成由学生作为主体之一参与治理校园欺凌的氛围甚至文化。

2.制度设计

对《加强中小学生欺凌综合治理方案》中较为薄弱的学生参与环节,规范制定者在修正此方案或制定新规定时,以及执行机关执行此方案时,

---

⑳ Jürgen Baumann / Ulrich Weber / Wolfgang Mitsch / Jörg Eisele, *Strafrecht Allgemeiner Teil Lehrbuch*, Berlin, Verlag Ernst und Werner Gieseking, 2016, p. 10.

㉑ 有学者将"学校""家庭""有关部门""社会"纳入治理校园欺凌的主体,虽然较为全面却忽略了学生的主体地位。参见王祈然、陈曦、王帅:《我国校园欺凌事件主要特征与治理对策——基于媒体文本的实证研究》,载《教育学术月刊》2017年第4期。

可根据不同治理阶段的具体特点,来针对性地予以加强。

(1)学生欺凌治理委员会的组建

中小学在成立学生欺凌治理委员会时,小学、初中、高中阶段皆应将学生代表纳入委员会的成员之内。就小学而言,可以吸纳高年级的少先队干部作为委员会的成员;就初中而言,可以吸纳团支部书记作为委员会成员;就高中而言,可以吸纳学生党员作为委员会成员。这些学生代表必须品学兼优,具备相对成熟的思想、过硬的政治素质和组织沟通能力。

(2)举报阶段

可采取专人举报和普遍举报双管齐下的方式。就专人举报而言,每个班级可设立"秘密举报员",由该班级的学生充当。"秘密举报员"由班主任任命、变动、撤销、领导并对班主任负责,任期不限。"秘密举报员"的职责在于,在不影响学习的前提下,收集校园欺凌的线索并向班主任举报。班主任进行初步调查后决定是否将相关线索移交学校相关部门。这样可以预防实施校园欺凌的学生对实名举报的学生可能的报复,从而增加学生举报校园欺凌的勇气。在英国的某些学校,当学生遭受到欺凌时,可以将事情经过写下来放到学校的专用信箱中,让教师适当地介入;[22]在美国的某些学校,学生可以就欺凌行为向学校负责人进行匿名举报。[23] 上述制度中,被害学生作为举报主体不具备确定性,而"秘密举报员"则为专人行使专职,职能更集中、主动性更大,效果也就更强。就普遍举报而言,应鼓励所有在校学生(包括被害学生、见证学生、其他学生)向学校相关部门甚至可借鉴美国制度[24]直接向校长积极举报校园欺凌,以践行"群众路线"让校园欺凌无所遁形。举报可以匿名方式进行,也可借鉴美国制度设置实体匿名信箱以方便举报。[25] 受理举报的主体应根据学生的意愿,在必

---

[22] 孔令帅、陈铭霞:《构建中小学校园欺凌综合治理机制——来自英国的启示》,载《教育发展研究》2017 年第 20 期。

[23] 孟凡壮、俞伟:《美国校园欺凌法律规制体系的建构探析》,载《比较教育研究》2017 年第 6 期。

[24] 马焕灵、杨婕:《美国校园欺凌立法:理念、路径与内容》,载《比较教育研究》2016 年第 11 期。

[25] 林杰、晁亚群:《美国公立学校反校园欺凌政策分析》,载《云南师范大学学报》(哲学社会科学版)2017 年第 3 期。

要限度和范围内对举报学生的身份予以保密。

为了提升学生举报校园欺凌的积极性,学校可对进行举报且经查证欺凌事实基本属实的学生进行一定的精神或物质奖励,奖励可以秘密进行,物质奖励的方式和限度应以促进其学习为目的,比如发放文具。

(3)调查和复查阶段

无论是学生欺凌治理委员会进行调查还是调查小组进行复查,这两个阶段中对欺凌事实是否存在、若欺凌事实存在又有怎样的细节,均可由学生代表参与其中,让学生代表通过各种渠道,尤其是利用以学生身份形成的便利条件去进行调查,以还原事实真相。学生代表由于是学生中的一员,跟其他学生长期共同学习、交往,相互之间关系相对紧密、观察相对集中而真实,即便未亲自见证欺凌的过程,也可以从身边的同学那里以各种灵活的方式了解事实真相,从而具备了家长、学校职工、校外人员所不具备的“先天”优势。

(4)做出处理阶段

学生欺凌治理委员会对涉嫌实施欺凌的学生做出处理决定尤其是做出教育、惩戒的决定时,可由作为委员会成员的学生代表负责提供或收集关于被处理学生是否为欺凌“惯犯”、有无欺凌“前科”、素来品行如何等相关信息。学生代表可独立调查,也可联合被处理学生所在班级的班主任,以秘密询问、公开座谈、问卷调查等各种方式,去查明上述信息,以便于提供准确的依据,让学生欺凌委员会对实施欺凌的学生做出轻重合理的处罚决定。

(5)教育惩戒的实施阶段

可根据教育惩戒的轻重,在其实施过程中让学生不同程度地参与进来。具体而言,学生欺凌治理委员会制定一定学时的专门教育方案并监督实施欺凌的学生接受教育时,可借鉴挪威治理校园欺凌中采取的学习小组制度㉖去感化这些学生。具体而言,可由班主任在每个班级中设立若干学习小组,在不影响学习的前提下让学生定期相互学习、讨论,通过增

㉖ 陶建国、王冰:《挪威中小学欺凌预防项目研究》,载《比较教育研究》2016年第11期。

进学生之间良好交流的方式去培养学生之间相互关爱之心,以及建立友好互爱的班级关系。还可借鉴香港的"复和大使"制度,[27]在每个班级由班主任从学生中任命组织沟通能力强、学习表现良好、政治素质过硬的学生代表,由学生代表一对一地帮扶、指导实施欺凌的学生,以学生之间更为容易的沟通方式来影响、改变后者;学校对实施欺凌学生开展批评、教育,或者实施欺凌的学生向被欺凌的学生当面或书面道歉时,可让学生代表参与其过程,以突显惩戒的权威性和震慑力;学校在对实施欺凌的学生给予纪律处分,或者公安机关参对实施欺凌的学生予以训诫时,应让广大学生普遍参与其过程,以充分发挥惩戒的警示和预防效果。

(6)教育惩戒后的阶段

相关机关对实施欺凌的学生进行惩戒之后,可由班主任组织各班级的"秘密举报员"对其之后的言行进行监督,如果有屡教不改、报复被害学生或举报学生等行为,应及时报告班主任,班主任应上报学生欺凌治理委员会或相关机构处理;还应鼓励所有在校学生(包括被害学生、见证学生、其他学生)积极监督被惩戒的学生受惩戒之后是否确实改过从新,并对其可能发生的反复欺凌、打击报复[28]行为向学生欺凌治理委员会或相关机构进行举报。如果举报经查证基本属实,学校应给予举报学生一定的物质或精神奖励。奖励过程可秘密进行,物质奖励的方式和限度须满足促进其学习的目的。

3. 财政保障

如前文所述,在举报阶段和教育惩戒后的阶段,无论是由"秘密举报员"还是其他学生针对校园欺凌进行举报,对经查证举报基本属实的举报学生,均可给予物质或精神奖励。为确保奖励落实到位,各个学校可由负责校园欺凌治理的部门牵头,联合财务部门等设立专项资金,奖励对校园欺凌的举报,并由审计部门和纪律部门监控资金的开支,确保资金落到实处。此外,各个学校可将该专项资金列入年度财政预算,从根本上解决经

㉗ 刘晓梅:《以复和措施处理校园欺凌问题》,载《青年研究》2007 年第 7 期。

㉘ 覃利君:《发挥多元主体参与的力量:芬兰中小学反校园欺凌计划的实施及启示》,载《外国中小学教育》2017 年第 9 期。

费来源,建立奖励举报的长效机制。

具体而言,对于物质奖励的经费来源,可采取班费优先、专项资金补充的制度。可由负责校园欺凌治理的部门组织协调和监督被举报学生所在班级的班主任,以其班级的班费向举报学生进行物质奖励;如果班费不足,可由负责校园欺凌治理的部门动用关于校园欺凌举报奖励的专项资金对举报学生予以奖励。

五、结语

在校的青少年儿童承载着我国未来的希望,其身心健康成长从来都是全社会所有群体的责任、义务和关切重点,而层出不穷的校园欺凌在不同程度上危害了他们当前甚至以后的身心健康发展,也给我国的中小学教育事业的顺利开展蒙上阴影。对此,国家接连出台的一系列规范性文件从法治角度对防范、惩治校园欺凌提供了科学、详尽的制度依据,㉙但在学生参与的环节上,却显得有些弱化,存在可以改进的余地。根据校园欺凌治理于不同阶段的具体特点,可在思想、制度设计㉚上针对性地增强学

㉙ 因此,似乎没有太大必要反复强调我国尚无治理校园欺凌的法律而对现行规范性文件视而不见。参见安琪:《校园欺凌问题的困境解构与法律破解——以美国反欺凌立法为借鉴范式》,载《中国青年研究》2017年第5期。对此,有学者正确地提出:"治理校园欺凌不能'坐等'法律的完备。"参见侯春平:《治理校园欺凌法律不能缺位》,载《人民教育》2016年第11期。

㉚ 有学者认为:"提高学生的思想道德,才能从根本上遏制校园欺凌。"参见夏国栋:《校园欺凌重在教育预防》,载《中国教育学刊》2017年第5期。还有学者提出:"我国亟须填补反校园欺凌法律空白。"参见廖婧茜、靳玉乐:《美国校园欺凌问题治理的发展、经验及启示》,载《教育科学》2017年第5期。上述论断固然有一定道理,但从法治角度来看,在专门的校园欺凌法出台之前,如何在既定规范性文件尤其是较为完备的《加强中小学生欺凌综合治理方案》之框架内,为治理校园欺凌进行更详尽、更有效的具体制度设计,可能对问题的解决更有效果。即便专门立法,也应缓步推进、不可急躁,以免重蹈日本仓促立法导致弊端的覆辙。参见陶建国:《日本校园欺凌法制研究》,载《日本问题研究》2015年第2期;孟凡壮、俞伟:《我国校园欺凌法律规制体系的建构》,载《教育发展研究》2017年第20期。

生参与，通过各种细节化的举措形成“严防死守”[31]之势，以切实增强现行规范性文件的治理效果，最终为我国在校青少年儿童的学习、成长环境[32]提供一个和谐、良好的长效性制度保障。

Weakness and Enhancement: The Participation of Students in the Treatment of School Bully

Wang Dezheng

Abstract: A series of normative documents issued by the government have provided a scientific and detailed institutional basis for preventing and punishing campus bullying from the perspective of the rule of law. However, in the part of student participation, it seems to be weakened, and still there is room for improvement. According to the specific characteristics of the school bullying governance at different stages, students can participate in the disciplining in a targeted manner in the aspect of students' thoughts and educational system, and form a "strict defense" campaign through various detailed measures to effectively enhance the governance effect of the current normative documents. In the end, it will provide a harmonious and long-term institutional guarantee for the environment of students' study in our country.

Key Words: school bully　participation of students　comprehensive treatment

---

㉛ 发达国家在治理校园欺凌上，均采用“不留死角”的制度设计。参见黄明涛：《国外校园欺凌立法治理体系：现状、特点与借鉴——基于七个发到国家的比较分析》，载《宁夏社会科学》2017年第6期。

㉜ 安钰峰：《美国校园欺凌行为的特点评析》，载《外国中小学教育》2011年第8期。

高校学位类指导案例的司法逻辑证成*

王雅荔　陈　鹏**

摘　要：在高校学位类案件中，司法对高校学位授予的审查权限及范围是最为核心的争议。通过对指导案例38号、39号的“显微镜”式分析可以得出，《学位条例》中关于学位授予要件的立法表述在实践中遵循了一种双层结构司法逻辑，其中职权要件在法条中以列举方式表述，在司法中执行严格审查原则；授权要件在法条中以概括方式表述，在司法中执行形式审查原则。因此，在司法实践中须区分职权要件与授权要件，运用不同的方式审查高校学位授予行为的合法性。

关键词：学位授予　指导案例　司法逻辑　职权要件　授权要件

最高人民法院《关于发布第九批指导性案例的通知》于2014年12月25日发布，其中指导案例38

---

* 本文系全国教育科学“十二五”规划教育部青年课题“法治高校模型构建与测评研究”(EIA150400)的研究成果。

** 王雅荔，西安文理学院讲师，陕西师范大学教育学博士后流动站研究人员，教育博士，研究方向：教育法学。陈鹏，陕西师范大学教育学院教授，博士生导师，研究方向：教育政策与法律。

号是田永诉北京科技大学拒绝颁发毕业证、学位证案（以下简称田永案），指导案例39号是何小强诉华中科技大学拒绝授予学位案（以下简称何小强案）。这是已公布的92例指导性案例中仅有的两例学位类案件。巧合的是，这两例案例均涉及高校拒绝颁发学位证书之纠纷（田永案的开创性意义在于将高校作为可诉的行政机关，①但其中也涉及学位证书的发放问题）。最高人民法院选择此两例学位类案件作为指导案例的原因为何？遵循了怎样的司法逻辑？司法审查介入高校学位授予的权限与范围是否得到彻底解答？对今后类似案件在“应当参照”时能否发挥其司法功能？本文将运用法律适用的逻辑分析方法，结合这两例学位类指导案例的文本与司法实践现状，推导出最高人民法院在学位类案件中所遵循的司法逻辑。

一、指导案例38号的个案分析

田永于1994年9月通过全国高考招生来到北京科技大学读本科，1996年在一次学校组织的补考中，田永被北京科技大学根据校规认定为作弊，并给予退学处分。处分之后，田永照常上课、注册学生证件、缴纳学费、参加集体活动等。1998年6月，北京科技大学以对田永已做退学处理、该生不具有学校学籍为由，并未将田永纳入毕业生审核与学士学位授予审核的名单中。田永因此未取得毕业证书、学士学位证书。后遂田永向海淀区人民法院起诉，称北京科技大学拒绝为其颁发毕业、学位证书系违法行为，请求法院判北京科技大学为其发放双证。一审法院首先历史性地确认了学校是适格的行政诉讼被告；其次认为北京科技大学在田永被处分之后仍继续“事实默认”了田永的学籍，故判北科大为田永发放毕业证书，并在规定时期内召开学位评定委员会审核田永的学士学位资格。北科大以校规及根据校规做出的处理决定系高校办学自主权为由提出上

① 陈鹏：《论高校自主权的司法审查》，载《陕西师范大学学报》（哲学社会科学版）2004年第1期。

诉,二审法院认同了一审判决,维持原判。②

(一)38号援引的相关法条分析

在指导案件38号中,相关法条罗列了三法四条,即《行政诉讼法》第25条;《教育法》第21条、第22条;《学位条例》第8条。其中与学位授予直接相关的是后两条,下面逐一做分析:

1.《教育法》第22条规定了我国学位制度中的学位授予行为。该条第1款为学位制度的总纲性规定:国家实行学位制度。第2款规定了学位授予的主体(学位授予单位)、学位授予的依据(依法)、学位授予的对象(达到一定学术水平或专业技术水平的人员)、学位授予的表现形式(颁发学位证书)。

2.《学位条例》第8条是关于认定学位授予单位及其所授予学科范围的规范。该条第1款在《教育法》第22条的基础上进一步规定了不同层次的学位授予单位为国务院授权的高等学校和科学研究机构,第2款规定了学位授予单位的两大资格认定机构,即提名机构(国务院学位委员会)、批准机构(国务院)。由此可以看出,学位授予单位的资格认定是由行政机关来进行的,一旦资格得到行政确认,学位授予单位就可以依法进行学位授予行为。当学位授予行为发生时,学位授予单位与达到法定条件的人员形成一种行政确认的行为。

(二)38号的裁判要点与裁判理由分析

裁判要点有三,与相关法条一一对应,解释了三个问题,分别是高等学校的行政诉讼被告之主体适格问题、高等学校的内部管理行为之边界问题、高等学校与学生法律关系之程序正义问题。

对38号案例中所给出的裁判理由分析如下:

1.高等学院与受教育者之间属于教育行政管理关系,高等学校是行政诉讼的适格被告。此条理由具有跨时代的法律意义,将高校纳入诉的关系之内,更加全面地保障了受教育者的权利。

2.高校根据教育自主权制定的校规和据此进行的违纪处分,均须符

---

② 《最高人民法院公报》1999年第4期。

合法律、法规和规章的规定。此条理由涉及高校自主权的边界问题,该指导案例给出了一个总体标准,即“符合法律、法规和规章的规定”。

3. 凡涉及受教育者基本权利的处理,须符合程序正当原则,即保证处理决定送达、宣布,并充分申辩。而在“田永案”中,被告不但未履行程序正义,甚至未实际给原告办理注销学籍、迁移户口等常规档案手续。被告还于退学决定之后给原告补办了学生证并进行注册,这在法律上被视为被告改变了退学的决定。

4. 国家实行学历证书制度,根据《教育法》第 29 条及《普通高等学校学生管理规定》第 32 条,原告符合高校毕业生的条件,被告应颁发大学本科毕业证书。

5. 高等学校可以作为行政诉讼被告;高等学校校规必须符合法律、法规及规章的规定,且必须尊重和保障当事人合法权益;高等学校应遵守程序正义等,在以上法律事实被司法确认的前提下,法院认为,根据《学位条例实施办法》第 4、5、18 条规定,被告应首先组织审核原告的相关学位材料,再决定是否向学位委员会提名,若通过审查,由被告向原告授予学士学位。

(三)38 号的司法路径梳理

38 号文本第一部分为关键词,依次为行政诉讼、颁发证书、高等学校、受案范围、正当程序这五组,按影响力递减展现了这起案件所具有的司法意义。文本第二部分为裁判要点,首先确定了高等学校可以被起诉这一事实(起诉事由为受教育者因违反校规而被拒绝颁发学历证书和学位证书);其次确定了高等学校校规不得突破上位法的规定(若据此做出退学等决定的,法院不予支持);最后确定了高等学校与学生的管理关系因符合程序正当原则(若做出影响受教育者基本权利的决定时,应当允许申辩并及时送达)。文本中第三部分为相关法条。文本中第四部分为基本案情,主要内容来自原始判决书,但做了一定程度的“剪辑”。通常作为指导案例的文本都会与原始判决书有出入,但这种“剪辑”是为了突出指导案例中的“指导”属性,用更加成熟的逻辑表述让受众明晰此类案件的处理轨迹。在指导案例 38 号中体现得比较典型,在基本案情涉及“依照有关规定处理”的部分,都将该援引规定写入其中,阅读起来分外流畅。文中第五部分为裁判结果,这部分内容完全提取原始判决书中的结论,最大限度地展现了原始案件的司法基调。文中第六部分为裁判理由,是体现本案之司法逻辑的重点。指导案例文本中,裁判理由分为五段,依次以行政诉讼主体适格、高校校规合法性、程序正义、学历证书颁发、学位证书颁发五方面问题展开。

学位纠纷问题只援引了《教育法》第22条和《学位条例实施办法》相关程序性条款,体现了这样的司法路径,即作为高等学校必须依照法定程序给符合法定条件的受教育者颁发学位证书,但至于何为符合学位授予具体条件,则是高校在不违反法律的范围内由学位评定委员会评议决定。也就是说,在学位授予方面,司法只在两种情形下介入,其一为高等学校自行制定学位授予细则突破法律,其二为程序有瑕疵。③ 在这里,司法在高校学位纠纷领域初步体现了这样的分野:司法审查并不是完全覆盖高校管理范围、审查范围与学术自治之间存在交集的部分,需要进一步得到明确。

二、指导案例39号的个案分析

何小强是华中科技大学武昌分校2003级通信工程专业本科学生,武昌分校与华中科技大学签有代授学士学位的协议,也就是说,武昌分校将根据《华中科技大学武昌分校授予本科学士学位实施细则》来授予符合条件的毕业生学士学位。之后,华中科技大学以公开规定的形式将通过大学英语四级考试纳入学士学位授予的资格。何小强并未通过四级考试,故武昌分校在2007年学士学位建议授予名单中并未向华中科技大学报送何小强,何小强申请未果,遂向法院提出诉讼请求,要求华中科技大学

③ 陈越峰:《高校学位授予要件设定的司法审查标准及其意义》,载《华东政法大学学报》2011年第3期。

授予学位。一审判决驳回原告诉讼请求,二审维持原判。④

(一)39 号援引的相关法条分析

指导案例 39 号所援引的相关法条主要有以下两法三条:

1.《学位条例》第 4 条是关于学士学位授予法定要件的纲要性条文,概括规定了四个法定实体要件,即资格要件(须本科毕业)、形式要件(成绩优良)、知识要件(较好掌握理论知识技能)、能力要件(具有初步科研或专技能力)。其中资格要件和形式要件通过列举的形式在法条中体现出来,而知识要件和能力要件则通过概括的方式表述。这一立法习惯在《学位条例》第 5、6 条中得到同样的体现。虽然制定于 1980 年的《学位条例》部分程度的显现出陈旧,但这四个法定实体要件仍然是我国所有高等学校在自行制定学士学位授予细则时必须遵守的法律界限,也就是说高校只能在此范围之内根据自身情况制定细则,而不能在此之上对申请授予学位者科以额外的法律义务负担。

2.《学位条例》第 8 条第 1 款是对各个层级的学位授予机构作了总括性规定,在指导案例 38 号的法条分析中已作详细论述。该条在指导案例 39 号中出现的作用主要是用来说明在学位授予行为这一法律关系中,高等学校为适格行政主体,具有可诉性。如果说"田永案"叩开了高校涉诉的大门,那么"何小强案"则进一步明确了高校在学位纠纷诉讼中的主体适格性。

3.《学位条例实施办法》第 25 条是该办法中的最后一条,明文规定了学位授予单位在该办法框架内自行制定学位授予细则的权利,是对《学位条例》第 4 条之法定实体要件的必要补充,也是高校法定的有限度的学位授予自主权之正当来源。

(二)39 号的裁判要点和裁判理由分析

指导案例 39 号的裁判要点与相关法条相对应,精要地阐述了两个问题:一是宣布了学位授予单位有权依法定程序决定是否授予学位,学位申请者可针对不授予学位的决定提起行政诉讼。二是高等学校有权依《学

---

④ 《最高人民法院公报》2012 年第 2 期。

位条例实施办法》在学术自治范围内自行制定学位授予标准、依据该标准决定是否授予学位,法院不得进行司法干预。

指导案例39号的裁判理由则主要从学位授予行为是否可诉、被诉行政行为是否合法、能否进行司法审查及其限度这三方面进行论述。

1. 学位授予行为具有可诉性,涉诉高校为学位授予单位。本案原告所就读的是未取得学士学位授予资格的民办高校,根据《学位条例实施办法》第4条第2款及该校与华中科技大学之间的合作办学协议,涉诉高校为实际授予学位的高校华中科技大学。法院受理的依据为最高人民法院《关于执行〈中华人民共和国行政诉讼法〉若干问题的解释》第39条第1款,即公民申请行政机关履行法定职责,行政机关在接到申请之日起60日内不履行的,公民可向法院提起诉讼。指导案例文书中援引这条规定是司法系统将学位授予行为纳入行政确认的范畴之内,而被诉方必须为具有确认职权的行政机关。因此,有争议的学位授予行为能否被法院受理,关键还是看涉诉高校是否为合法的学位授予单位。

2. 经司法审查,学位授予单位自行制定的学位授予条件符合上位法规定。华中科技大学根据《学位条例实施办法》第25条自行制定了《华中科技大学武昌分校授予本科毕业生学士学位实施细则》,其第3条将全国大学英语四级考试成绩与学士学位挂钩,属于学术自治的范畴,并未突破其上位法《学位条例》第4条的规定,给当事人科以额外的法律义务。判决理由中写道:"高等学校依法行使教学自主权,自行对培养质量及培养对象学术水平做出具体的规定,是对授予学士学位的标准的细化。"综上,法院认为涉诉高校在上位法的框架内制定学位授予工作细则合法。在此处,司法的触角首次涉及高校学位授予校规的合法性审查。

3. 对高等学校学位授予行为的司法审查以合法性审查为原则。其论证逻辑为:法律规定高校有权制定学位授予工作细则,就等同于高校有权制定学位授予标准,这是高校自治权在学位授予方面的具体体现。司法审查学位授予这一行政确认行为的限度在于只审查该行为是否合法。

(三)39号的司法路径梳理

文本第一部分为关键词,"行政诉讼""学位授予""高等学校""学术自治”这四组关键词以时间逻辑陈列,依次展示了被告主体适格、纠纷标的争议点、依法进行行政确认的学位授予单位及其行使的学术自由权利。文本第二部分为裁判要点,指导案例 38 号的裁判要点为:田永因违反校规被拒绝颁发学位证书而提起诉讼,指导案例 39 号的裁判要点为:何小强因对不授予学位决定不服而提起诉讼。二者具有细微的区别。文本第三部分为相关法条,所援引的三个法律条款(学士学位授予法定要件、学士学位授予单位、学士学位授予工作细则制定单位)均意在支持高校在学位授予方面的自治权。文本第四部分为基本案情,与原始判决书相比,指导案例文本在基本案情方面做了大量裁减,[⑤]比如将被告华中科技大学与第三人华中科技大学武昌分校的关系这一并无太多争议的论述作了减缩,而将焦点放在了学位授予是否可以与全国大学四级考试成绩挂钩上,以便受众能更加明确该指导案例的指向性。文本第五部分为裁判结果,两审均为驳回原告诉讼请求。文本第六部分为裁判理由,着重体现了指导案例 39 号的司法逻辑,即学位授予行为这一行政确认行为是可诉的、学位授予单位依法自行制定学位授予标准是合法的、法院只能审查其学位授予工作细则的合法性。

指导案例 39 号在两方面具有典型的指导意义,其一是明确了学位授予这一行政确认行为的可诉性,且被诉行政机关须为有行政确认权的学位授予单位。其二是学位授予单位以制定本单位学位授予工作细则的形式,来设置本单位学位授予标准,法院仅以合法性为原则来进行相应的司法审查。[⑥]

三、高校学位授予要件的双层结构模式

从上文对指导案例 38 号、39 号“显微镜”式分析可以看出,与其他行政诉讼案件不同,最高人民法院审理高校学位纠纷类案件的核心为审查

---

⑤ 湖北省武汉市中级人民法院:(2009)武行终字第 61 号。

⑥ 管华:《我国大学的宪法根基》,载《国家教育行政学院学报》2015 年第 3 期。

范围与审查方式的确立,而影响司法审查范围与方式最为重要的因素为相关法律规范的立法表达。学位授予类法律规范在立法上的不同表达从根本上决定了司法实践中所采用的审查方式。为厘清高校学位类案件的司法逻辑,必须从法律规范的结构上推导出立法设计所蕴含的预设场景。⑦

(一)职权要件与授权要件

根据规范分析法学派观点,行政法律规范的分类主要是根据内容和行政活动运行的路线来进行。⑧ 而将某一学位授予类的具体法律规范区分为不同类型的要件,则是这一观点在微观层面的再现,也是立法表达预设司法场景的佐证。⑨

与学位授予直接相关的法律规范为《学位条例》第 4、5、6 条,分别规定了学士学位、硕士学位与博士学位的具体授予要件。经过观察发现,这三条法律规范的结构极其相似,学位授予要件(D)均由一个列举式的主题句(A)和几个概括式的条件(B)来组成。以《学位条例》第 4 条为例,法条第一句为"高等学校本科毕业生,成绩优良,达到下述学术水平者,授予学士学位",该句为列举式 A,内含"本科毕业生"(a1)、"成绩优良"(a2)两个二级要件。法条第二句为"(一)较好地掌握本门学科的基础理论、专门知识和基本技能;(二)具有从事科学研究工作或负担专门技术工作的初步能力",该句为概括式 B,内含"掌握知识技能"(b1)、"具有科研初步能力"(b2)两个二级要件。

综上,学士学位授予要件可概括为:$D = A(a1 + a2) + B(b1 + b2)$。以此类推,根据法条中要件的多寡,可将各类型学位授予要件概括为:$D = A(a1 + a2...) + B(b1 + b2...)$。

区分 A、B 两个要件的意义在于,二者在立法表达上的差异造就了司法适用中的不同。A 为列举式的立法表达,内容清晰,指向明确,具有实

⑦ 李康宁、李乔珊:《法律规范逻辑结构理论思维的错位与修正》,载《西部法学评论》2014 年第 1 期。

⑧ 叶金方:《行政法规范类型初探》,载《人民论坛》2015 年第 7 期。

⑨ [德]卡尔·拉伦茨:《法学方法论》,陈爱娥译,商务印书馆 2003 年版,第 138 页。

际操作性,如衡量一个学生是否达到"本科毕业生"(a1)这个二级要件,只须看其是否得到学校发放的本科毕业证书即可。A这类要件没有高校需要做出学术判断的空间,更没有司法自由裁量的空间,故这类列举式要件被称为职权要件。

B为概括式的立法表达,这类要件根据法条无法直接进行操作,一般多见于专业性强的领域,在立法上用高度抽象的语言进行概括式表述,给专业机构留有自由裁量的空间。如衡量一个学生是否达到"具有初步科研能力"(b2)这个二级要件,仅凭立法上的相关规定和司法环节,很难对此归纳出让人信服的标准,唯有高校根据法定授权在合法的范围内作出规定,才能使b2这一要件得到实现。故这类概括式要件被称为授权要件。

值得注意的是,《学位条例》第2条对于申请学位者的政治素养进行了总纲性规定,即"拥护中国共产党的领导、拥护社会主义制度"。有学者将这条规定作为考试作弊、纪律处分与学位授予挂钩的合法性依据。[⑩] 一方面,随着2017年教育部41号令《普通高等学校学生管理规定》出台,纪律处分与学位授予挂钩的做法就此宣告违法;[⑪]另一方面,将学生的政治素养与考试作弊等行为等同处理,在层次和类型上均显得不适配,而学生的政治素养用遵纪守法来衡量更为科学,而遵纪守法在"本科毕业生"(a1)要件中实际上已经得到体现,为避免重复,在上述公式中并未将其作为单独要件,但并不代表学位授予要件中缺失政治素养。

(二)严格审查原则与形式审查原则

根据职权要件与授权要件的立法表述差异,在司法审查中应按其立法旨意区别对待。职权要件由于规定清晰、表述完备、事项穷尽,可具体

---

⑩ 刘莉:《高校有权取消考试作弊学生学位获取资格》,载《人民法院报》2006年7月17日理论与实践版。

⑪ 教育部41号令第57条规定,除开除学籍处分外,其他的学生处分均设置最长12个月的附条件解除期限,到期后学校不得再以原处分为由对学生设置表彰、奖励及其他权益获取的障碍。这其中当然包括学位授予。

操作,这就意味着对职权要件的司法审查须执行严格法条主义,[12]不可缺项,不可多项,不可随意调配。如指导案例 38 号中,法院直接审查认定了田永的本科毕业资格,也就是说,对于 A 要件,司法运用严格审查方式得出审判结果。

对于授权要件,在司法实践中须结合高校自行制定的学位授予细则来进行形式审查即可。根据《学位条例》及《学位条例实施办法》,高校在现行法律框架内有自行制定本校学位授予实施细则的权力,如果高校在细则中将 B 要件进行逐一细化,作为司法权力,只须审查细则中的授权要件是否为立法精神所指向的学术类要件。如指导案例 39 号中,华中科技大学以大学英语四级考试是否通过作为学位授予的 b1 要件,这一行为的正当性已被司法认可,并写入最高人民法院的指导案例文书中。

将不同的授予要件按性质及立法表述区别开来,以便适用于不同的审查方式,将极大地简化审查路径,有助于法院在"应当参照"的情况之下,明晰高校学位类案件的司法逻辑。

四、指导案例中的司法逻辑梳理

在众多的学位纠纷案件中,最高人民法院只择"田永案"与"何小强案"作为指导性案例,说明这两例案件的裁判内容与结果已然成为最高人民法院在司法实践中的某种指向,代表了司法系统的权威意见。[13] 根据上文对 38 号、39 号案例的"显微镜"式分析,结合学位授予要件的双层结构模式,归纳出司法实践中对高校学位纠纷类案件的审查逻辑,即首先确认高校是否具有法定的授予学位资格,其次区分职权要件与授权要件运用不同的方式审查高校学位授予行为是否合法。

---

[12] 孙海波:《"后果考量"与"法条主义"的较量》,载《法制与社会发展》2015 年第 3 期。

[13] 杨艳飞:《司法介入高校学位授予纠纷之模式探析》,载《学位与研究生教育》2015 年第 8 期。

(一)对高校法定授予学位资格的确认审查

指导案例38号作为“高校涉诉第一案”,在教育法的司法进程中具有里程碑意义。在以高等学校为行政主体的教育行政管理关系中,行政相对人终于叩开了司法管辖的大门。其中的“颁发证书”包涵了颁发学历证书和学位证书,二者主要的区别在于颁发的条件和法定程序不同,根据《教育法》规定,经批准设立或认可的学校及教育机构按照国家有关规定颁发学历证书,而学位证书必须由学位授予单位依法对符合一定学术水平的人员颁发,以上区别影响到判决中对这两类证书不同的处理风格,也凸显了学位授予行为中关于高校自主权的“自主”属性。从前文中对涉及学位纠纷类条款进行的法教义学分析来看,法院对高校行使自主权表现出了很大程度的尊重与谦抑,尤其对《教育法》第23条之“达到一定学术水平或者专业技术水平”的认定,在司法实践中完全交付给具有学术自由权利的高等学校来行使。值得注意的是,在原始判决书中用到的是《学位条例》第4条,《学位条例实施办法》第3~5、18条,⑭而在指导案例文本中用的是《学位条例》第8条和《学位条例实施办法》相关法条。对比原始判决书和指导案例文本而得出,最高人民法院将高校授予学位的资格首先纳入司法范围,进行严格审查。而对高校的学术标准自主权进行了最大限度的保护,也就是说,相比《学位条例》第4条,《教育法》第23条更为原则性地划定了学位授予的标准,为高校实施学术自主权让渡了更多的疆土。

指导案例39号在肯定学位授予这一行政确认行为具有可诉性方面具有典型的指导意义,其中一个很重要的裁判要点就是被诉行政机关须为有行政确认权的学位授予单位。本案原告所就读的是未取得学士学位授予资格的民办高校,根据《学位条例实施办法》第4条第2款及该校与华中科技大学之间的合作办学协议,涉诉高校为实际授予学位的高校华中科技大学。法院受理的依据为最高人民法院《关于执行〈中华人民共和国行政诉讼法〉若干问题的解释》第39条第1款,即公民申请行政机关履

---

⑭ 北京市海淀区人民法院:(1998)海行初字第142号。

行法定职责,行政机关在接到申请之日起 60 日内不履行的,公民可向法院提起诉讼。指导案例文书中援引这条规定是司法系统将学位授予行为纳入行政确认的范畴之内,而被诉方必须为具有确认职权的行政机关。因此,有争议的学位授予行为能否被法院受理,关键还是看涉诉高校是否为合法的学位授予单位。

(二)对高校具体授予要件的不同审查方式

完成第一步对高校学位授予资格的审查之后,法院可根据学位授予类的法律规范,结合高校自行制定的授予细则进行授予要件双层结构审查。

在指导案例 38 号文本中,学位证书颁发是原告的最后一个诉讼请求,针对学位的判决仰仗于学籍确认、学历证书颁发等前置诉求的解决,而这些前置诉求恰恰是学位授予的职权要件。田永是否具有学籍、是否具有本科毕业生资格,关系到田永是否具有申请学位授予的刚性条件,司法对此进行了强有力的严格审查,不仅对此进行了形式上的事实判断,还进行了价值判断。不仅审查了程序是否正义,更对实体进行了合法性与合理性的审查。当对田永是否具有本科毕业生资格也即是学位授予的职权要件审查完毕之后,司法开始审查田永是否具有学位授予资格,也即是学位授予的授权要件时,司法强度陡然下降,仅仅进行了形式上的审查,最终判决北京科技大学在指定时间内召开学位委员会议审议田永学位资格。

在指导案例 39 号中,原告已经具备了本科毕业资格、成绩优良等学位授予的职权要件,故司法文书中对此未过多着墨。而对于授权要件这一争议点,经司法审查,学位授予单位自行制定的学位授予条件符合上位法规定。华中科技大学根据《学位条例实施办法》第 25 条自行制定了《华中科技大学武昌分校授予本科毕业生学士学位实施细则》,其第 3 条将全国大学英语四级考试成绩与学士学位挂钩,属于学术自治的范畴,并未突破其上位法《学位条例》第 4 条的规定,给当事人课以额外的法律义务。判决理由中写道:“高等学校依法行使教学自主权,自行对培养质量及培养对象学术水平做出具体的规定,是对授予学士学位的标准的细化。”综上,法院认为涉诉高校在上位法的框架内制定学位授予工作细则合法。在此处,司法的触角首次涉及高校学位授予校规的合法性形式审查。文本中所援引的三个法律条款(学士学位授予法定要件、学士学位授予单位、学士学位授予工作细则制定单位)均意在支持高校在学位授予方面的自治权。

五、结语

在指导案例39号公布之前,司法实践中法院对于学位纠纷类案件的处理存在很大分歧。如张福华诉莆田学院颁发学位证书案[15]中,法院认定莆田学院自行制定的学位授予细则中"因受处分而不授予学士学位"与其上位法《学位条例》第4条相抵触,判决莆田学院在60日内依法定程序对张福华的学位资格进行审核并决定是否授予学士学位的决定。而在余波诉南昌大学拒绝授予学位案中,又将违反校规受处分与学位授予挂钩的做法认定是高校自主权的范围。又如于艳茹诉北京大学撤销博士学位决定案[16]中,北京大学因于艳茹涉嫌论文抄袭被撤销博士学位,法院认定北京大学做出撤销博士学位行为程序违法、亦缺乏明确法律依据,判决撤销北京大学该决定。而这些分歧的背后,是相关学位授予法规范的部分缺失,造成了司法实践中没有形成统一的逻辑,法院对高校学位授予权法律性质的不同解读而导致的不同判决结果。[17]

指导案例38号和39号为实现学位纠纷类案件"同案同判"提供了一种很好的司法思路,在现行法的框架内,我们可以在学位纠纷方面实现这样的公式化操作:

第一步:确认主体。学位授予是一种可诉的行政确认行为,被诉的行

[15] 福建省莆田市城厢区人民法院:(2010)城行初字第22号。

[16] 北京市第一中级人民法院:(2017)京01行终277号。

[17] 周慧蕾:《从规范到价值——高校学位授予权法律性质的定位》,载《法治研究》2014年第12期。

政机关应为学位授予单位。

第二步:根据法律规定,区分学位授予的两个要件:职权要件与授权要件。对于本科毕业、成绩优良这两个职权要件实施严格审查的司法方式;对于知识要求(较好掌握理论知识技能)、能力要求(具有初步科研或专技能力)这两个授权要件,司法应遵循对学术的谦抑,实行形式审查原则。除此之外,学位授予单位可依法自行制定高于法定要件的学位授予标准。

案例指导制度对司法实践影响巨大,通过"类似案件"的"应当参照",指导性案例代表着最高人民法院对此类案件的价值判断与政策导向,只有梳理出其中的司法逻辑,才能形成司法实践这一高楼大厦中的"样板间",对成文法传统的弱势地带做一有益补充,将部分缺失的学位管理类法律规范在司法范围内得到一定程度的弥补,并为今后的学位立法提供一种经过实践检验的逻辑思路。

Judicial Logic Certification of Academic Degree Guidance Cases

Wang Yali　Chen Peng

Abstract: In the academic degree-related cases in domestic colleges and universities, it is the most disputable part for the judiciary's examination on the jurisdiction and scope of the awarding of university degrees. Through the "microscopic" analysis of Guiding Cases No. 38 and No. 39, it can be concluded that the legislative expression on the qualifications of degree in the Degree Regulations follows a two-tiered judicial logic in practice, in which the authority requirements are expressed in lists according to law and the principle of strict examination is enforced in the judiciary. At the same time, the authorization requirements are expressed in generalization according to law and the principle of formal examination is implemented in the process of judicial examination. Therefore, in the judicial practice, it is necessary to distinguish the requirements of the authority and the authorization, and use different methods to examine the legitimacy of the degree-granting in domestic colleges and universities.

Key Words: degree awarding　guidance cases　judicial logic　competence elements　delegation of authority elements

学问人生

我与法学教育研究*

王　健**

摘　要:文章以作者个人求学、从教以及从事高校管理工作的多年经验为主线,结合法学教育研究主题的知识取向、历史情结、现实关注的三个发展阶段,分析了目前我国法学教育中教育资源地区分配不均、人才培养结构不合理、政法院校与法律职业的分离和脱节等现实问题。指出新时代从事法学教育研究,应当深入教育体制内部,具备多方面的、综合性的体验,应当实现学理与实践相结合,面向实务,问题导向,理实兼备。

关键词:法学教育　法治　高校管理

以法学教育作为阅读和写作的题目,三十年来几乎从未间断。不过,由于学业旨趣随时代变迁,题目的内容亦因之而异。回过头看,大致经过了知识取向、历史情结和现实关注三个阶段。这三个阶段并不对立排斥,其实后者一般都包含有前面的因素。

20 世纪 80 年代到 90 年代初期,正处于所谓“梁

---

* 本文为《以法为教》一书的序言,编者为其加上摘要关键词后收录于本书。——编者注

** 王健,西北政法大学教授,博士生导师,研究方向:法律史、法学理论。

启超式输入”的时代。本末不具，派别不明，其能消化与否不问，能无召病与否更不问，惟以多为贵。醉心于各种新知，沉迷于各种新法。逐构建法学新学科之潮流，撰述“法律教育学”，关于建立法律教育学的几个问题一文，便是当时尝试研究的幼稚之作。用系统论的观点看法律教育一文，则明显带有大学时热衷“老三论”（一般系统论、控制论、信息论）、“新三论”（耗散结构、协同论、突变论）和“法治系统工程”的痕迹。循此路径，为求深入探索，还曾译出一批美国的计算机辅助法律教学（CALI）资料，终因条件不具，而未能付诸实施。

1987年冬第一次赴京出差，有几件事情办得颇为顺利。一是如愿以偿地请到了张友渔（1898～1992）老先生题写刊名的墨宝，为将《教学研究》（1985年创办）正式改名为《政法教育研究》做好了最后的准备。二是与此同时，向一些年轻的法学教师和政法部门官员约稿，包括周强、田文昌、常远、胡希平、吴宗宪、金俊银等。当时中国政法大学、华东政法学院都编有自己的教学研究刊物，分别称《政法高等教育》和《政法教育》。西北政法大学和中国政法大学的这两个阵地几经演变，一直坚持到了今天，且颇有影响。华东政法大学的《政法教育》亦创办于1985年，后改名《政法高教研究》，但遗憾的是后来它就销声匿迹，不知所终了。三是到司法部教育司调研，收集图籍，复制文档，包括新中国成立初期各大政法院校的教学计划、工作文件和统计报表，很是珍贵。司法部当时主管全国的政法院校，并指导综合大学法律院系的教学与科研。1986年开始编印《法学教育通讯》，作为传递法学教育方针政策、汇聚政法院校工作动态、交流办学经验的一个重要窗口。1989年起“通讯”改名“简报”，继续以不定期、不固定页码的方式编印发行，直到2000年。1982年大学毕业时起就一直在教育司工作的霍宪丹先生，自称与法学教育有“不解之缘”（2003年法律出版社《不解之缘》），多亏他难能可贵的敬业精神和认真细致的工作作风，大体完好地保留了一套“通讯”和“简报”，并在2000年司法部与政法院校脱钩时，将这些收藏悉数赠我，后经清点，共107期。这套出版物记录了改革开放后二十年间法学教育的恢复和发展状况，是研究这一时期法学教育权威的文献资料。司法部是否有完整存档，不得而知。是慕名到北大燕东园寓所登门拜访了陈守一(1906～1995)老先生，请教法律教育学研究之法。陈老先生和蔼可亲，厚厚的黑框眼镜和耳提面命的情景，历历在目，那也是我唯一一次见到这位可敬的资深法学家。年轻时虽茕茕孑立，可当时的这些热情和冲动，现在回想起来真叫人无限感慨，也体悟到了初生牛犊这话的深刻含义。

关注法律教育学，却不曾想过从何入手的问题。衡以治学规程的严格要求，确实有些不可思议。当时只知但凡有关“法律教育”和“教育学”名目的作品，统统浏览，包括潘懋元的《高等教育学》，夸美尼斯、裴斯泰洛齐、赫尔巴特、凯洛夫、卢梭的西方经典教育理论，《教育研究》，《高等教育研究》以及众多高校的教育类期刊，沈宗灵的《比较法总论》，以及西方学者的比较法学或外国法研究著作等。读美国法学院协会(AALS)的《法律教育季刊》(*Journal of Legal Education*)，辄叹美国法律教育事业之发达，眼界大开。通过这个超越法律分支领域的综合平台，看到了美国法学院的轮廓，看到了美国法律学术的风貌，看到了美国法学教授们都在想什么、写什么、说什么。当时的热点，主要是法学与社会科学的跨学科研究和由此引起的“法律＋X”的课程设置问题。再就是各种各样的现场教学(clinical program)，这种教学法大约在2000年前后输入我国，直译“法律诊所”，作为提高法科学生实践能力和职业精神训练的重要方式，在法学院校得到广泛推广和运用。还有一个比较热的领域是计算机辅助法律教学(CALI)这种新兴教学法。不过，可能由于我国法学院校的科技意识和素质落后的原因，这方面问题一直没能引起法学院教师们的关注和重视。尽管电脑的普及速度惊人，但在多数法学教师眼中，它只是个文字处理器。此外，还经常能看到亚洲、非洲、拉美和欧陆等国家学者介绍各自法律教育状况的论作。

其间也曾一度希望从“学科教育学”方面获得些借鉴和启发，尽管当时学科教育学刚刚起步，且仅限于师范院校的分科教学法研究。于是向著名地理教育学家褚亚平(1923～2015)和阎立钦致函请教。两位先生的热心指点令人感念。褚先生肯定了研究法律教育学的可能性，还提供了有方法论意义的指导意见。说来也怪，虽然法学基础理论教科书和国家学科分类标准(GB/T 13745—2009)都列有“法律教育学”,但都只是个名目,实践中却找不到像其他学科那样外化的载体,比如一门课、一个专业、有明确研究对象、内容范围和研究方法的体系化教科书。翻阅比较法学一类著作之后,我发现,“法律职业和法律教育”几乎是任何一部比较法著作都会涉及的一个题目。这似乎暗示了法学教育研究在法学知识体系中的定位。我学习比较法学的兴趣即始于此(之前的本科专业学习,尚无这门课程)。关于两大法系法律教育比较一文,即我学习比较法学的第一个成果,后来又根据需要对这个题目做了新的补充和扩展。

90年代的大部分时间,学业兴趣不再像过去那样宽泛而无所边际,精力专注于法理学、比较法和法律史。京城的学术氛围开放、自由、活跃、大气磅礴。在此环境熏染下,我对于法学教育题目的思考和写作方式也开始发生变化。其中最大的变化,就是希望远离那种概念抽象、内容空洞、方法教条、材料贫乏、缺乏阅读兴味的学术风格(阅读苏联某类学术作品时,常有此感受);从过去热衷构建学科体系,热衷发明法学新学科,渐渐转向问题导向和实证研究;从一切由概念辨析出发,转向现实关照和追求“画面”。论中国的法律教育、中国的JD、20世纪中国的法律教育等几篇文章,便是按照比较法学研究框架对中国法律教育体系的历史和现实予以观察和描述的尝试之作。这个研究方向得到了贺卫方的鼓励和支持。在他的倡导和推动下,1996年6月《比较法研究》第十卷第二期推出了“法律教育研究专号”。除我本人的三篇作品外,“专号”还汇集了方流芳、苏力、胡旭晟等人很有分量的论文。不仅如此,在译出康雅信(Alison Conner)的东吴法学院院史(1996年),整理校订孙晓楼(1902~1958)的《法律教育》(1997年)和民国时期的一批法学教育研究文献,协助贺卫方教授编完《中国法律教育之路》(1997年,归入梁治平主编“法律文化研究中心文丛”之一种)之后,“平面化”的研究便迅速转向了“纵向式”研究。这个转变,应当说是基因性历史情结不时涌动的结果。对历史上的法律教育和法律学术探赜索隐、通幽洞微,成为我接下来的目标和任务。于是,中国近代教育史文献资料成为我新的阅读兴奋点。贺卫方推荐我读舒新城的《近代中国教育史料》,但是翻检对比之后,我发现舒的教育史料汇编虽然堪称经典,但文献资料的种类和总量已明显不及朱有瓛主编的《中国近代学制史料》。于是我便反复通读、详细笔记这套煌煌巨制,它为我最终完成中国近代法律教育的研究和写作起到了不可替代的作用。作品出版六年后,获得了首届中国法学教育研究成果一等奖。

历史研究总有这样一个特点,虽然研究的是历史,却总是游走在过去和现在,总是在有意无意间对比着过去和今天的相似之处,并发现可能的未来。反过来也一样,谈论今天,也往往不由自主地回看过去。这也许就是所谓的古今相通吧。习近平总书记告诫,“只有回看走过的路、比较别人的路、远眺前行的路,弄清楚我们从哪儿来、往哪儿去,很多问题才能看得深、把得准”。这番话启迪我们更好地把握回看、比较、远眺与前行之间的关系。历史研究有一个重要的功能,就是传承文化。相比百年前的反传统、相比半个多世纪前的隔断历史、划清界限和强调对立,今天我们更加注重历史文化传承。考证燕京大学、北洋大学、朝阳大学法科的辗转流变,检讨“西政”校史选择性变更之故,总结孙晓楼、杨兆龙、王宠惠等民国时期法学家的思想印记,概述新中国法学教育六十年的曲折发展路径,这些都是在讲故事,“接着说”,希望达至传承,延中华法学于一脉。历史和现实就这样自然地结合了起来。

现实和历史一样丰富多彩。进入21世纪,司法改革的日益深化,高等教育各种导向的重大举措的频繁出台,既为法学教育提出了挑战,也相应带来了许多新的研究课题。法律职业化、专门化从纸上谈兵走入制度构建和实际操作层面,势必促使将法学教育和法律职业、司法考试等问题结合起来一并研究。事实上,统一司法考试制度作为指挥棒,不仅成功地调动了法律院校师生的注意力,而且为法律教育研究注入了新动力。追溯我国自清末以来举办司法考试的经验,比较和借鉴域外的考试模式,都是应对时务要做的基础性工作。按照这个判断,我对统一司法考试制度的建立和完善、法律教育与司法考试的关系、中国近代司法考试的创立与沿革、日本和韩国司法考试现状等一系列问题进行了专门研究。今天,国家统一司法考试已发展为国家统一法律职业资格考试,这意味着法律教育研究的范围还在继续不断地扩大。统一职业资格考试制度的建立和拓展,彰显了法律人才培养活动的法律属性,强调了研究法律教育问题的实用价值。这一点,对于找准法律人才培养活动的属性和定位具有根本意义。毕竟,法律教育因法律职业而起,最终是要服务于法律职业的。

中国的有些事情就是这样奇怪,法律教育本应随着司法考试制度的建立而更加密切其与法律实务之间的联系,然而实际上却出现了政法院校与法律职业的分离和脱节——恰在 2000 年之际,高校管理体制改革,从体制上隔断了政法院校与司法部门多年保持的密切联系。法律人才培养机构未能在体制上与法律职业制度的建立协调并进,这难道不是一个很奇怪的事情么。犹记曩日读研究生时,政治课老师曾讲过一个据说是河北一带的民间说法:“皮裤套棉裤,必定有缘故;不是棉裤薄,就是皮裤没有毛。”这个反映事物因果关系的通俗说法,有助于我们摆脱困惑,去看待和理解那些表面看似奇怪的现象。一旦我们向亲历者进行求证便知,彼时之所以脱钩而非协调推进,司法行政主管部门领导的人为因素起了很关键的作用。其所带来的消极后果,至今仍未得到应有的反思和检讨。

高等教育政策,特别是那些由政府主导,旨在实现特定目标而促使人财物等资源重组的各种举措的实施,往往对法律教育产生重大的影响,尽管在法律教育研究中,它并不处在核心的位置。换句话说,资源分配本身并非法律人才培养问题,但实际上却是决定法律人才培养活动成效的关键因素。资源分配的关键是确定政策导向和设计实施方案,核心是制定资金分配标准和分配方式。但长期以来,对于法律人才培养活动的各方参与者来讲,这是一个根本无法搞清楚的问题。某种意义上讲,诸如“985”“211”、双一流、协同中心、研究生院、学位点、重点学科、分类指导(此处的“类”既非人才的不同专业领域,亦非人才类型,而是划分中央与地方办学权限之意)、创新教育、卓越计划、一级学科、二级学科等无数令人炫目的名词,都是人为设计出来并被用于分配教育资源的概念工具。这些概念源自“工科”背景，蕴涵“工科”精神，以其覆盖各种类型人才培养领域，作为衡量裁剪所有学科良窳的根本法则，不免发生与评价对象相互龃龉、扞格不通的问题。法科从属和依附于这些概念，如风雨小舟，随之起伏飘摇，不能自主。曾经遇到这样一个极端例子，有关机构拟订法律硕士评估体系，将毕业生“薪资水平”（包括平均起薪及年度增幅，或就读前后薪资变化）列入指标体系，作为反映该专业水平高下的一个观测点。孰不知，这种评价导向与法科学生应有的职业精神，与服务边疆和基层政法工作的现实需要正相悖逆。设计者既不懂得法律职业与其他行业，如工程、工商管理、艺术等的质的差异，也不了解“下得去、留得住、用得上”的政法队伍建设政策导向，从而导致错谬。法学教育之所以不能自主，原因复杂多样，简单讲，其一，是有其历史原因，这里不多说；其二，也跟法学界的主观努力不够有关。近年来，中央提出对于法治人才培养中存在的问题，要“统筹谋划，整体布局”。全面依法治国决定也提出要创新法治人才培养机制。那么如何统筹、如何布局、如何创新，这些都是值得认真深入研究的重大课题。

以上认识和意见，与我参与高校管理工作积累的经验有关。这些经验主要来自两个背景，一是重点学科建设，二是研究生教育管理。从事这两方面工作的结果，使我深刻体会到教育体制、教育政策及其衍生出的各种措施，是如何深刻地影响法学院校的发展状态和法律人才培养活动的。我们为什么要争取博士学位授权一文，只是这方面问题的一个缩影。当然，西北政法这所高校的学位授权问题，已经成为中国式高校学科建设的一个经典案例。有关“博士授权单位”“博士点”等这些包含着无比丰富信息的概念，它们的真实含义究竟是什么，它们怎样构建出高校与政府之间的一种博弈关系，对法学资源的分配有何影响，这些问题，我将在另一本著作中专门讨论。

中国法学教育的宏观管理，含括了一个绕不过去的问题，这就是法学教育资源的区域分布或布局结构。这个问题的核心是东西部差距，即西部的法学院校在师资队伍、人才培养、科研能力、办学条件，尤其是经费投入方面不同程度地落后于东部。事实上，在“东西南北中”“全国一盘棋”的背景下,东西部法学院校之间的差距本不很大。但是,按着“先让一部分人富起来”的思路制定实施的教育政策,却打破了过去的相对均衡,经过几十年的竞争和积累,东西差距越拉越大。若以地理概念视之,法学的话语权基本保持或垄断在京广铁路和长江流域这个十字连线上,十字连线以外区域的高校,办学处境极为不利。这就是我国法学教育中的“胡焕庸线”。其间政府也采取过种种补救措施,但效果上最多是尽可能地阻止它进一步的下滑和坠落。一个人的高矮胖瘦是先天形成的,无可厚非,但如果给高胖者供奶,让矮瘦者喝水,然后再要他们参加同级别的举重比赛,这就是政策和规则的问题了。解决这个问题的根本出路,在于强调全国统筹和精准施策。

总结多年研究体会,我感到要真正从事法律教育研究,应该具备多方面的、综合性的体验,单纯只有教师经历,不深入教育体制内部,不了解高校运行的特点,很容易做出表面的、外在的、现象的分析和判断;只有管理经验,而没有站讲台、编教案、面授、辅导、命题、阅卷、写评语、带实习等一线经验,不接地气,则难以深刻了解和把握法律人才培养的规律和特点。再就是要把学理与实践尽可能好地结合起来,封闭于校园、书斋,一味地书面阅读和写作,不了解职业动态、市场需求、法治实践绝对不行。研究法律教育,必也追随理想法律人才的培养目标,面向实务,问题导向,理实兼备,方有出路。

My Views and Experience on Legal Education Research

Wang Jian

Abstract: Based on the author ' s personal experience, teaching experience and years of experience in university management, combining with the three stages of domestic legal education research, i. e. , knowledge orientation, historical complex and realistic concern, this paper analyzes the current problems in domestic legal education, such as the uneven distribution of educational resources, the unreasonable structure of personnel training, and the separation and disconnection between legal professions and universities of political science and law. The author points out that the research on legal education in the new era should explore into the education system and emphasize the multi-faceted and comprehensive experience and participation. It should be the combination of academics and practice, practical skills-oriented, and problem solving-orientated.

Key Words: legal education rule of law university management

《法学教育研究》稿约

《法学教育研究》创办于2009年，是国内较早系统关注法学教育研究的专门性学术出版物，由西北政法大学主办、法律出版社定期出版。2017年起本书每年出版4卷，现已入选CSSCI收录集刊(2017—2018)目录。

宗旨：本书恪守科学性、实践性、创新性、开放性原则，集中出版法学教育教学研究成果，探索法学教育教学规律，促进法学教育事业的发展。

主要栏目：理论探讨、教学研究、比较研究、教材体系、管理经纬、学问人生、教育法制、法务反哺、法学资讯等栏目。

《法学教育研究》致力于搭建高水平的学术探讨平台，所有来稿均以学术价值为遴选标准。敬请作者来稿时提供：(1)中英文题目及作者姓名，标题尽量确切、简洁；(2)中英文摘要(不超过200字)；(3)中英文关键词(3～5个)；(4)作者简介(含姓名、工作单位、职称、学历学位、研究方向、通信地址、邮政编码、联系电话、电子邮箱)，如果来稿系作者承担的省级以上科研基金项目，请注明项目名称和编号；(5)正文；(6)注释。

注释：是对文内某一特定内容的进一步解释或补充说明。用1、2、3……数字标注序号，采用当页脚注整篇连续编号形式。著作类包括序号、著者:《书名》、出版社出版年、起止页码。论文类包括序号、作者:《题目》《报刊名》出版日期或期号。

声明:《法学教育研究》已许可中国学术期刊(光盘版)电子杂志社在中国知网及其系列数据库产品中以数字化方式复制、汇编、发行、信息网络传播全文。《法学教育研究》已许可北大法宝法学期刊数据库以电子形式对本书进行制作、以不脱离于数据库的形式进行传播和销售;《法学教育研究》被北京万方数据股份有限公司、万方数据电子出版社数据库收录,相关著作权使用费和稿费一并支付;《法学教育研究》已被维普网全文收录。如无特别说明,作者提交文章发表的行为即视为同意上述声明。

本书的微信公众号为 fxjyyj-xfd,定期发布相关信息,敬请关注,官方网站为 http://ler.nwupl.edu.cn/。本书的网络采编系统现已开通,网址为 http://fxjy.cbpt.cnki.net,请您通过网络采编系统投稿。

联系方式:

E-mail:fxjyyj@126.com

电话:029-88182796

地址:西安市长安区西长安街558号

西北政法大学长安校区80号信箱

邮编:710122

图书在版编目(CIP)数据

法学教育研究. 第二十三卷 / 王瀚主编. -- 北京：法律出版社，2018
ISBN 978 - 7 - 5197 - 2015 - 5

Ⅰ. ①法… Ⅱ. ①王… Ⅲ. ①法学教育－研究－中国 Ⅳ. ①D92 - 4

中国版本图书馆 CIP 数据核字(2018)第 298791 号

法学教育研究(第 23 卷)
FAXUE JIAOYU YANJIU(DI–23 JUAN)

王　瀚 主编

责任编辑 黄琳佳
装帧设计 李　瞻

出版 法律出版社
总发行 中国法律图书有限公司
经销 新华书店
印刷 三河市龙大印装有限公司
责任校对 马　丽
责任印制 陶　松

编辑统筹 学术・对外出版分社
开本 720 毫米×960 毫米　1/16
印张 23.75
字数 320 千
版本 2018 年 11 月第 1 版
印次 2018 年 11 月第 1 次印刷

法律出版社/北京市丰台区莲花池西里 7 号(100073)
网址/www. lawpress. com. cn
投稿邮箱/info@ lawpress. com. cn
举报维权邮箱/jbwq@ lawpress. com. cn
销售热线/010 - 83938336
咨询电话/010 - 63939796

中国法律图书有限公司/北京市丰台区莲花池西里 7 号(100073)
全国各地中法图分、子公司销售电话：
统一销售客服/400 - 660 - 6393
第一法律书店/010 - 83938334/8335　西安分公司/029 - 85330678　重庆分公司/023 - 67453036
上海分公司/021 - 62071639/1636　深圳分公司/0755 - 83072995

书号:ISBN 978 - 7 - 5197 - 2015 - 5　**定价**:88.00 元
(如有缺页或倒装,中国法律图书有限公司负责退换)